平安期華厳思想の研究
―東アジア華厳思想の視座より―

金　天鶴　著

山喜房佛書林

平安期華厳思想の研究
―東アジア華厳思想の視座より―

金 天鶴 著

本書は2011年韓国政府(教育科学技術部)の財源による韓国研究財団の支援を受けた研究成果である(NRF-2011-361-A00008)

目　　次

第一章　序論 1

第二章　奈良期華厳思想の要略 7

　はじめに 9

　　第一節　法相宗の形成と華厳宗 11
　　第二節　審祥の思想傾向 14
　　　一　出自と『華厳経』開講 14
　　　二　思想傾向 19

　　第三節　智憬の華厳思想 21
　　　一　智憬と『同異略集』について 21
　　　二　華厳思想と『起信論』 24
　　　三　新羅仏教の位置づけ 28

　　第四節　寿霊の華厳思想 32
　　　一　寿霊と『指事』について 32
　　　二　華厳思想の一端 37
　　　三　新羅仏教の位置づけ 42

　小結　奈良期華厳思想の特質 47

第三章　平安期華厳文献の基礎的研究 55

　はじめに 57

　　第一節　『華厳一乗義私記』 58
　　　一　文献の基礎的検討 58
　　　二　一乗の意味 69

三　宗派意識―法相宗との対論を通じて― 80
　　四　まとめ 84

　第二節　『立教義私記』 88
　　一　文献の基礎的検討 88
　　二　宗意について 91
　　三　華厳師に対する受容態度 93
　　四　まとめ 99

　第三節　『華厳宗所立五教十宗大意略抄』 103
　　一　文献の基礎的検討 103
　　二　五教に対する解釈の特徴 106
　　三　華厳思想史観 117
　　四　まとめ 121

　第四節　『種子義私記』 124
　　一　文献の基礎的検討 124
　　二　縁起因門義における両寺華厳学の相違 127
　　三　長朗の華厳思想 148
　　四　まとめ 153

　第五節　『華厳十玄義私記』 157
　　一　文献の基礎的検討 157
　　二　因分と果分の関係解明 163
　　三　一法界真如の論理 166
　　四　まとめ 168

　第六節　『華厳種性義私記』 171
　　一　文献の基礎的検討 171
　　二　宗意としての種性論 174
　　三　法相宗の種性論に対する批判 175
　　四　まとめ 183

第七節　『華厳宗一乗開心論』............................... 186
　　一　文献の基礎的検討..................................... 186
　　二　華厳思想の特質....................................... 190
　　三　まとめ... 196

小結　平安期華厳文献の特徴.................................... 198
　　一　相互関係... 198
　　二　平安期華厳宗の流派................................... 201
　　三　平安期華厳の特質..................................... 202

第四章　平安期華厳思想の展開—東アジア華厳思想の視座より—....... 205

　第一節　無碍説... 207
　　一　はじめに... 207
　　二　智儼と二人の弟子、義相と法蔵......................... 208
　　三　元暁—因陀羅網の世界................................. 214
　　四　義相と法蔵の以後..................................... 216
　　五　日本華厳における無碍説............................... 220
　　六　まとめ... 225

　第二節　二乗廻心説... 229
　　一　はじめに... 229
　　二　唐・新羅華厳宗における定性二乗廻心説................. 229
　　三　日本華厳宗における定性二乗廻心説..................... 230
　　四　まとめ... 232

　第三節　三乗仏果廻心説..................................... 235
　　一　はじめに... 235
　　二　唐・新羅華厳における三乗廻心説....................... 235
　　三　寿霊の三乗廻心説..................................... 237
　　四　寿霊以後... 246
　　五　まとめ... 253

第四節　成仏論 257
　　　一　はじめに 257
　　　二　法蔵の信満成仏論 257
　　　三　見登の成仏論 261
　　　四　『華厳宗五教十宗大意略抄』における成仏論 263
　　　五　『華厳十玄義私記』における成仏論 265
　　　六　『華厳種性義抄』における成仏論 271
　　　七　まとめ 277

　　第五節　法華経観 281
　　　一　はじめに 281
　　　二　唐と新羅・高麗華厳における『法華経』 282
　　　三　日本華厳における『法華経』 283
　　　四　湛睿と『花厳法花同異略集』 288
　　　五　まとめ 296

第五章　結論 301

略号及び参考文献 315
索　　引 329
後　　記 343

平安期華厳思想の研究
―東アジア華厳思想の視座より―

金　天鶴　著

第一章　序論

　従来の日本仏教研究が鎌倉時代を中心として研究されてきたことは周知の如くである。しかし、教理思想史の立場からすれば、日本仏教の基本的な枠組みは平安期、特にその初期に形成され、鎌倉仏教はその展開、あるいは現実への適応であると言える[1]。法相宗について平安中期は「私記の時代」であったと表現されるが[2]、天台宗・華厳宗などにも同様のことが言える[3]。この時代において「私記」は学問の主な流行形態となっており、その意味で私記類は平安期仏教の一つの特質を表しているとみて差し支えない。しかしながら、平安時代の仏教は、その重要性が認識されながらも、鎌倉仏教に比べて研究が少ないのが現状である[4]。
　一般的に日本の華厳宗において、平安時代は宗派の現状が衰退していたと評価されている。しかし、天長六本宗書の一つとされる普機の『華厳宗一乗開心論』が著される 830 年ごろを境に 12 世紀まで多くの私記が現れる。華厳宗における私記類は、法蔵（643-712）の『五教章』に絞られているという特徴があるものの、華厳宗も「私記の時代」という日本仏教全体の波に乗っていたと言うことができよう。このように、私記の時代という特質は華厳宗にもみることができる[5]。
　日本の華厳思想は、法蔵と元暁（613-686）両師の思想を融合するという奈良仏教の傾向をもって出発する[6]。しかし、平安時代に入るとこうした姿勢はうすれて法蔵に偏り、『五教章』の各章に対して私記類が著される。これらは単なる註釈にとどまらない。東大寺華厳と薬師寺華厳の教理の相違が浮き彫りになるほど、華厳宗内の教理論諍が行われたことが窺知でき、さらに、法相宗や天台宗など他宗派への態度も確認できる。また、私記類で取り上げられた諍論は鎌倉時代を通して議論され、華厳論義の論題として定着する。三乗廻心に関する論議がその一例である。

このように、平安期の華厳私記類の思想的な分析をさしおいて日本華厳思想の全体像を語るには限界がある。この論文の課題は、平安時代の私記類の思想的な検討を通じて、平安期の華厳思想に対し、正しい位置づけを模索すると共に、日本華厳思想の特徴を見出さんとするものである。

　平安時代の華厳思想を考える際には、その前後を通しての連続と断絶の両面を様々な視点から検討し、それらの関連性に注目しながら理解する必要がある。東大寺の『華厳経』講義を出発点として研究されていく奈良時代の華厳思想は、聖武天皇（701-756）や良弁（689-773）の力を借りて奈良時代のもっとも重要な思想に成長していく。そこで、まず平安時代の華厳思想をより深く理解するために、日本華厳思想の源流となる奈良時代の華厳思想について検討する方法を取る。

　もう一つの方法は、東アジアという視座からのアプローチである。東アジア仏教という括り方が用いられるようになったのは、既存の仏教思想研究の方法に対する反省が一つの契機になったと指摘されている[7]。その既存の研究方法のあり方とは、一には原始仏教と大乗仏教という区別を中心として進められた考察である。この場合、歴史的あるいは風土的な区別は無視されることが多い。二にはインド仏教、中国仏教、日本仏教というように地理上の区別が設定されることである。これは仏教の担い手を固定化すると同時に、他の諸地域における仏教との関わりを軽視するなどの問題が指摘されている。そこで「東アジア各地の思想・文化と融和しつつ形成されてきた複合的な仏教で、いわゆる中国仏教・朝鮮仏教・日本仏教などを包括するもの」として東アジア仏教という概念が提示されるようになった[8]。実はこれは厳密な文献学・思想・歴史の上に比較哲学・学際的なテーマまでも含めた、様々なアプローチを予想するものである[9]。しかし、筆者にはこの研究方法の全般を背負って進める能力はなく、本稿では唐・新羅・日本における華厳思想の有機的関係に焦点を絞って、日本華厳思想の独自のありようを解明したい。

　日本の華厳思想は、少なくとも平安初期までは、唐や新羅の思想動向と連動する側面が無視できない。その有機的関係により、唐や新羅の華

厳思想との差異化が進み、日本華厳思想が形成されるのである。そうした傾向を分析する際、思想の時間系列上の有機的な関係のみではなく、共時的に日本華厳思想を対象化して論を進めると、隠れて見えなかった微妙な齟齬あるいは違和感が特徴として顕われるのである[10]。それこそ日本華厳を日本華厳たらしめる原動力となるはずである。

そこで、もう一回、本論の研究方法についてまとめる。本論は二つの視座から論を進める。その一つは、奈良時代の華厳思想を要略し、引き続き平安時代の華厳私記類の主な思想傾向を検討することである。これにより日本華厳宗の連続性を捉えることに重点をおく。もう一つは、華厳宗の主要テーマを取り扱って、唐と新羅と日本の三者の思想史的関連に焦点を当てることである。この二つの方法により平安時代の華厳思想を明確にし、さらに日本華厳思想の特質というべきものを探ってみたい。この二つの叙述に跨る主題は、後者において詳しく述べることとする。

以上の二つの方法により、平安時代の華厳私記類を軸にしながら、日本華厳思想の連続と断絶を念頭において論を進めたい。ここで研究の対象についてまとめてみる。

まず、奈良時代の華厳学者としては、最初『華厳経』を三年間講義した審祥について検討する。彼の著作として残っているものはないが、彼がもたらした経論目録や当時の周辺状況から彼の華厳思想の傾向を追ってみる。そして、後に同じく華厳講師となり、東大寺の創建初期において筆写にも多く関わりながら『起信論』を重視した智憬の『大乗起信論同異略集』を対象とする。この書物は従来新羅見登のものとされており、『韓国仏教全書』に収録されているが、近年、智憬のものと判明した[11]。また、『五教章』に対する註釈を残し、日本的な華厳一乗思想を構築したと評価できる寿霊の『華厳五教章指事』を検討する。以上の三人から読み取れる『起信論』重視や『法華経』重視の傾向は、平安時代の華厳思想を通じて継承されていく。平安時代の華厳思想をより深く理解するために、日本華厳思想の源流となるこの三人の華厳思想について検討する必要がある。

次に、各華厳私記類を検討する。私記類は『大正新脩大蔵経』に収録

されているもの、写本として知られるもの、そして目録のみに知られるか、鎌倉時代の華厳文献から佚文が確認されるものがある。本論ではその中で、刊本と写本とを用いることにし、佚文に関しては必要に応じて取り扱う。

　最後に、日本華厳思想の中で中心問題になった五つのテーマを取り上げ、東アジア華厳思想の視座から検討する。その一は「無碍」である。無碍は華厳の中心的教理であるが、日本華厳思想の理理円融説が誕生する背景にある教理である。二は「定性二乗廻心」である。このテーマは中国から端を発する仏性論争において主な課題の一つであり、最澄（767-822）と徳一の論争を通して有名になったが、日本華厳においてもその問題は華厳教理の法相宗に対する優越を示すために必ず突破しなければならぬ問題である。その過程で二乗が廻心して直接一乗に入るという日本独自の説が出される。三は「三乗廻心」である。三乗廻心とは華厳思想の独特な教理で、三乗の権教菩薩をどの時点で廻心させ、一乗に入らせるかをめぐる諍論である。ことに新羅華厳との相違が目立つ。四は「成仏論」である。これは仏性論争の終着点とも言える。一般に華厳学の成仏論は信満成仏といわれる。平安期にはそれに新羅より端を発する旧来成仏も取り入れ、また日本天台宗、法相宗の影響もあり、草木成仏まで主張されるなど多様な成仏論が展開される。五は「法華経観」である。華厳教理において『法華経』は華厳一乗を後押しする重要な経典である。しかし、『華厳経』と『法華経』との教判的関係を論ずる場合、日本の華厳教理では唐や新羅とは異なり、『法華経』の価値を『華厳経』と同等にまで高めているので、その論理を探ってみる。

1　末木文美士[1995]『平安初期仏教思想の研究―安然の思想形成を中心として―』、春秋社。
2　結城令聞[1975]「日本の唯識研究史上における私記時代の設定について」『印仏研』23-2、1-5 頁（結城令聞[1999]　結城令聞著作選集　第二巻『華厳思想』、春秋社、461-468 頁に再録）。平安時代の時代区分は、末木文美士[1995]（前掲書、第一章、19 頁）の説に従い、九世紀末頃までを初期、十世紀から十一世紀前半までを中期、

十一世紀後半以降を後期とする。
3 末木文美士[1995]前掲書、第一章、28頁。
4 日本仏教研究会編[2000]『日本仏教の研究法―歴史と展望―』Ⅱ仏教諸潮流の研究史と方法「南都」の項目に、2000年までの現状が整理されている。
5 北畠典生[1994]「日本における華厳研究の歴史と課題」『仏教学研究』50、5頁。
6 吉津宜英[1986]「新羅の華厳教学への一視点　元暁・法蔵融合形態をめぐって」『韓国仏教学SEMINAR』2、37-49頁。
7 木村清孝[2001]『東アジア仏教思想の基礎構造』、春秋社、4頁。
8 木村清孝[2001]（前掲書、4頁）。他に高崎直道・木村清孝編[1995]『東アジア仏教とは何か』春秋社。
9 木村清孝[2001]前掲書「東アジア仏教とその研究課題」「東アジア仏教史をどう捉えるか」、3-25頁。近年刊行された『新アジア仏教史』15巻（佼成出版社）はまさにそのような研究方法を取り入れている。
10 末木文美士[1995]「アジアの中の日本仏教」『日本の仏教　②アジアの中の日本仏教』、2-24頁を読んでヒントを得たことを、この場を借りてお断りする。
11 崔鈆植[2001]「『大乗起信論同異略集』の著者について」『駒沢短期大学仏教論文集』7、77-93頁。

第二章　奈良期華厳思想の要略

はじめに

　奈良時代の六宗の成立をめぐっては、いまだ修多羅衆などについて議論の余地を残しているが、華厳宗という制度的宗教機関が六宗の中でもっとも遅く、また天平年間に六宗が東大寺の華厳宗を中心に整備されていったという説には異見がないようである[1]。華厳宗の成立が六宗の中でもっとも遅れているにもかかわらず、六宗の本となったのは聖武天皇の盧舎那仏に対する厚い信仰と良弁の実務や治病によるものであり、その中で、『華厳経』を根本とする勢いは、740年に審祥が東大寺の前身といわれる金鐘寺で、『華厳経』を開講してから50年ほど後に成立した『円融要義集』にまで維持されている[2]。このように華厳宗は奈良時代から平安初期まで重要な宗派的地位を有していたと考えられる。

　こうした奈良時代の華厳宗に関しては、これまで歴史や思想の分野から明らかにされた点が多い。まず、歴史的分野の研究は、1930年に発表された石田茂作氏の『写経より見たる奈良朝仏教の研究』（東洋文庫）が挙げられる。石田氏により、奈良時代に書写された経論疏の調査を通して、奈良時代の華厳学は唐のみでなく新羅との関連も深いことが指摘された。その後、平岡定海氏[3]、堀池春峰氏[4]等により、740年に東大寺で初めて『華厳経』講義が行われた際に講師を務めた審祥と新羅華厳との関連が取り上げられた。

　次に、思想的分野の研究からは、石井公成氏[5]や高原淳尚氏[6]等の研究によって、奈良時代末期に活動した東大寺寿霊の『指事』と、新羅の元暁との関連が論じられた。また、吉津宜英氏は、奈良時代の南都の華厳宗に、法蔵による別教一乗の教学と元暁による和諍一乗の合一思想とが合体する、いわゆる「全一のイデア」が出現したとする[7]。さらに崔鈆植氏は、従来新羅見登のものとされてきた『同異略集』が、実は東大寺の華厳僧智憬の著作であることを明らかにした[8]。その研究成果を受けて、吉津氏は東大寺の創建が「元暁・法蔵融合形態」の教学に支えられていた

とする従前の考えに確信を深めている[9]。

　以上の研究成果を通じてみれば、奈良時代の華厳宗は東大寺が中心となっており、新羅の仏教との関連が深いことが知られる。特に寿霊の著作は平安時代の仏教にも多大な影響を及ぼしている。よって、奈良時代の華厳思想の特徴は、主として東大寺創建期における華厳宗の動向を検討することにより、明らかにできると考えられる。

　以下、東大寺の前身である金鐘寺で『華厳経』の講義が始まった740年前後から、それが終わったとされる789年までを視野に入れ[10]、審祥・智憬・寿霊の三師による華厳思想を軸に検討する。

第一節　法相宗の形成と華厳宗

　ここで華厳宗の思想傾向を理解するためにも重要な法相宗について検討してみる。奈良時代の法相宗の伝来は凝然(1240-1321)の『三国仏法伝通縁起』によると四伝とされるが、その中で第二伝と第三伝に新羅仏教との関係が読み取れる。

　第二伝とは智通・智達の伝来をいう。智達は新羅の国使に従って唐に行こうとしたが断られて帰国し、翌年、智通と共に新羅船で唐に渡った。この時期、新羅に摂論学派の特色が強いと言われる慈蔵が活動していたので、彼等は後の法相教学と同一視できない多面性を有していたと推測される[11]。こうした見方には資料上の疑問が残るが[12]、彼等の学問は摂論学に対立するものではなかったと言えよう。より積極的に言えば、摂論学の基盤の上に玄奘所伝の唯識学を学んだと考えられるのである。このことから、日本に摂論学が伝来したのは唐からというより、むしろ新羅からであり、おそらく円光や慈蔵の仏教だったという説から裏付けられる[13]。

　ここで、もう一点考えておきたい。慈蔵の生没年代は不明であるが、643年に唐より帰国して以後、宮中で『摂大乗論』を講じ、皇竜寺では『菩薩戒本』を講じて、主に律師としての名を残している。『三国遺事』巻四「慈蔵定律」によれば、慈蔵は晩年に慶州を辞して今の江原道に水多寺を創建し、そこに住んでいた[14]。この水多寺は651年に創建されたとみられ[15]、もし智達が新羅に滞在していたとしても慈蔵は没していたか、もしくは慶州にいなかったはずである。一方、元暁は650年前後に著作を書き始めたとされており[16]、また義相(625-702)も地論のような唯識学を研究していたはずである[17]。新羅の仏教事情を勘案すれば、智達の思想はこの二人の思想傾向と密接であったことが予測される。この頃の新羅では玄奘訳の経論が次々と流入し利用されている。これらのことから、智達は日本の摂論宗を自身の思想基盤とし、その上に新羅の法相宗を学んで、

唐へ向かったと見ることができよう。

　第三伝とは智鳳・智鸞・知雄の伝来をいう。彼らは703年に入唐し、智鳳は706年に維摩会の講師となる。ここで重要なのは、多数の史料から智鳳が新羅人と認識されていることである[18]。日本に新羅僧が来て活動することは珍しくない。それは、行基(686-749)や護命(749-834)を教導した者の中に新羅僧がいたという一例からも、充分に想像できる[19]。

　以上のことから、当時の日本仏教は新羅唯識学と親しい関係であったとみるのが自然である[20]。このような傾向は、慈恩系の仏教が中心となりつつあった奈良末期の善珠(723-798)にも確認される[21]。なお、新羅の大賢[22]には、慈恩基と円測を平等に取り扱おうとする姿勢が看取されることが指摘されているが[23]、同時に華厳宗における法蔵と元暁を融合する形態が存在したこととの関連も見えてくるため注目に値する[24]。善珠が憬興の『無量寿経述賛』の抄を残し、753年9月と755年9月に、霊弁、慧遠、法蔵、元暁、義相の華厳教理や起信論関係の書物を返送している記録から、それを新羅華厳の影響として見るべきであると論じている井上光貞氏の指摘も、日本の法相宗と華厳宗を考える上で注目に値する[25]。

　日本の華厳宗は智鳳の教学を受けたとする義淵の弟子達によって形成されており、その一人が良弁である。その良弁の系譜を受けている慈訓(691-777)、智憬などが初期日本華厳を主導するので、法相宗と華厳宗とはある程度類似の思想形態をもっていたと考えられる。義淵が華厳も重んじる新羅法相宗の流れを汲んでいるので、彼の弟子も法相と華厳を兼学する人が多かったとする説がある[26]。

　実際に新羅においてこうした兼学者については、目録から見る限り元暁と大賢しか見当たらないものの、義相の華厳講義に参加したとされる義寂もいる[27]。これに如来蔵や『起信論』関係の著述を残した法相学者にまで視野を広げれば、前の三人の他に、円光、憬興、勝荘、大衍などが加わる[28]。初期日本華厳の教理で『起信論』が重要な位置付けを担っているのは、こうした新羅唯識の学風を汲んでいるからであると見ても無理ではない。

　また、新羅の唯識学者に『法華経』関係の著作がかなりあることにも

注意を払いたい[29]。これは後に日本華厳宗の『法華経』尊重傾向を後押しすることになる。また、慈恩と円測を平等に取り扱おうとする日本の法相宗に見られる姿勢は、大賢の影響のもと、華厳宗における法蔵と元暁とを融合する形態と同時進行していたとも考えられるが、その是非については今後の考究を待たねばならない。

第二節　審祥の思想傾向

一　出自と『華厳経』開講

(1) 出自

　審祥の生没年については記録がないが、堀池春峰氏により没年が 745 年 1 月から 751 年の 1 月 14 日の間と推定されている[30]。審祥の出自については、これまで凝然 (1240-1321) の記述によって新羅の学僧と伝えられて来たが、9 世紀の普機の『華厳宗一乗開心論』に「青丘留学華厳審祥大徳」と記されていることなどから、堀池氏は新羅へ留学した日本僧であるとした[31]。また、791 年頃の著作とされる『円融要義集』の逸文によると、華厳一乗の伝法について「若論伝法人者、遠是竜樹世親菩薩之所伝也。近乃覚賢日照三蔵之所訳也。然後、杜順智儼為始、大唐法蔵慧苑両徳、日本審祥慈訓等諸徳之所学也」[32]とあり、審祥は明確に日本僧として認識されている。こうした諸説により、日本の学界では審祥の日本出身説が定説となっている[33]。これについて梁銀容氏は「新羅学生」の読み方に反論を出しており[34]、議論の余地はまだ残っている。よって、審祥を新羅に留学した日本僧とする学説について、次の二点から問題点を指摘しておきたい。

　第一に、良弁は夢の啓示に随って東大寺の華厳講師として元興寺の厳智を迎えようとするが、厳智の推薦によって審祥に講義を請うことになったという[35]。こうした伝承について田村円澄氏は、審祥から華厳を学んだと想定される大安寺の慶俊 (690?-778 あるいは延暦某年) の伝記に審祥の記述がないことから、そこには新羅を除外しようとする底流があったとし、良弁が審祥ではなく厳智を迎えようとしたのは、審祥が新羅に留学したので当初から軽視されていたためであるとみている[36]。しかし、審祥とほぼ同時代に活躍したとみられる神叡 (?-737) に関しては、彼が新羅への留学僧であったにもかかわらず[37]、道慈と並ぶ当代の高僧とし

て『続日本紀』(797年) に見えている[38]。審祥も当時の重要人物であったと考えられるため、新羅への留学生であることのみによって審祥が軽視されたと見るのは、上述した法相宗の形成と華厳宗の関係からみてもいささか説明不足と言わねばならない。このことには、その時代の情勢と関係があるのではないか。すなわち、審祥が日本に滞在していた時、日本と新羅の政治的対立が先鋭化し、後に新羅征討計画が立てられるほど両国の政治的関係は悪化していた[39]。こうした情勢からみると、聖武天皇の信仰を推し進めて華厳宗に力を傾注していた良弁にとって審祥は、最新の教理や思想の持ち主であったとはいえ新羅人であり、彼を招くことにはためらいがあったという推定も成立し得よう。

第二に、審祥を新羅人とする記述が、実は凝然よりも古くからあったことである。従来の研究では、審祥が新羅人と見なされるようになったのは、凝然が「新羅学僧」の語を誤解したことに起因するとされる[40]。凝然の著作中、審祥を新羅人とする記述の表われる最も早期の著作は『法界義鏡』巻下 (1295年) であるが[41]、それ以前の1256年から1260年の間に編集された順高 (1218-1271?) の『五教章類集記』巻二十二に、審祥は慈訓と共に新羅人として認識されている[42]。これは明恵の弟子の喜海 (1178-1250) の講義を集録したものであり[43]、審祥を新羅人と見るのは明恵まで遡ることができる。このことから、凝然以前にすでに審祥を新羅僧とする認識があったとみるべきである。

なお、撰者不詳の『菩薩戒綱要抄』には、華厳宗の審祥を新羅人としてみる『血脈』があったことが以下のように紹介されている。

> 次、華厳宗を伝来した人は、良弁・慈訓・審祥等の両三師であり、唐に入って香象大師に逢い、華厳宗を伝習した云々とある。ある「血脈」にいうには"昔、聖武天皇の御宇、天平12年 (740) 庚辰10月8日に、日本の良弁は大安寺に住している新羅審祥禅師に請うて、金鐘道場において、華厳の講義を始めた。これが日本の [華厳宗] の始まりである。即ち本朝は、良弁僧正をもって祖師となす"と。
>
> (次華厳宗伝来者、良弁慈訓審祥等両三師、入唐逢香象大師、伝習華厳宗

云々。有血脈云。昔、聖武天皇御宇、天平十二歳庚辰十月八日、日本良弁請新羅審祥禅師住大安寺、於金鐘道場、始講華厳。是日本始也。即本朝、以良弁僧正為祖師也）（T74、100b）

『菩薩戒綱要抄』に引用されている「血脈」は、『五教章類集記』と同様、審祥を新羅人とみている。『菩薩戒綱要抄』は、著者および成立年代共に不明ではあるが、西大寺義を主張しており、西大寺の叡尊（1201-1290）の没後程なくして述作されたと考えられている[44]。そこには凝然の文が引用されているため[45]、この文献自体は凝然以後に書かれたものであろうが、そこに引用されている「血脈」の著者と著述年代も不明のままであり、少なくとも凝然以前から審祥は新羅出身者として扱われており、凝然を経て広まったと考えて大過なかろう。最初に審祥を新羅僧としたのが、いかなる文献、ないし根拠によるものかは、今後更に考究すべきである。

　以上の二点から、審祥は日本出身の僧であり新羅に留学したとする説に対して、審祥は新羅出身であり、日本に渡ってきたという可能性も保留せねばならない。審祥が新羅と密接な関係を有していたことは間違いないが、新しい資料が見つかるまでは、ひとまず「新羅学生審祥」という呼び名が適当であると考えられる[46]。

(2) 『華厳経』開講について

　「審祥経録」[47]をみると、彼は華厳思想の他に『起信論』と『法華経』の思想にも深く関わっていたと考えられる。しかし、彼の著述は現存しておらず、審祥の『華厳経』講説以後、東大寺の華厳思想に関する資料も乏しい。ここでは、審祥の『起信論』・『法華経』との関わりを探る一つの方法として、審祥に継いで東大寺の講師や複師となった人々の著述から考えることにする。

図 1　東大寺の講師や複師

僧名	寺	複師	講師	著述	備考
慈訓	興福寺	740-742	743	『梵網経上巻抄記』一巻[48]	別訳本華厳研究[49]
鏡忍	東大寺	740-742	744		良弁の弟子
円証	元興寺	740-742	745	『梵網経料簡』一巻[50]『唯識抄記』四巻[51]	『刊定記』を借りる(749年)
厳智	元興寺		746-748		
智憬	興福寺 東大寺		749-752	『無量寿経宗要指事』一巻[52]『無量寿経宗要指事私記』一巻『起信唯識同異章』一巻『五教記』[53]	良弁の弟子
標璟		746-748			良弁の弟子『法華経』に詳しい[54]
性泰		746-748			「華厳宗未決文義」に大法師
澄叡		749-752			「未決文義」に満位僧
春福		749-752			「未決文義」に大学頭法師『金剛般若経』に詳しい[55]
隆尊	元興寺		752		良弁の弟子

＊『三国仏法伝通縁起』や 佐久間竜[1983]『日本古代僧伝の研究』、吉川弘文館などにより作成。

図1からみると、華厳講説に努めた僧の寺が、審祥の大安寺、慈訓の興福寺、円証、厳智の元興寺から、東大寺出身の僧に変わっていくのが分かる。よってその過程で興福寺と元興寺の間に親しい華厳思想が生まれていくと考えられる。

慈訓は興福寺の僧でありながら華厳に詳しかったが、元興寺にも厳智と円証がいて華厳講師を務めており、隆尊は大仏開眼供養の講師を務め

ている。この元興寺には 737 年に没した法相宗の神叡がいた。彼は 693 年に新羅に留学するため、その時代の新羅華厳を充分に熟知していたと推定される。当時の新羅では、義相が活発に講義を行い、多くの法蔵の書物が新羅に入って研究され始めた時期でもある。また、元暁が義相から華厳の新しい知識を得て[56]、法相の義寂が義相の講席に参加していた[57]。このように、新羅では華厳、唯識の間に活発な交流があったと考えられる。こうしたことから、新羅の法相の人は、華厳に精通していたことが窺知される。『本朝高僧伝』巻四に神叡が華厳を兼学したとしているが、彼が留学していた時期の新羅の事情と照らし合わせると、それも理解できる。そうした流れを汲む神叡が元興寺にいたことにより、後の厳智や円証が華厳に造詣が深かったとも想定される。

　東大寺の場合、ほとんどが良弁の弟子である。良弁は新羅系の法相宗の流れにある義淵の弟子であることはすでに述べたが、彼自身が華厳経の講説を行うことはなかったにせよ、弟子の智憬より後の世代や、同じく良弁の弟子である性泰や他の複師達が『華厳宗未決文義』を著す頃には、その活動場所が東大寺を中心としていることから、この頃から徐々に日本の華厳が東大寺へとその中心を移し、そこに定着していったことが窺知されるのである。

　奈良時代の華厳は、最初から新羅法相宗の影響が強かったと考えられるが、慈訓、円証の『梵網経』関係の著述から窺えるように大乗戒をも吸収している。また、智憬にいたると浄土思想や『起信論』が重視されるようになる。標瓊は『法華経』を重視し、他に『金剛般若経』のような経典にも関わっている。

　こうした傾向からみて、東大寺では華厳を中心としながらも、審祥以来の『起信論』・『法華経』を重視する流れが底流にあり、時代の流れに沿って戒や浄土など奈良時代の多様な仏教思想を吸収していったと言えよう。

二　思想傾向

　平岡定海氏・堀池春峰氏の研究によると、審祥の将来経録は、ほぼ600巻にのぼり[58]、それらは華厳と法相のものが中心となっていることから、平岡氏は審祥の仏教思想が華厳と法相とを軸にしていると見ている[59]。これは「審祥目録」の分析によるものであるが、ここでは審祥の著述とされる『華厳起信観行法門』と『法華経釈』2巻によって審祥の思想を探ってみる[60]。この両著は名目のみのもので、審祥の学問の性格を判断するには困難であり、以下の記述はあくまでも推定に留まらざるを得ないことをあらかじめ断っておく。

　まず、『華厳起信観行法門』という書名から、梁銀容氏は元暁が祖述したものとみているが[61]、今のところ記録に準じ、元暁の思想に基づいて著された審祥のものとみたい。「審祥経録」の中に元暁の著作が最も多く、また、法蔵の教学からは教判的に華厳思想と起信論思想を結合しようとする思想形態は導き難いが、元暁の思想をもってすれば充分に可能である。さらに「観行」という表現に注目したい。審祥が観行の実践を重視したことは、「審祥経録」に元暁の『大乗観行門』3巻、および元暁のものと思われる『初章観文』があり、法蔵に仮託されたとされる観行文献『遊心法界記』[62]が載録されていることや、『観行法門』なる書名が確認されることからも窺える。よって『華厳起信観行法門』は元暁によって重んじられた『華厳経』と『起信論』と、元暁の晩年になるつれて強まったとされる実践思想[63]を基にして著された文献であると解せられる。

　なお、『法華経釈』について、堀池氏は、正倉院文書の記録にみえる抹消の表示があることから、審祥の著述には入れていないが、一方で審祥が著した可能性も否定していない[64]。「審祥経録」には法華関連の書物が13部確認され、審祥が『法華経』を重んじていたことは充分に考えられる。日本では、730年まで新羅への留学僧の活躍が目立つが、彼らのほとんどは法相宗の人であった[65]。審祥もその時代に活動したと思われる。「審祥経録」には、中国の文献の他に、新羅の唯識学派[66]の文献が多く録され

ていることからも、審祥が新羅の唯識学派に深く関連していたことが分かる。これと同じ頃、日本では新羅の唯識学派の人が活躍していた。例えば『元亨釈書』(日仏全101、299下)によると、行基は新羅の慧基に唯識を習ったとされ、『大乗法相研神章』(T71、28c)によれば、護命は新羅の順本法師に『倶舎論』を習ったとされる。そして、新羅の唯識学派の人々に『法華経』関連の註釈書が多いという事実を勘案すれば、その新羅の唯識学派を重んじる審祥が『法華経』に関心を寄せていた必然性は充分にある[67]。これらのことから、審祥は華厳思想と起信論思想とを観行という実践的な視座から結合しようとし、また、当時の日本仏教の状況に合わせて、法華思想にも関心を寄せていたことが推定される。

第三節　智憬の華厳思想

一　智憬と『同異略集』について

　智憬の生没年代は明らかでない。彼は良弁の弟子で、正倉院文書の貸借の記録から、新羅華厳とのつながりが指摘されている[68]。また、律蔵にも通達して『四分律行事鈔』を講義したという[69]。さらに、源信(942-1057)の『往生要集』に智憬の学説に触れた文があり[70]、良忠(1199-1287)の『往生要集義記』には智憬が善珠の著述に註釈を施したという記録も紹介されている[71]。

　ところが、彼の華厳思想を知る手がかりは得られず、彼の著作としては凝然の『五教章通路記』巻二十一（T72、461c）に智憬の作として引かれる『五教記』の逸文の存在と、『起信唯識同異章』の逸文が知られているのみである。目録には円超の『華厳宗章疏并因明録』(914年)に「起信論同異章一巻　興福寺智憬造」[72]とある。永超の『東域伝灯目録』(1094年)には「唯識起信論同異章一巻　興福寺智憬」[73]とあり、「唯識起信論同玄章二巻　新羅見登」と並び記されている。

　刊本の『同異略集』二巻は「青丘沙門　見登之補」としており、この「補」に着目した望月信亨氏は早く1922年に、序・割註は見登のもので、本文は智憬のものであるとの説を出し[74]、これを受けて2000年に李万氏は、凝然の引用文のみを提示しながら、見登が智憬のものを基にして一部を自分で略述したとみている[75]。また、更に本格的に検討を加えた崔鈆植氏は『同異略集』の全体が智憬のものであると主張した[76]。

　ここでは崔鈆植氏に賛同しながら、その成果に私見を加えることにする。崔鈆植氏は五つの写本を調査した上で、問題のある個所に対して検証する方法を取り、本書が智憬の撰述にかかるものであることを証明している。その一つが「序」に見える次の文である。ここでは崔氏の訳文をそのまま載せる。

私は幸いに東隅に生まれ、いささかこの遺法に遇うことができ、十一歳の時に鐘山僧統に師事し、十七年目にようやく俗世を越えた真の境界に入らせていただけることになった。(余幸生東隅、僅遇遺法、本命[77]十一投於鐘山僧統、年次十七纔預出塵之真) (日蔵1-71-4、365a)

ここで問題になるのは「鐘山僧統」である。「僧統」は新羅にも日本にも例が見つかるが[78]、「鐘山」という地名は、新羅にはまったくみられない。崔鈆植氏は東大寺の前身である金鐘寺を金鐘山房や金鐘山寺と称した例から「鐘山」を金鐘山とみるべきといい、そうした推定から、智憬が良弁に師事したと読むべきであると言っている[79]。もう一箇所が『同異略集』の後跋に「憬は悟うに」から始まる文章である。ここでその主語となる「憬」を崔鈆植氏は智憬自身であると理解している。

ここで参考までに、凝然が引用する二箇所を取り上げる。まず一箇所目は「日本智憬大徳云。新羅元暁法師、飛龍之化、讚于青丘、**故字丘竜。大周法蔵和上駕象之徳振于唐幡**) 故字香象。伝記如斯。見者知之。以上彼師起信唯識同異章文」(T72、297b) である。太字箇所は凝然の引用に無いが、筆写の際によくある脱字のパターンであり、ここを除けば前に上げた『同異略集』の一文の直前部分と全く一致する。また、もう一個所は「第五章熏習同異門云」として『大正新脩大蔵経』にして21行分の長文に渉り引用されているが[80]、二字程異なるのみである。このように凝然が読んだ『起信唯識同異章』が現在の『同異略集』の文章と一致する。引用の後、凝然は「此中答文。引丘龍釈、出彼師二障義。今此論中下。憬師私言也。彼文次下。亦有難、答、引文等事。恐繁不載」(T72、458c) と述べている。

すなわち、問答の中に元暁の『二障義』が引用されているが、途中から智憬の言葉に変わっていると凝然は述べている。そして、その次も問答などであるが省略するという。

以上のように首尾と本論が智憬のものとなるのは間違いない。では、割注はどうであろうか。割注の中で問題とされるのは、「第四建立唯識同

異門」において大賢の『成唯識論学記』が「大賢集」として長文にわたって8個所も引用されている部分である。ここでは崔鈆植氏が指摘しているとおり、『学記』の本文と割注がそのまま引用されている。もう少し説明を加えると、「第四建立唯識同異門」は最初の部分で『続蔵経』にして1頁半の分量を割いて『成唯識論』と基の『大乗法苑義林章』から五重唯識の記述を引用し、続いて大賢の『学記』巻上本の中、三類境に対する註釈部分について2頁ほどの分量をそのまま引いている[81]。その後「集者判云」として唯識に対する智憬の批判がなされる。次いで『起信論』と『探玄記』「十門唯識章」を引用した後、「集者云」として一心を強調した後、『無差別論疏』と「華厳頌」を引いて締めくくる。よってどこにも智憬のものでないような個所は見当たらない。以上のように現行本の『同異略集』が智憬のものであることを疑う余地はない[82]。

『同異略集』は唯識思想と如来蔵思想の比較を主題とし、『成唯識論』よりも『起信論』の方が優れていることを証明しようとするものである。著述年代は明らかでないが、『同異略集』の最後の部分に元暁と法蔵の伝記が引かれており、智憬が753年に起信論関連文献や唯識文献、そして高僧伝類を多く借りていることを勘案すると、『同異略集』は753年以後の著作であると考えられる[83]。

この『同異略集』には、主として法蔵と元暁が多く引用されている。吉津氏はこうした傾向を前に触れた如く「元暁・法蔵融合形態」として捉え、さらに「竜象一体化」の思想傾向が表れていると評価する[84]。崔鈆植氏は、『同異略集』は元暁と法蔵の思想によって成立しているが、元暁を重視しながらも法蔵の見解で補っていると評価する[85]。

しかし、『同異略集』の引用傾向を詳細に検討すると、元暁と法蔵の一体化と理解するのみでは捉えきれないものがあり、むしろ元暁より法蔵が重視されているように感じられる。『同異略集』の引用回数は、法蔵が44回ほどを数えるのに比べ、元暁は20回ほどにとどまる。その中、法蔵の著作は『大乗起信論義記』・『法界無差別論疏』・『教分記』・『探玄記』が引かれ、元暁の著作は『起信論疏』、『二障義』、『十門和諍論』、『勝鬘経疏』が用いられている。しかし、華厳関係の註釈書を引用する際に

は、法蔵の『探玄記』や『教分記』が用いられ、元暁の華厳関係の著作は全く引用されていない。『起信論』の註釈においても、法蔵の『義記』が26回ほど引かれているのに対し、元暁の『疏』は9回にとどまる。このように、智憬は両師を重視しているものの、華厳思想について述べる際に法蔵の文献のみを引く。また、起信論思想についても法蔵に詳しい議論のない『二障義』を引くほかは、元暁のものを全く引いていない。引用の数にしても全体として法蔵のものを元暁のものより三倍ほど参照していることから、総じて法蔵の方に傾斜していると判断される。

このように、智憬が法蔵を主に引用する態度は、前代の審祥が「審祥経録」や著述からみて法蔵よりも元暁を重視する傾向を示していたのとは異なり、日本の華厳学の中心が元暁から法蔵へと移行していることを示している。

二　華厳思想と『起信論』

(1)　和会の宗意：『起信論』

751年、華厳宗の厨子に納める文献、あるいは華厳宗専用の蔵書と思われる文献の書写が行われた[86]。「華厳宗布施法定文案」(『大日本古文書』11、557-568)がそれである。この「文案」は新羅の元暁と法蔵の著作が圧倒的に多いのが特徴とされている[87]。ここには起信論疏類をはじめとして、如来蔵系経論が数多く入っていることから、その時代の華厳思想は如来蔵思想として理解されていたのかもしれない。もちろん、経典の名称のみのため、如来蔵思想が具体的にどのように理解されていたかは知るすべもない。

だが、智憬もそうした流れに沿っていると思われる。『同異略集』の内容からして『起信論』を重視するのは当然であるが、ここでは『起信論』における和会の役割の一例を華厳思想と関連して検討したい。

玄叡(?-840)の『大乗三論大義鈔』巻三(T70、151b)には、聖武天皇

の時代に三論・法相の学僧が集まって『大仏頂首楞厳経』の真偽を検討し、宝亀 10 年（779）にも再び諍論があったことが記録されている。松本信道氏は最初の真偽諍論の時期を 736 年〜745 年の間と推定している[88]。この真偽諍論とは法相宗で批判する「掌珍比量」と全く同様の偈頌が『大仏頂経』にあることに端を発しているが、智憬はこの諍論を知っていたと考えられる。それは次の文面より推測できる。

　『同異略集』の「第一建立真理同異門」には、

　　『掌珍論』にいう。「真性において、有為は空である。幻のように。縁によって生じるからである。無為は実体が無い。生起しないのであるから。空華のように」と。（掌珍云．真性、有為空．如幻．縁生故．無為無有実．不起．似空華）（日蔵 1-71-4、365b）

として、いわゆる清弁の「掌珍比量」をめぐる唯識側からの論駁が紹介されている。次いでこれを「似比量、有法一分不極成過、有法不極成」と判断する『成唯識論』（新導本、125 頁）と基の『成唯識論述記』（T43、395a）、慧沼の『了義灯』（T43、733b）を取意によって引用する。すなわち清弁の「掌珍比量」は誤った推論であって、推論の主語を共有できず、主語そのものが成立しないという誤謬が発生するという意味である。「掌珍比量」によると、識と諸法のすべてが無くなるからである。すると言説もないので、論理の主語そのものが成立しなくなると、唯識側は論駁している。ところが、智憬は引き続き清弁の推論を擁護し、護法と清弁の見解が同じであるとし、このことを『起信論』の論理で立証していく。その中で、『大仏頂経』第五頌に「掌珍比量」とまったく同様の経文があることを引用して、清弁の「掌珍比量」を如来説と認識し、護法もこの経文を知ったはずだと主張する[89]。智憬の第一の狙いは、『大仏頂経』を証拠として唯識の護法と中観の清弁とが同様の主張をしているとしながら、清弁を批判する法相唯識学派に対しては厳しく批判を加えることである。そして、『起信論』を通して両方を和合するのである。

　彼は『起信論』の心真如門の中、依言真如の如実不空と如実空の義の

それぞれを護法と清弁の説に当てている[90]。続いて、真如の理に二義あり、それは遮義と表義であるが、この両者は即の関係にあるとし、護法と清弁の説は各々その一つの真理を表しているとみる[91]。さらに両者の説は諍論のように見えても実は諍論ではなく、互いに論破することによって、真如における二つの意味を成就しているという[92]。

ここで智憬は、清弁と護法の門徒の論争を和合するための論拠として、『五教章』「三性同異義」の文章をそのまま引用する。そして、その引用が終わった後、「考えてみると、これは依他性に約して和会したが、真如の空と不空の義についても同様に和会できる。（中略）ゆえに真如の理が二宗（中観・唯識）において異なっても全く遮げることはない。これが『起信論』の主要思想である」[93]と『起信論』の和会の機能を華厳教理と同様に高く評価するのである。

(2) 華厳思想と如来蔵思想の差別

『同異略集』において如来蔵とは様々な方法で定義されているが、つまるところ、『起信論』の定義に対する理解によって説明できる。「第三建立八識同異門」では次のようにいう。

> この論の中心思想とは、生滅と不生滅の和合にして不一異の義を阿黎耶と名づく。本来の静を動かして流転させるとこれを八識と名づく。だから、『論』に「心生滅者、依如来蔵故、有生滅心。所謂、不生不滅与生滅和合、非一非異、名為阿黎耶識」といっている。また『密厳経』に「仏は如来蔵を以って阿黎耶であると説く。悪慧によっては蔵即ち阿頼耶識であることがを知らない」という。また、「如来清浄蔵と世間阿頼耶とは金を以って指環を作ることの如く、展転しても差別がない」等を言う。
> （此論之宗、就生滅不生滅和合而不一異義名阿黎耶。動本静而令流転是名八識。故論云心生滅者、依如来蔵故有生滅心。所謂不生不滅与生滅和合非一非異名為阿黎耶識。密厳経云仏説如来蔵以為阿黎耶。悪慧不能知蔵即阿頼耶識。又云如来清浄蔵、世間阿頼耶、如金作指環、展転無差別等）（日蔵

1-71-4、370a）

　このように『同異略集』では、『起信論』における如来蔵の意味について『密厳経』を引用して如来蔵と阿頼耶識が不一不異の関係にあることを証明している。これによると如来蔵とは如来清浄蔵とも言える。
　また「第二建立真智同異門」では起信論宗によると仏果の智に本覚智と始覚智とがあるとし、その根拠として五つの文献を出している。その中で『起信論』を引用して本覚と始覚は同様であるといい、他に『宝性論』、『無差別論』、『華厳経』「性起品」、『如来蔵経』を引用するが、その内容の基調は、分別する衆生の中に如来身・如来智・本覚智などが備わっているということである[94]。ただし、こうした如来身や如来智などは仏果の智としてあり、仏因の智とは言わないことが智憬の如来蔵思想の基本となる。
　ところが、智憬はそうした如来蔵思想を証明するため、『華厳経』「性起品」を経証としてあげながらも、華厳思想と『起信論』とを無批判に同一視するものではない。彼が教判的に華厳思想と如来蔵思想とを区別して理解している点には注意を要する。智憬は『同異略集』「第四建立唯識同異門」の中で、①『探玄記』玄談の「能詮教体門」で示される「第四縁起唯心門」（T35、118b）と、②『探玄記』「十地品」の「第六現前地」釈に示される「十門唯識章」（T35、347a）を引き、それぞれ以下のように教判的規定を行っている。
　まず、①の中では、一唯本無影（如小乗教）、二亦本亦影（如大乗始教）、三唯影無本（如大乗終教）、四非本非影（如大乗頓教）の教体が提示されているが、その中で終教の「三唯影無本」が『起信論』の正宗とされており、それは二三四を兼取するという。こうして『起信論』を正宗と兼宗とに分けて理解するのは、当時の中国および新羅には存在しなかった教判である。
　②の中では、一相見俱存唯識、二摂相帰見唯識、三摂数帰王唯識、四以末帰本唯識、五摂相帰性唯識、六転真成事唯識、七理事混融唯識、八融事相入唯識、九全事相即唯識、十帝網重重唯識が提示される。智憬は

四から七までの唯識義が終教に当たり、『起信論』の正宗であるとする。法蔵は十重唯識のうち四から七までを終教・頓教の領域とするが、智憬は頓教については言及しない。そして智憬は兼宗としては一から七までの唯識義に当たるという。一方、第八・第九・第十の唯識については、華厳別教の唯識義であって、『起信論』の正宗ではないと明言するが、第十唯識説の文章に注目すべきである。

　　十には帝網無碍のゆえに唯識を説く。(中略)因陀羅網の重重に影現することと同様である。皆これは心識の如来蔵である法性が円融するゆえである。(十帝網無碍故説唯識。(中略)如因陀羅網重重影現。皆是心識如来蔵法性円融故)『探玄記』(T35、347b)（日蔵1-71-4、373d)

　この第十唯識は、如来蔵を法性とみて、それが円融することをもって最高の唯識とみている。智憬はこの引用が終わった後に、これを含む三つの唯識の道理が『起信論』の宗とする所となる思想ではないと明言している。これを通して理解すると、彼は『起信論』の如来蔵と華厳教理の如来蔵が異なると考えてはいないが、その如来蔵の働きから『起信論』と『華厳経』とを区別していることが読み取れる。
　このようにして『起信論』を正しくは終教とし、始教から頓教までを兼取するものとみる立場は、後述するように寿霊にも確認できるが、法蔵や元暁の華厳思想には見られなかった智憬の創案である。そして、『起信論』と別教一乗の『華厳経』とを教判的に明確に区別していることも一つの特質といえる。

三　新羅仏教の位置づけ

　ここでは『同異略集』に引用される新羅僧の扱いを検討することで、智憬と新羅仏教との関係を考察したい。
　第一に大賢との関係であるが、大賢は『起信論内義略探記』で法蔵の

五教判を導入しているのが特徴であり[95]、智憬の起信論観との関連が予想されるかもしれない。しかし、大賢からそのような影響は看取されない。大賢の『成唯識論学記』には、「第四建立唯識同異門」に長文にわたり引用されるが、『同異略集』において『起信論』の思想が唯識思想より優位にあるため、批判にさらされる。

第二に新羅の玄隆の説を用いる点が注意される。岡本一平氏によると、玄隆は玄奘の思想を中心に据えながらも、基とは異なる学説を主張している[96]。『同異略集』における玄隆の引用例は「第五建立熏習同異門」に2回のみであるが、奈良時代の華厳宗における新羅の唯識派学の受容傾向を考える上で重要であり、ここではその一つを確認したい。

> 問う。第八識には四分がある。何れの分が正しく所熏となるのか。答える。玄隆師がいうには、自証分を所熏とする。これは識体だからである云々と。
> （問。第八識有四分。何分正為所熏耶。答。玄隆師云、以自証分為所熏。是識体故等云々）（日蔵 1-71-4、375b）

すなわち、第八識の所熏についての問いに対し、所熏は自証分であり、その理由は自証分が識体であるからだとする玄隆の説を引いて答えている。深浦正文氏によると、南都には四分の体と用とをめぐって、「四用一体」とする説と自証分を体とする説との二説があり、多くは基の『述記』などに依拠して「四用一体」の義を取っていた[97]。ところが、智憬はこれとは異なり玄隆の自証分を体とする説を採用しており、依拠すべき教理の中心が中国へと移る中で、新羅の唯識学派の教理を反映していることが分かる。

第三に元暁との問題である。引用傾向については前述のとおりであるが、ここでは『同異略集』の各門における『起信論』註釈の引用回数を主とし、更に他の著作の引用を図2にまとめ、注意すべき点を検討する。

図2 法蔵と元暁の起信論註釈の引用　＊（）は引用回数

門	僧名		典拠	
	法蔵	元暁	法蔵	元暁
第一建立真理同異門			五教章（1）	
第二建立真智同異門	1		五教章（1） 法界無差別論疏（1）	和諍論（3）
第三建立八識同異門		4	探玄記（2） 五教章（2）	二障義（1）
第四建立唯識同異門			探玄記（2） 法界無差別論疏（1）	
第五建立熏習同異門	15	2	五教章（2） 探玄記（1）	和諍論（3）
第六建立三身同異門		1	五教章（2）	
第七建立執障同異門	2			二障義（2）
第八建立位行同異門	8	2	五教章（2） 探玄記（1）	二障義（1） 勝鬘経疏（1）
計	26	9		

　この図2をみると、引用の回数からすれば法蔵に対する重要性が元暁より遥かに上回るといえる。各引用箇所に対する詳しい検討を示すべきであるが、煩雑になるため検討の結果のみをもって説明すると、まずこの中で「第三建立八識同異門」における元暁の引用は、法蔵の註釈に見られない解釈を含んでいる。「第五建立熏習同異門」の2回は両師の名前を同時にあげているが、実際の文章としては『義記』を引いている。「第六建立三身同異門」では、法蔵が引用していない経典を引用している。「第八建立位行同異門」には2回の引用がみられるが、1回は元暁を引用しながら法蔵の用語を使い、1回は両師の名をあげながら智憬自身の言葉でまとめている。このように、智憬は『起信論』の註釈を引用するに際して、法蔵の論に見当たらないところについては、元暁疏を引用するという傾向が看取される。さらに、元暁を引用しながらも、実際の内容は法蔵の『義記』を用いることもある。

「第七建立執障同異門」は、「執障」を主題とするが、法蔵にはそれに関する著述がなかったため、元暁の『二障義』を長文にわたって引用している。しかし、他の個所で法蔵の『探玄記』や『五教章』の引用は15回を数えるのに比し、元暁の華厳関係の著作を引用することはない。

以上の引用態度から見て、智憬は元暁と法蔵の両師に尊敬の念を持っているものの、あくまでも法蔵の華厳思想や如来蔵思想を自らの教学の中心に据えており、元暁の思想については如来蔵思想として採用するのみで、それも法蔵の思想を補う役割に限定する傾向が窺えるのである。

前に取り上げた「文案」の目録を通してみると、元暁と法蔵の著述はほぼ同じ数を示している。よって「文案」が提案される751年頃までの日本華厳宗の教理には、元暁と法蔵とを共に重視する傾向が強かったと言えよう。しかし、智憬が『同異略集』を著した頃（私見では753年以後）には、法蔵を中心とする傾向が徐々に強まり、法蔵を柱とする中国の華厳思想へと変遷したと考えられる。

第四節　寿霊の華厳思想

一　寿霊と『指事』について

(1)　寿霊

　寿霊は奈良時代末期に活躍した東大寺の学僧である。彼は『指事』を著したが、生没年代は不明である。目録集に「東大寺　寿霊」、「興福寺　寿令」などと著述が記録されているのみである。しかし、ここから彼が華厳宗だけでなく法相宗にも関連があったことが推測される。彼の学系に関しても未詳である。島地大等氏は良弁門下の一人であったという伝承と、良弁門下でありながら学問は慈訓に学んだという二つの伝承を紹介し、慈訓から直接学んだ可能性を強調している[98]。これを受けて石井公成氏は寿霊が慈訓の直弟子あるいは講義を聴いた弟子であるとする[99]。これは寿霊自身が法蔵→審詳→慈訓→寿霊という系譜を想定しているため、学問系統を考える際に最も妥当な説である[100]。

(2)　『指事』の成立年代

　『五教章』が新羅に伝来したのは691-2年頃である。それは法蔵が義相に直接送った「寄海東華厳大徳書」から知ることが出来る[101]。義相はすぐに真定や智通などに『五教章』を含めた典籍を検討するように指示したという[102]。よって新羅における『五教章』の研究成果が典籍と共に日本に伝来した可能性は濃厚である。ところが現在、日本の学界では、おしなべて凝然の記述に従って道璿が736年に日本に伝えた華厳章疏の中に『五教章』が存在したものと推測しているが、史実としては定かではない。740年に東大寺の最初の開講師であった審詳が初伝したとの見方もあるが[103]、「審祥経録」に『五教章』が入ってないことからも疑問である。

これが筆写された最初の記録は 743 年であるが[104]、誰の将来本なのか今のところは不明である。

　この『五教章』註釈書として現存最古のものが『指事』である。寿霊の『指事』のほかにも、はやくから註釈書が存在していたと見られる。

　第一に、凝然は智憬の『五教記』を引用している[105]。ところが寿霊の著述には他の『五教章』註釈書の存在をうかがわせる言及がない。従って智憬との関係はわからない。仮に「指事」という名称が興福寺智憬の『無量寿経宗要指事』一巻、同『指事私記』一巻などの影響を受けたものと推定できても[106]、『五教章』の解釈においては智憬と系統を異にする可能性もある。智憬が法蔵を「香象」と呼ぶのに対して、寿霊は「法蔵」、または「蔵」と呼んでいることからしても、寿霊は智憬の著作を参照していなかった可能性が高い。

　第二に、凝然は『通路記』（T72、476c）で宋代の希迪（？-1202-1218-？）の『集成記』を通して『海東記』を引用しながら、『海東記』が新羅先徳の『教章記』（五教章註釈）であると説明を加えている。ここから新羅に『五教章』註釈書が存在していたことが分かる。ただし、新羅先徳の教章記の成立時期については、寿霊の『指事』成立の以前と以後、その両方の可能性がある。

　さて、今津洪嶽氏の解説によれば、『指事』の題名として『華厳五教章指事記』・『五教章指事記』・『五教章指事』・『五教指事』・『五教章寿霊疏』という名称が知られており、最初は三巻であったが、明恵が上下本に分かち六巻として流通させたとする[107]。『指事』の成立年代に対しては現在までいくつかの意見が提示されている。

① 　島地大等説：754 年より数年後から 806 年以前
② 　石井教道説：901 年前後
③ 　武覚超説　：816 年以前

この中、①は『指事』の中に鑑真が来朝した時（754 年）にもたらした書物が引用されているため成立はそれより数年後と見なければないこと

と、また澄観 (738-839) の著述が全く引用されていないため、空海 (774-835) が澄観の疏をもたらした 806 年よりも前であるとしている[108]。

②は、当時の奈良朝では三乗批判は考え難く、また東大寺解除会の表白文に「大安寺法匠寿霊大徳」という名前が見えることから、寿霊は解除会が創始された 901 年頃の人物であり、『指事』はその前後の著述であるとしている[109]。

③は、②の石井教道説に基づきつつ、寿霊の批判対象を徳一と見ることから、816 年以前と推定している[110]。この中でより妥当なのは①の説であろう。

私見を付言すると、『指事』の撰述年代を考察する上で、寿霊が引用した文献が参考になる。『奈良朝現在一切経疏目録』の中に寿霊が引用している『一乗十玄門』は 781 年に筆写されたという記録があり[111]、ここから推測すると『指事』の著述は 781 年以後の可能性が大きい[112]。

次に、『指事』成立年の下限はいつごろになるであろうか。ここでは二つの可能性を提示する。

一には、表員の『文義要決問答』との関連に注目したい。『文義要決問答』が最初に記録されたのは 751 年であるが、この時は現存の四巻の中、第一巻のみが取り上げられ、第二巻は最澄により 799 年に筆写されている[113]。『指事』には表員の『文義要決問答』の第一巻だけが引用されており、二巻以下の引用が無い。もし、寿霊が『指事』を著した時点でまだ『文義要決問答』の第二巻以下が筆写されていなかったために引用されていないとすれば、『指事』の成立は、『文義要決問答』第二以下が筆写される 799 年以前となるだろう。

二には、『本朝高僧伝』慈雲条に注目する。そこでは彼が『指事』六巻を著述し、華厳を能くし、東大寺で『無性摂論』などを講義して、807 年（あるいは 806 年）に没したとされている[114]。『指事』には『無性摂論』が 8 回ほど引用されているので、この記述は寿霊を慈雲と混同したものと推定できる。もし、この記述が寿霊のことを正確に語るものであるならば、807 年以前に『指事』が著述された可能性も念頭に置かねばならない。

ところで、東大寺図書館所蔵の貴重書『五教章中巻種子義私記』一巻には、義聖(856-929)の私記の逸文が多く引用されており、その逸文の中で、義聖が『指事』を引用していたことが確認できる。その内容を検討した結果、寿霊の活動時期は、義聖の師匠で薬師寺華厳の創始者、すなわち慈訓の孫弟子の長朗律師(800-879 あるいは 802-879)[115]よりも前であったと考えられる[116]。また、『指事』の種性義釈の中では、最澄と徳一の間に交わされた仏性をめぐる論争を反映した痕跡がない。こうした状況を踏まえると、寿霊が慈訓の弟子であるとする伝承の信憑性は高いと判断され[117]、『指事』は800年前後には著されていたと考えるのが妥当であろう。

(3) 引用文献からみた思想の傾向

『指事』の構成は、『五教章』の中で註釈するべき箇所を選び、法蔵の著述の他にも多数の文献を用いて註釈する形態となっており、その中、12箇所は項目だけを提示して註釈は行っていない[118]。また註釈した項目でも簡単に出典を明かす場合と詳細に註釈する場合とがあり、「案」などを通して寿霊自身の意見を述べている。法蔵以外には智儼(602-668)からの引用が最も多く、その他に基、そして慧苑と元暁を多く引用する。天台系の文献も多数引用している。

寿霊が自身の意見を明らかにする過程で、当時の法匠に依拠して法蔵の意図を解釈する場合があるが、石井氏はこれを自らに自信が無かったからだと評価している[119]。しかし裏を返せば寿霊がそれだけそれらの法匠を信頼していた証拠ともなる。そのように信頼を受けた諸師には法蔵などの中国僧の他に新羅の元暁、玄一、義寂、円弘[120]がおり、寿霊に及ぼした新羅仏教の影響を斟酌することができる。

『指事』が引用する人物を詳しく調べると、法蔵を含めて全33名であり、このほか古徳と未詳人を引用する。この中、18名が一乗義を解釈する際に引用されているが、これは『五教章』の中で一乗義より分量がはるかに多い「義理分斉」(16名)・「所詮差別」(12名)を上回る数字とな

っている。

一乗義に引用される 18 名の著作は法蔵、智儼、慧苑の三人を除いて、残りの智顗、灌頂、智周、基、吉蔵、道栄、霊範、慧浄、玄範、元暁、玄一、義一、義寂、円弘、聖徳太子の著作が全て法華関係のものであるという事実に注意を払いたい。ここから寿霊が一乗義を明らかにするために法華思想にいかに依拠していたが分かる。その主な引用を表すと図3のようである。

図3 『指事』の主な引用状況

引用人物および典籍名		建立乗	教義摂益	古今立教	分教開宗	乗教開合	教起前後	決択前後	施設異相	義理分斉	所詮差別	計
智顗	四教義（未詳）	3	×	1	×	×	1	×	×	1	×	6
灌頂	法華文句	10	×	×	×	×	×	×	×	×	×	10
智儼	孔目章／五十要問答／一乗十玄門	8	2	×	1	×	×	1	×	30	2	43
元暁	法華宗要／楞伽経宗要／二障義／大乗起信論別記／解深密経疏／菩薩瓔珞本業経疏／（未詳）	7	×	×	×	×	1	×	×	3	11	22
基	法華玄賛／勝鬘経述記／瑜伽師地論略纂／成唯識論述記／成唯識論掌中枢要／異部宗輪論述記／大乗法苑義林章／（未詳）	14	×	1	4	×	×	×	×	2	6	27

慧苑	刊定記	6	×	13	2	×	×	×	×	3	×	24
	大乗権実義											
計		48	2	15	7	0	2	1	0	38	19	

＊各典籍名は寿霊の記述のままである[121]。

この「建立乗」の引用文献を見る時、天台・法華関連の文献を最も多く引用しているが、それは法華思想を華厳に導入するためであると理解できる。また、寿霊は「建立乗」において慧思→智顗の系譜を重んじ、審詳→慈訓→寿霊の系譜を立てている。全体的には法蔵などの華厳思想の他に、天台思想と新羅系の法華思想に多く依拠しているが、それによって自身の華厳一乗義の妥当性を証明したかったに違いない。しかし、こうした理由で、寿霊の華厳一乗義は、華厳一乗のみを強調する法蔵の本意とは遠ざかる結果となったことは否めない[122]。

さて、『指事』の内容において、第一章「建立乗」に相当の比重が置かれていることは、当時、日本の華厳思想史の流れの中において一乗義の確立が主要な課題であったことを表している。日本仏教において、いわゆる「私記」の時代になると、題目に一乗を付した著述が問答体の形式で多数現れることは[123]、寿霊にみられるような一乗義の議論が華厳のみならず日本仏教全体で重要な課題であったことを示唆する。

二　華厳思想の一端

(1)　『起信論』重視の態度

寿霊は「所詮差別」の十項目の中で、「心識差別」が最初に置かれた理由について述べるところで、一心が一切の世間・出世間法の所依となるからであるとし、その教証として『起信論』を用いる。『五教章』の該当部分では『起信論』の一心を前面に出すことはない。それにもかかわらず寿霊が『起信論』の一心のみを強調するのは、彼が『起信論』を重視しているからに他ならない。

『起信論』を重視する態度は彼の教判的な取り扱いからも窺える[124]。寿霊は五教判の中で、始教・終教・頓教の教説が『起信論』に表われているとしており[125]、智憬とほぼ同様の考えをもっている。また、権実に分ける際には、『起信論』を『華厳経』・『楞伽経』・『中論』などと同様、実教の分斉に分類している[126]。さらに重要なのは、寿霊が『起信論』を同教一乗として取扱うことである[127]。

　もし『起信論』の説によるならば、牛車の体とは即ち一心としての体大であり、この本覚の体大に乗って、如来地まで到るからである。（中略）これは同教に基づいている。（若依起信論説、牛車体即一心体大、乗此本覚体大、到如来地故也。（中略）此約同教）（T72、205c）

ここで『起信論』説について『法華経』の牛車をもって喩えている点は寿霊の独自の試みであり、両方を一体化する狙いがあることが認められる。なお、こうした解釈に対して同教に基づいていると述べているが、これは智憬の起信論観では見られなかった教判的規定である。しかも、寿霊は別教一乗とほぼ同等の価値を同教一乗に与えている。それはたとえば『指事』の次の説明から窺える。

　三乗の外に露地の一乗があり、それに二つの内容がある。一には同教一乗であり、二には別教一乗である。今、このところの経文は、同教一乗の立場から三乗の中の大乗と異なることを明らかにしている。ある人は、この意味について思い迷ってこう言う。"法華一乗は三乗の中の大乗であるから同教一乗と名づけ、華厳一乗は三乗の外の一乗であるから別教一乗と名づける"と。これは一乗の二義を知らないので、こうした迷いに致るのである。既に文の意味に迷っているから、論難して破るべき例にもなっていない。（三乗之外、露地一乗、自有二。一同教一乗。二別教一乗。今此処経文、約同教一乗明異三中大。或有惑此義云。法華一乗、以三中大故、名同教一乗。華厳一乗、三外一故、名別教一乗。此不知(知は甲本による)一乗二義故、致是惑耳。既迷文義。非難破例）（T72、211b）

すなわち、同教一乗は別教一乗と同じく露地の一乗であり、同教一乗の意味を三乗の中の大乗として理解することを強く斥けている。こうしたことから見ると、寿霊において同教一乗は、別教一乗と区別はあるにせよ、価値的には同等の一乗であることが分かる[128]。

智憬は『起信論』を唯識と中観を会通する論書として高く評価しつつも、教判的には別教一乗と確実に区別した。ところが、寿霊は教判上でも思想上でも、華厳思想と同等の価値を『起信論』に見出し、重んじている。

(2) 信満成仏論

寿霊が華厳思想の中に法華思想を取り入れすぎたあまり、法蔵の本来の思想から遠ざかる結果となったことはすでに述べたが、さらに『起信論』などの影響もそうした結果をもたらしている。ここではその一つの例として信満成仏論について検討する。

華厳思想において信満成仏は華厳独特の成仏論といってよい。この説はすでに智儼にも見えるが、それを華厳の説として確立したのは法蔵である[129]。法蔵の信満成仏説については、『五教章』「義理分斉」の第三「十玄縁起無碍法」の第三諸法相即自在門と「所詮差別」の第三行位分斉に詳しい。

まず、「十玄縁起無碍法」の第三諸法相即自在門によると、十信終心に作仏するのが信満成仏であり、それは菩薩の初発心の位に当たる。その位の特徴を端的に言うと重重無尽の因陀羅網の世界である。よって、初発心位（一念）において一切の衆生と同時に作仏し、十信終心以後、十解、十廻向、十地及び仏地なども同時に前後なく遍く成ずるとされる。

「所詮差別」第三行位分斉には、終教においても信満成仏の勝進分に十住位に入り不退を得るので、三乗でも信満成仏と言えるのではないかと問われる。これに対して法蔵は、終教には一乗のような後後同時に起こるとは説かれておらず、十住位において単発的に終わるのだと決判し、

終教においてその説を表したのは、一乗の信満成仏を信受し易くするためであるとする。

注目に値するもう一つの議論は、一乗の成仏が同時に成ずるもので一即一切、始即終であるということから、信初成仏も成り立つのではないかという問いである。法蔵はこれに対し、一乗の見地から見ると位に寄らないが、その信満とはあくまでも三乗の行を顕す言葉を借りただけの方便的な取り扱い方であることを明言する。

以上の説がおおむね法蔵の信満成仏論である。では、寿霊はその信満成仏についてどう理解したのであろうか。寿霊は十信満心において一切位を具足し、同時に成仏することを強く主張し、三阿僧祇劫を経て成仏すると述べる有迷者の説を激しく批判している[130]。こうした点から見ると、法蔵の信満成仏論を継承していると言えよう。ところが、法蔵の信満成仏説とはやや異なる点も見受けられる。

建立一乗の分相門の中、第八の「難信易信差別」を論ずる際に、寿霊は次のように述べている。

> 信位の初心では、まだ不退を得られないゆえに、まだ三界を出られないゆえに、まだ般若を得られないゆえに、まだ平等な世界の道理を見ていないゆえに、この道理を見ていないので、普法を理解することができない。よって初心の成仏を説かず、信満位に至って不退心を得ると説く。三界の外に出て般若を成就し、平等法界の理を部分的に見る。だから、普法を解することができ、普法を解するから、初位に後位を摂して即ち正覚を成ず。よって、『華厳経』に「初発心の時に便ち正覚を成じ、定恵の身を具し、これは他の悟りに由らない」と言っている。
>
> （信位初心、未得不退故、未出三界故、未得般若故、未見平等界理故、由不見此理、不能解普法。是故不（不は甲本に従う）説初心成仏、到信満位、得不退心。出三界外、成就般若、分見平等法界理。故得解普法、由解普法故、初位摂後位、即成正覚。是故経云。初発心時便成正覚、具定恵身、不由他悟）（T72、213a)

この文章は、『五教章』の中、「此品（賢首品）中正明信位終心即攝一切位」の文を解釈したものである。寿霊によれば、『華厳経』においても信の初心では不退を得ず、一乗の普法を理解できないから、初心成仏は説かないとしている。法蔵は三乗の言葉を借りるため信満という用語を取り入れたに過ぎず、別教の自体の立場からみると、初心成仏でもかまわない。ところが、寿霊は三乗において信初は成仏できず、信満になってようやく成仏するといい、その時に、「平等法界の理を部分的に見る」と言っている。これは明らかに三乗の成仏のことである。しかし、「普法を解することができ、普法を解するから、初位に後位を摂して即ち正覚を成ず」とは一乗の成仏に当たる。では一体なぜ、寿霊は一つの文章の中で、このような紛らわしい解釈をしたのであろうか。寿霊には三乗の信満から徐々に一乗に入るという強い信念があったからであると考えられる。これは、三乗の菩薩も不退を得て一乗に信入し、今の凡夫も一乗を見聞することによって成仏に至るといいながら、そうでなければ、経典に初めて発心した時に即ち正覚を成ずとは言わないだろうとしている、続きの文章から読み取れる[131]。こうなると、法蔵が信満成仏と初住位成仏を分けて考えたのが無意味なことになる。法蔵にとっては三乗の信満成仏とは一乗のそのものと同様であるからである。よって、上述のような寿霊の説から見れば、三乗と一乗の成仏論が混雑している、と言わずるを得ない。

寿霊のそうした法蔵とのずれは、『起信論』や『摂大乗論』、そして新羅の義寂の影響によるものと考えられる。それはいわゆる三乗廻心説に関連する。不退を得た後に一乗に入るというのが三乗廻心説に対する寿霊の基本的な立場である。詳細は本論の第四章第三節で論じるが、ここでは簡略にまとめる。

寿霊は自分の三乗廻心説の正当性を示すため、慈訓と推測される古徳と慧思、そして智顗（538-597）の天台思想に依拠するところが多く、それによって自らが正統を継承しているという立場に立っている。その中で、十住に不退を得ることについて、『大乗起信論』と梁の『摂論』、新羅の義寂の説に頼っている。すなわち、不退を得てから法身を分見すること

を『起信論』に依って主張し、そして『摂大乗論』と義寂の説に基づいて、不退を得る位が十解以上、つまり十住であることを証明する[132]。このように寿霊の三乗廻心説を構成する背景には、『大乗起信論』、『摂大乗論』、義寂説があり、それらが重要な教理的要素となっている。寿霊はそれらの教理によって三乗菩薩が信満に至って廻心して一乗に入るとし、終教から信満成仏が得られ、その後一乗に入ることを主張している。それは法蔵の主張する一乗の信満成仏の本意と比べると、明らかにずれが生じていると言わざるを得ない。

寿霊は「もし終教の立場であれば、十信満心の勝進分上で十住の初に入る。則ち不退を得る。ゆえに暫時の化現成仏ができる。これは『起信論』に説かれる如くである」[133]などとして、三乗と一乗の信満について教判的に区別する『探玄記』(T35、189a)の問答を引用し、自らも終教と円教との信満成仏を区別する問答を設けているが、それにもかかわらず、成仏説を積極的に説く際には、終教と円教における信満の相違を気にせず、法蔵説との間にずれが生じたことは否定できない。

三　新羅仏教の位置づけ

『指事』における新羅人による著作の引用回数は多いとは言えないが、9人の新羅僧の著作を引用している[134]。『指事』の思想的性格が、多様な経典を研究して会通する傾向を持っている元暁、義寂、大賢などの傾向と似ていることが指摘されているが[135]、ここでは、新羅僧の中で引用回数が最も多い元暁と、新羅の唯識学派に属する玄一を引用する意味を通じて、寿霊における新羅仏教の位置づけを考えたい。

まず、玄一について検討する。玄一は元暁と憬興(-681-)との間に活躍したと推定されている[136]。『韓国仏教解題辞典』(国書刊行会)によると、玄一の著作は『法華経疏』のほかに、浄土関係4種、『涅槃経』、『梵網経』関係が各1種、唯識関係が3種蒐集されており、そのうち『無量寿経記』の断簡が残っている。

さて、『指事』が『五教章』「建立乗」の「宅内所指門外」を釈す個所に着目すると、世親の『法華経論』が、七種の増上慢人を対治する中の一つとして「第一の人は、世間の種種の善根、三昧の功徳を示して、方便を以て喜ばしめる。そうしてから大涅槃に入らしめるためである」[137]と解釈していることをめぐって、諸師の見解を述べた上で、主に基や吉蔵（549-623）の見解を批判する玄一の主張を長く引用している。玄一の批判が的中しているかどうかは別の問題になるが、批判の中心内容は次のように理解できる。

玄一は、第一の人が得られる利益とは三車を得ることであるとの立場に立ち、基が二車に制限したことを、批判の対象としている。吉蔵に対する批判もほぼ同じで、「方便令喜」について、吉蔵が発心菩薩と有学菩薩が車体ではないとするのに対して、これを批判している[138]。

こうして寿霊は玄一を通じて基と吉蔵、つまり法相と三論を共に批判して自分の立場を顕揚する。寿霊が活動する奈良末期には善珠のような法相宗学徒の活動が目立ち、中国の唯識学を中心としながらも、円測のような新羅の唯識学も重んじられていたのは前述のとおりだが、寿霊にもこうした日本仏教の傾向は継承されており、その一つの結果として新羅の唯識学派の玄一が重んじられているのである。

次に、元暁の影響についてみる。高原氏は寿霊が一乗義を明らかにするにあたり、元暁の『法華宗要』を重用している例を分析して、「新羅仏教の説の中でも特に元暁の説は、法蔵の説と一致したものとして、教理上の重要語の解釈を法蔵の説に代えてまで用いる」[139]と述べている。この分析は吉津氏の「元暁・法蔵融合形態」という説を裏付けるものである。また、崔鈆植氏も、元暁の見解は当面の問題において権威をもつものとして重要視されたとする[140]。確かに元暁の見解が重視されているが、それは一乗義に集中しており、『法華宗要』が中心的に引用されている。こうした傾向は、寿霊の『法華経』ないし「法華思想」を重視する態度と関連し、広くは同教一乗重視の態度から読み取ることができる。しかも、元暁による著作の引用について対象を華厳関係や起信論註釈書に絞ると、元暁に対する尊重の度合いが低くなることが看取される。

まず、重要人物の引用を数えると、おおよそ法蔵（162回）、智儼（43回）、基(27回)、慧苑(24回)、元暁(22回)、智顗+灌頂(16回)といった順になっている。これによると、智儼も重視されており、基も1回ほど批判されているものの、総じて重んじられており、慧苑も重視されているのが分かる。引用の数から見る限り、寿霊において元暁は5番目に重要な人物で、智憬の場合よりも重要度が後退している。

では、寿霊において元暁は具体的にどのように引用されたのであろうか。一例として『五教章』「所詮差別」の「心識差別」の段を材料に考えたい。ここで寿霊は法蔵の『教分記』（2回）・『探玄記』（3回）・『義記』（3回）を引用し、元暁のものとしては、『別記』（3回）・『楞伽経疏』（1回）・『解深密経疏』（1回）を引用している。その他は、慧遠の『十地義記』（1回）・円測の『解深密経疏』（1回）を引用するのみである。

ここでその引用例を簡単に分析する。寿霊は始教の個所では元暁のみを引いている。ただし、それは始教そのものを説明するためではなく、『起信論』の立場から始教説を融合するためである。終教を論じる個所では、法蔵の『義記』を2回用いており、その中、『楞伽経』の説によって補うところでは元暁の説を3回引いている。ところが、『十地論』の唯識説に対しては、法蔵の「十門唯識章」を用いて註釈する。別教についても『探玄記』を2回用いて註釈している。『指事』では「所詮差別」の全体において円教の註釈に元暁の著作を用いることはない。『起信論』の論理を示す際にも法蔵の説が中心となり、元暁の説については、法蔵に解釈が無い場合か、あるいはあくまでも説明を明確にするための補助として引用しているにすぎない。このように、寿霊が元暁の華厳関係の著作を引用する場合は限定されている。すなわち、『指事』には十仏を六相で説明する文章が2回引かれ(T72、202c、252b)、他に華厳章疏らしい部分は二箇所(T72、241a、226c)ほどにとどまる。十仏を六相の概念で説明するところは、凝然の『通路記』に「日本の『指事』等を書いた先徳は、また「離世間品」の十仏を挙げる際に、元暁の『華厳経疏』によって広くその相を明かした」[141]と述べられているように、元暁の十仏解釈が独特であることから日本では元暁がよく引かれていたようであるが、全体的

に日本の華厳宗において元暁の華厳関係の引用はごく限られていると言わねばならない[142]。

　智憬の『同異略集』に元暁の華厳関係の著作の引用は確認されない。その後の寿霊は元暁を引用するので、元暁の華厳思想に対する重要度が『同異略集』より高まったと見えるかもしれない。しかし、その内容はあくまでも限定されている。しかも、『指事』における元暁の位置づけを考えれば、その重要度において『同異略集』よりむしろ後退していると言える。こうした状況から判断して、東大寺の華厳学において、元暁はその華厳思想においても、起信論思想においても、二次的な存在となっていったことが窺える。

　ここで一点を付言しておきたい。因門縁起六義における「縁倶有」と「建立乗」の三乗極果廻心説は、新羅義相と深く関連するが、詳細は本書の三章四節と四章三節に譲る。次に、「建立乗」における三乗の三種に関して次のような解釈している。

　　第三段中に二義がある。一は、近くは第二段中の三段となる。二は、遠くは「三に三乗を明らかにすれば、また三種がある」の中の第三段となる。もし、そうでなければ、初三段の中には第三段がないこととなるからである。
　　（此第三段中。有二義。一近為第二段中三段。二遠為三明三乗亦有三種。而作第三段也。若不爾者。無初三段中。第三段故也）（T72、218b）

　これは『五教章』に「三乗亦有三種」と言いながら、三番目の説明がないので生じる解釈である。その当否はともかくとして、これと似ている解釈が均如の『釈教分記円通鈔』に次のようにある。

　　答える。この段は二面から見ることができる。即ち、遠くは「三に三乗を明らかにすれば、また三種がある」に対比して第三門となす。近は「二とは、大乗、中乗、小乗を三乗となす。これに三義がある」に即して、また第三門となす。
　　（答此段約二面見也。謂遠望三明三乗亦有三種為第三門。近望二者大乗中乗

小乗為三乗、此有三義。亦為第三門也。(韓仏全4、267c)

　ここで均如は『指事』と同じく、'遠'と'近'の字を使って同じ意味を述べている。引用形式を取ってはいないが、偶然というより両方とも何かに典拠にしたとすれば、均如の説明は新羅義相学派の相伝とみることができ、それが『指事』にも影響を及ぼしたとみられる。上の二例と合わせた三つの事例から、『指事』の中に義相学派との深い関連が窺わせる。

小結　奈良期華厳思想の特質

　以上、東大寺の創建期前後を中心として奈良時代の華厳思想を検討してみた。新羅系が中心であった創建期当初の東大寺における華厳学は、審祥が活動する時期から「文案」が提案された751年頃までは、いわば「元暁・法蔵融合形態」と言える傾向が強かった。ところが智憬の頃からは、新羅仏教が引き続いて重んじられつつも、教学の重点が法蔵の方へと移行していることが、法蔵と元暁の引用パターンから看取される。それは日本において華厳学の主流が新羅仏教から中国仏教へと変遷し、新羅仏教の重要性が低くなったことを意味する。
　その後に著される寿霊の『指事』になると、新羅の著作が引かれ、重要な論拠とされてはいても、中国仏教への傾斜は一層強まり、東大寺の華厳は法蔵と智儼の思想が中心的役割を果たすようになった。
　奈良時代の日本仏教では、当時の先進の仏教勢力であった中国と新羅の仏教を吸収する必要があったと思われる。新羅の影響が強かった東大寺での初講の後、その中心が中国仏教へと移ったのは事実であるが、それにも関わらず、東大寺における華厳学には新羅仏教の影響、特に元暁を含めた新羅の唯識学派の思想傾向が投影されていたことは間違いない。なお、義相学派との関わりも否定できない。そうした智儼・法蔵を中心とする奈良時代の華厳教学に新羅の華厳教学や唯識学派の影響が伴うことで、東大寺の華厳思想が多様化し、結果的に中国の法蔵の華厳思想とも異なる東大寺独自の華厳思想が生まれたのである。こうした南都華厳の独自的な思想の一つとして、『起信論』と『法華経』を重視する日本的な華厳一乗思想の確立を挙げることができる。なお、こうした思想傾向は次の平安時代にも受け継がれ、さらに展開する。

---

1 鬼頭清明[1993]「南都六宗の再検討」『日本律令制論集』上巻、679-708頁。山下有美[2002]「東大寺の花厳衆と六宗――古代寺院社会試論」『正倉院文書研究』8、1-62頁。

2 石井公成[1996]『華厳思想の研究』、春秋社、405-412頁。
3 平岡定海[1972]「新羅審祥の教学について」『印仏研』20-2、同氏[1981]『日本寺院史の研究』吉川弘文館。
4 堀池春峰[1973]「華厳経講説よりみた良弁と審詳」『南都仏教』31号、386-431頁。（[1980]『南都仏教史の研究』上巻に再録）
5 石井公成[1987]「奈良朝華厳学の研究(1)―寿霊『五教章指事』を中心として」『華厳学研究』1、65-103頁。
6 高原淳尚[1988]「寿霊『五教章指事』の教学的性格について」『南都仏教』60、1-21頁。
7 吉津宜英[1997]「全一のイデア―南都における「華厳宗」成立の思想史的意義―」『華厳学論集』、781-801頁。全一のイデアとは全体を貫通する一で、ここでは元暁・法蔵融合形態の内在性である。
8 崔鈆植[2001]前掲論文、77-93頁。
9 吉津宜英[2003]「法蔵教学の形成と展開」『論集1号 東大寺の歴史と教学』（東大寺、31-37頁）。吉津氏のこうした主張は、同[1986]「新羅の華厳教学への一視点―元暁・法蔵融合形態をめぐって―」『韓国仏教学SEMINAR』2号（37-49頁）からの論である。また、崔鈆植氏の研究によって、結果的に吉津氏の主張が補強されることになった。
10 『三国仏法伝通縁起』「自天平十二年至延暦八年己巳五十年恒説華厳」（日仏全101、117b）
11 末木文美士[1993]「七 日本法相宗の形成」『日本仏教思想史論考』、130頁。
12 第二伝は『書記』26巻の斉明天皇三年条(657)年と翌年条による。日本古典文学全集の『日本書紀』③（小学館、2003年四刷、214頁）の頭注には、その時乗った船が新羅の公式船ではなく、出向いた先も西海岸の新羅領域だった可能性を提示することもあり、この記録のみをもって新羅の教理思想との関わりを見出すには無理がある。ところで、深浦正文[1951、1972 四版]『唯識学研究上巻（教史論）』363頁では、657年より以前から智達が新羅国内に滞在した可能性を考慮している。橘川智昭[2002]「日本飛鳥・奈良時代における法相宗の特質について」『仏教学研究』5（韓国：仏教学研究会、186頁）には、深浦正文説を受けた上で、智通・智達が元興寺に教学を伝えたとされること、そして747年の『元興寺伽藍縁起并流記資財帳』に摂論衆・三論衆・成実衆しかみえないことから、智達と新羅仏教と摂論宗との関係が見え隠れしているとされる。『書記』の文をみると智達が新羅に滞在していたと読めないことはないが、明瞭さを欠いている。そこで8世紀中頃まで元興寺に摂論衆が残っている点が注意を引くところであり、彼等が元興寺で活躍したのは、何らかの形で新羅唯識との関係を想定すべきであろう。なお、勅を受けながら新羅の一般船に乗るのも不自然である。また、深浦正文氏は新羅の船が入唐途中で日本に立ち寄ったと推測するが、やはり明瞭でない。
13 富貴原章信[1944]『日本唯識思想史』第二章 摂論宗の日本伝来、大雅堂。こうした説に対しては田村円澄氏による反論（[1970]「摂論宗の日本伝来について」『南都仏教』25号、[1977]「摂論宗の日本伝来について（補説）」同32号）があるが、決着がつかなかったようである。ともあれ、摂論宗が先に将来されたことにより、違和感なく法相宗が入ることができたに違いない。
14 『三国遺事』「暮年謝辞京輦、於江陵郡（今冥州也）創水多寺居焉」（T49、1005c）
15 辛種遠[1998]『新羅最初の高僧達』、韓国：民族社、219頁。ここでは『通度寺誌』の「娑婆教主戒壇源流綱要録」を引いている。
16 福士慈稔[2004]前掲書、第四節 元暁の著述の撰述年次、172-179頁。
17 金天鶴[2015]「義相の『法界図』に受容された中国仏教とその展開」『韓国思想史

学』49 輯、53-83 頁　（韓国語）。
18 末木文美士[1993]前掲書、130-131 頁・富貴原章信[1944]前掲書、203-207 頁。深浦正文[1951、1972 四版]前掲書、365-367 頁。智鳳に師事したとされる義淵との関係の真偽や智鳳の来朝時期など、検討しなければならない点がいくつかあるが、ここでは立ち入らない。
19 金天鶴[2012a]「古代韓国仏教と南都六宗の展開」『東方学』23 輯、197 頁。
20 新川登龜男[1999]『日本外交の対外交渉と仏教―アジアの中の政治文化―』（吉川弘文館、314-319 頁）には、義淵が僧正であった 703 年から 729 年まで新羅色の濃厚な僧綱体制だったとするので、こうした思想史の流れを裏付ける。
21 末木文美士[1993]前掲書、七　日本法相宗の形成 。
22 大賢の表記は「大賢」と「太賢」の二通りがあるが、福士慈稔氏に倣い「大賢」とする。福士慈稔[2004]前掲書、256-7 頁を参照。
23 橘川智昭[2002]前掲論文、197 頁。
24 吉津宜英[1986]前掲論文は、大賢がそうした考えを持った一人とする。
25 井上光貞[1975]『日本浄土教成立史の研究』、山川出版社、77 頁。
26 石井公成[1996]前掲書、406 頁。
27 義寂と華厳との関係については、南宏信[2013]「新羅義寂撰『無量寿経述記』の撰述年代考」『書陵部蔵玄一撰『無量寿経記』; 身延文庫蔵義寂撰『無量寿経述記』 日本古写経善本叢刊第五輯（国際仏教学大学院大学日本古写経研究所文科省戦略プロジェクト実行委員会編）
28 東国大学校仏教文化研究所編[1982]『韓国仏教解題辞典』によると、円光の『如来蔵経私記』三巻、『大方等如来蔵経疏』一巻、憬興の『大乗起信論問答』一巻、勝荘の『起信論問答』一巻、義寂の『馬鳴生論疏』一巻、大衍の『起信論疏』一巻、『大乗起信論記』一巻、『大方等如来蔵経疏』二巻がある。
29 『韓国仏教解題辞典』によると、元暁と大賢の他に円測の『無量義経疏』三巻、憬興の『法華経疏』十六巻、順璟の『法華経料簡』一巻、玄一の『法華経疏』八巻、義寂の『法華経論述記』三巻・『法華経綱目』一巻・『法華経科簡』一巻・『法華霊験記』三巻、道倫の『法華経疏』三巻がある。これに円弘の『法華経論子注』三巻がある。
30 堀池春峰 [1980]前掲書、398 頁 。
31 堀池春峰[1980] 前掲書、396 頁。こうした堀池氏の見解は、福山敏男[1972]『日本建築史研究』続編（墨水書房）の指摘により、それをおし進めたものである。
32 谷省悟[1957]「円融要義集の逸文」『南都仏教』3、60 頁。
33 『日本思想史辞典』(2001、ペリカン社)、『岩波　仏教辞典』第二版(2002、岩波書店)の華厳宗の項目を参照。
34 梁銀容[1998]「新羅審祥と日本の華厳学」水谷幸正先生古稀記念会編『仏教福祉研究』、思文閣出版、411-443 頁。
35 筒井英俊校正[1977 二刷]『東大寺要録』巻五、157 頁。
36 田村円澄[1999]『古代日本の国家と仏教―東大寺創建の研究―』200 頁。
37 神叡については、『延暦僧録』(788 年)には「唐学生」となっているが、『日本書紀』(720 年)には新羅への留学僧となっている。成立年代から見て後者を取った。
38 『続日本書紀』「天平十六年十月二日(744)律師道慈法師卒。(中略) 是時釈門之秀者。唯法師及神叡法師二人而已」
39 武田幸男編[2005]『古代を考える―日本と朝鮮』、吉川弘文館、李成市執筆「九、統一新羅と日本」、202-221 頁。
40 福山敏男[1972]『日本建築史研究』続編所収「大安寺華厳院と宇治華厳院」の注 7。堀池春峰[1973]前掲論文、396 頁。

41 鎌田茂雄校註［1995］「華厳法界義鏡」『鎌倉旧仏教―続・日本仏教の思想―』298頁。
42 順高の『五教章類集記』は東大寺所蔵の写本であり、東大寺図書館の配慮で拝見した。ここに感謝の意を表す。
43 土井光祐［1995］「東大寺図書館蔵五教章類集記の資料的性格 ―義林房喜海の講説とその聞書類として―」『築島裕博士古稀記念国語学論集』、汲古書院、874-894頁。
44 蓑輪顕量［1999］『中世初期南都戒律復興の研究』326頁。
45 「瓊鑑章　東大寺然律師」（T74、100a）
46 小林芳規［2004］「奈良時代の角筆訓点から観た華厳経の講説」『論集　東大寺創建前後』2（東大寺、56-73頁）には、奈良時代経巻の訓点に新羅の訓読を書入れた事例を調査し、それらの訓点方式に審祥が重要な役割を担ったと推定する。これを参考にして考えると、審祥が新羅人なのか、日本人なのかという問題は、訓点の言語文化史のみならず、東大寺華厳宗の思想や東大寺の華厳講説の方式とも関わっている。
47 堀池春峰［1980］前掲書、423-431頁、および平岡定海［1981］『日本寺院史の研究』、吉川弘文館、168-170頁。
48 『東域伝灯目録』（日仏全1、58頁）
49 宮崎健司［1999］「奈良時代の華厳経講説―関連仏典の受容をめぐって―」『日本仏教の史的展開』、塙書房。
50 『蓮門類聚経籍録』下（日仏全1、398頁）円証説、元興寺平備記。
51 『東域伝灯目録』（日仏全1、58頁）
52 以下三部は『東域伝灯目録』（日仏全1、68頁）に記録されている。
53 凝然『通路記』（T72、461c）
54 仲尾俊博［1971］「論宗と経宗」『南都仏教』26、51頁。標瓊は753年の段階で『法華経』注釈書12種類を所持しており、華厳宗において法華研究が盛んに行われたとする。
55 田村円澄［1999］前掲書、214頁。
56 均如説『教分記円通鈔』（韓仏全4、448c）
57 均如説『教分記円通鈔』（韓仏全4、257a）
58 平岡定海［1981］前掲書、170頁。なお、堀池春峰［1980］前掲書（409頁）には700巻と推定している。　山下有美［2002］前掲論文には233種類を載せている。
59 平岡定海［1981］前掲書、171頁。
60 井上光貞［1975］前掲書、77頁。木本好信編［1989］『奈良朝典籍所載仏書解説索引』（国書刊行会）には審祥の著述として『起信論疏』も挙げている。これは『日本古文書』13-156、16-428が根拠となるが、審祥蔵書という意味で、彼の著述ではないと考えられる。
61 梁銀容［1998］前掲論文、432頁。
62 石井公成［2003］「華厳宗の観行文献に見える禅宗批判」『松ヶ岡文庫研究年報』17号。
63 石井公成［1996］前掲書（3）『海東疏』の特色、208-216頁。
64 堀池春峰［1973］前掲論文の「大安寺審詳経録」の註。
65 新川登亀男［1999］前掲書。
66 吉村誠氏は玄奘門下の人々を「唯識学派」と呼んでいる。（吉村　誠［2004a］「中国唯識諸学派の称号について」『東アジア仏教研究』2号）。本稿ではそれにならって、新羅の「唯識学派」の呼称を用いる。
67 寿霊が引用する新羅の唯識学派の文献は、法華経関連の著述であることから、寿霊が新羅の唯識学派による法華経関連の著述を重視していたことを窺わせる。そうした流れは、新羅への留学僧から端を発し、審祥とも関係していると考えられる。

68 井上光貞[1975]前掲書、第1章 第2節 「三 東大寺華厳の浄土教家、智憬」。
69 凝然『律宗綱要』「智憬大徳亦講律鈔」(T74、18a)
70 佐藤哲英[1979]『叡山浄土教の研究』、百華苑、441-442頁。
71 愛宕邦康[2006] 『『遊心安楽道』と日本仏教』、法蔵館、第二章 『遊心安楽道』の実質的撰述者・東大寺智憬。これは愛宕邦康[1994]「『遊心安楽道』の撰述者に関する一考察 東大寺華厳僧智憬との思想的関連に着目して」『南都仏教』70号をベースにしたものである。
72 『円超録』(日仏全2、373頁)
73 『東域伝灯目録』(日仏全1、68頁)
74 望月信亨[1922]『大乗起信論之研究』、金尾文淵堂。
75 李万[2000]『韓国唯識思想』(韓国:蔵経閣)、339頁。
76 崔鈆植[2001a]「『大乗起信論同異略集』の著者について」『駒沢短期大学仏教論文集』7号、77-93頁。
77 崔鈆植氏は「本論」を写本の「本命」に従って、「11歳の時に」と読む。「本命」とは『大漢和辞典』によると、生まれた年の干支で62歳に当たる。しかし、ここでは、崔鈆植氏の解釈に従う。
78 『三国遺事』巻四「慈蔵定律」(T49、1005b)。そして『天台大師全集』巻5、「台法華宗付法縁起」(38頁)に「東大寺僧綱、注梵網於唐院」の例などがある。また、最澄の『顕戒論』には南都の僧綱を指す概念として多く使われている。
79 堀池春峰[1955]「金鐘寺私考」『南都仏教』2号、150-154、163-164頁。
80 『通路記』(T72、468b28-c19)『同異略集』には「第五建立熏習同異門」となっている。
81 『成唯識論学記』(韓仏全3、489c-491a)
82 ただ、目録には一巻となっているものが、現行本は二巻となっていることや、見登の名前が入ることになった経緯など、付随的な問題は解決されていない。
83 井上光貞[1975]前掲書(59-64頁)は、智憬に関連する正倉院文書の資料を掲げている。その(36)には『起信論疏』(法蔵)、『起信論私記』、『起信論疏』(大行)、『枢要私記』などの書物を「審祥経録」から借り、(39)には『高僧伝』『続高僧伝』『高僧伝略集』、(40)には『名僧伝』『高僧伝略集』、また、(45)にも同様の種類の書物を借りているが、これらは753年の記録である。『同異略集』は元暁と法蔵の伝記について、「新羅元暁法師、飛竜之化、潰于青丘、故字丘竜。大周法蔵和上、駕象之徳、振于唐幡、故字香象。伝記如斯」(卍続71-4-385c)といい、伝記にその内容があるという。それは如何なる伝記だろうか。『高僧伝略集』という書物は現在知られていないので、もし両師の伝記がこれに収められていたとすれば、753年以後にこれを著したと推定できよう。なお、井上光貞氏はこの時期に智憬が「審祥経録」から元暁の『無量寿経宗要』や懐感の『釈浄土群疑論』を借りていることから、752年から元暁の『無量寿経宗要』註釈を準備していたと推定する。この時期から智憬が著述活動に取りかかったと見られる。
84 吉津宜英[1991] 『華厳一乗思想の研究』、548頁。
85 崔鈆植[2003]「日本の古代華厳と新羅仏教―奈良・平安時代 華厳学文献に反映した新羅仏教学―」『韓国思想史学』21(韓国語)。
86 堀池春峰[1973]前掲論文、401頁。
87 堀池春峰[1973]同上。
88 松本信道[1985]「『大仏頂経』の真偽論争と南都六宗の動向」『駒沢史学』33号、13-51頁。この論文には以降の天長年間にわたる法相・三論の『大仏頂経』をめぐるさまざまの諍論がまとめられている。この問題をめぐって、法相宗から三論宗に対する批判の思想的な追究は、師茂樹[1999]「慈蘊『法相髄脳』の復原と解釈」『東

洋大学大学院紀要：文学研究科(哲学・仏教学・中国哲学)』35、163-178 頁。
89 「案云。掌珍比量是如来説也。豈護法菩薩不知此経文。為諍論哉。故馬鳴之宗破此二執。会以為宗也」(日蔵 1-71-4、365d)
90 「如実不空不異実空之如実不空。故護法論師説非有非無之有為真如理亦得意矣。以如実空不異不空之如実空。故清辨菩薩説非有非無之無以為真性亦得意耳」(日蔵 1-71-4、365c)
91 「案云。総而論之。其真如理有二種義。所謂遮与表義也。然遮即表故。説真如之理具性功徳。是即不有之有。是為如実不空之義。護法之宗。且寄此義矣。表即遮故。説真如之性無差別徳。是即即有之空。是為如実空之義。清弁之宗。且寄此義矣」(日蔵 1-71-4、365d)
92 「由此二論師言。雖似諍論而意非諍論。各互相破以成真如二義耳故」(日蔵 1-71-4、365d)
93 「華厳香象和此諍論故、其三性同異章(501a12-b01)云。(中略) 案云此且約依他性 述其和会就其空。如空不空義、亦復如是。(中略) 真理理、雖異於二宗而全不遮、是起信論宗矣」 (日蔵 1-71-4、366a)
94 『同異略集』(日蔵 1-71-4、369b-c) 『起信論』の如来蔵の意味については、平川彰編[1990]『如来蔵と大乗起信論』(春秋社) に詳しい。ところで如来蔵の意味は概ね、「如来の胎児」「如来そのもの」となるが、智憬は後者と考えたようである。こうした意味やその展開については、下田正弘[1997]『涅槃経の研究―大乗経典の研究方法論―』、春秋社を参照されたい。
95 吉津宜英[1991] 前掲書、542-551 頁。
96 岡本一平[2000]「新羅唯識派の芬皇寺『玄隆師章』の逸文研究」『韓国仏教学SEMINAR』8、360-401 頁。
97 深浦正文[1976]『唯識学研究』下(5 版)、337 頁。
98 島地大等[1914]「東大寺寿霊の華厳教学に就て」『哲学雑誌』38-432 号、122-124 頁。 今津洪嶽は『仏書解説大辞典』(1933) の『五教章指事』の項目で東大寺所蔵の応永 3 年 (1396) に筆写された華厳論草および東大寺草紙には良弁門下の一人としており、東大寺所蔵の天正 3 年 (1575) に筆写された種姓義短冊に東大寺良弁門下でありつつも、学問は興福寺慈訓を継承していたと紹介している。
99 石井公成[1987]前掲論文、76 頁。
100 『指事』(T72、212c)
101 「寄海東華厳大徳書」に対する研究状況は Antonio Forte[2001] *A JEWEL IN INDRA'S NET*, KYOTO。
102 均如『教分記円通鈔』(韓仏全 4、245a、257a)
103 湯次了栄[1915]『華厳体系』解題。今津洪嶽が、1933 年『仏書解説大辞典』で『五教章指事』項目を著わす時にこれを受用する。
104 石田茂作[1930]前掲書。
105 『通路記』巻二十一 (T72、461c)。この事実はすでに高峯了州[1942]『華厳思想史』、百華苑、376 頁で指摘されている。
106 島地大等[1914]前掲論文、125 頁。
107 『仏書解説大辞典』「華厳五教章指事」。
108 島地大等[1914]前掲論文、121-125 頁。
109 石井教道[1954]「寿霊の生存年代とその華厳教学」『仏教大学学報』29、12-20 頁。
110 武覚超[1971]「五教章寿霊疏の成立に関する一考察」『天台学報』13、65-70 頁。
111 石田茂作[1930]前掲書、付録「奈良朝現在一切経疏目録」。
112 もちろん、『一乗十玄門』が 781 年以前にも日本に存在し、寿霊がそれを記録した可能性も保留しなければならない。

113 金天鶴[1999]「『華厳厳経文義要決問答』の基礎的研究」(朝鮮半島に流入した諸文化要素の研究)『学習院大学東洋文化研究所調査報告』44、15-40頁。
114 『本朝高僧伝』巻五、日仏全102、100頁。
115 『僧綱補任』第一には879年、77歳で亡くなったとし(日仏全123、93頁)、『三会定一記』第一には79歳で亡くなったとする(日仏全123、293頁)。
116 本書第三章第四節。
117 島地大等[1914]前掲論文、『哲学雑誌』38-432号、121-125頁。
118 この理由として島地は『五教章指事』を未完成の原稿と見るのが妥当であると主張している(島地[1914]前掲論文、126頁)。石井公成[1987]前掲論文も同じ見解である。
119 石井公成[1987]前掲論文、81頁。
120 近年、明らかになった。金天鶴[2012b]「金沢文庫所蔵、円弘の『妙法蓮華経論子注』について」『印度学仏教学研究』60-2号、154-161頁。
121 寿霊の引用文献に対しては高原[1988]前掲論文、「引用及び指示文献一覧表」に詳しい。筆者が調査したものと若干違いがあるのは計算方式に違いがあるためである。
122 高原[1988]前掲論文、83頁。
123 結城令聞[1975]前掲論文、高原淳尚[1989]前掲論文。
124 『指事』における『起信論』重視の傾向はすでに指摘されているが(高原淳尚[1988]前掲論文、崔鈆植[2003]前掲論文)、ここでは教判の立場からそれを検証したい。
125 『指事』「案云。此就依言中。約始教門。顕空真如。又云。所言不空者。已顕法体空無妄。故即是真心。常恒不変。浄法満足。則名不空。案云。就依言中。約終教門。顕不空真如。若無能詮三教浅深差別。由何因縁。有所詮真如三。浅深差別。依此明知。有始終頓三種教也」(T72、225a)
126 『指事』(T72、205c)
127 『指事』「若依起信論説。牛車体。即一心体大。乗此本覚体大。到如来地故也。是故論云。一切諸仏。本所乗故。一切菩薩。皆乗此法。到如来地故。蔵記云。即始覚之智。是能乗。本覚之理。為所乗故。此約同教」(T72、205c)、他に211a、225aを参照。
128 同教一乗と別教一乗とが価値的に同等であるというもう一つの例は、『華厳経』と『法華経』との関係を述べる次の文からも分かる。「問。若依此文。法華中亦説別教義。華厳経亦有同教義。何以故。法華名同教一。華厳目別教一　答約多分義目同別耳。謂法華中多説同義。少説別義。故目同教。又三乗一乗和合説故。華厳経中。別教義多。同教義少。故名別教」(T72、211b)
129 智儼と法蔵の信満成仏論については、吉津宜英[1985]『華厳禅の思想史的研究』第五節法界縁起の成仏論(大東出版社)に詳しい。ここでは吉津氏の研究に基づきながら、法蔵の信満成仏論を整理する。
130 『指事』「則於十信満心。具一切位。同時而得也。有迷者云。無量億那由他劫。名為三阿僧祇劫也。経三祇劫。得仏果人。名仮名菩薩」(T72、212b)
131 『指事』「由此明知。三乗菩薩。亦得不退。信入一乗。今時凡夫。見聞一乗。亦到彼位。可得普法。若不爾者。何初発心即成正覚」(T72、213a)
132 『指事』「問。依何教証十住以上。出繋業三界得不退益。答『起信論』云。菩薩発是心故則得少分見於法身以見法身故。随其願力能現八種利益衆生乃至亦非業繋有大願自在力故。(略)又『梁論』云。十解以上。得出世浄心。又云。十解以上。名聖人不堕二乗地。又寂法師云。十解以上。出繋業三界亦得説云。出三界以十解菩薩。得位不退出繋業三界故。亦復云出宅受車」(T72、208c-9a)
133 『指事』「若終教十信満心。勝進分上。入十住(住は甲本による)初。則得不退。故

能暫時化現成仏。如起信論説」(T72、247c)
134 新羅僧の引用をみると、元暁(22回)、円測(5回)、慧景(5回)、義寂(3回)、義一(2回)、玄一(2回)、表員(1回)、大賢(1回)、円弘(1回)となっている。
135 崔鈆植[2003]前掲論文、23頁。
136 福士慈稔[2004]前掲書、233-236頁。
137 『法華経論』「第一人者。示世間中種種善根。三昧功徳方便令喜。然後令入大涅槃故」(T26、8b)
138 これに対する具体的な内容は『指事』(T72、204a-5a)を参照。
139 高原淳尚[1988]前掲論文、16頁。
140 崔鈆植[2003]前掲論文、19頁。
141 『通路記』「日域先徳。指事等主。亦挙離世間品十仏。依元暁疏。広明其相」(T72、304a)
142 福士慈稔[2004]前掲書では、日本の華厳宗における元暁の引用態度を調査している。それによると、元暁の著作としては『起信論疏』、『起信論別記』、『二障義』が頻繁に引かれていたことが分かる。

第三章　平安期華厳文献の基礎的研究

はじめに

　日本仏教においては奈良時代の後半になってから各宗派において学問研究が盛んになっている。平安初期学僧の代表のように言われる最澄や空海の活動もこうした奈良時代の後半の学問研究と無関係でないが、その中でもっとも学問研究が盛んであったのが法相宗である[1]。それに比べると華厳宗はやや衰退している[2]。しかし、華厳宗において学問研究がまったく行われていなかったのではない。結城令聞氏が平安時代の中期を私記の時代として提唱したのは、その時代の法相宗の文献を調査してのことであるが、その時期には、法相宗のみならず、天台宗、華厳宗などにおいても私記が数多く著されている。

　華厳宗の中では主として法蔵の『五教章』に関連する私記が多数著されている。本論で取り扱うことになる華厳宗の私記類は、大正蔵の72巻に収められている。増春の『華厳一乗義私記』（No.2327）、親円の『華厳種性義抄』（No.2328）、作者不詳の『華厳宗所立五教十宗大意略抄』（No.2336）がそれである。また、未刊行の写本として、作者不詳の『華厳宗立教義略私記』、『華厳十玄義私記』が挙げられる。他の私記は逸文として既存の刊行論疏のうちに残っているが、その中でも義聖と観理（894あるいは895-974）との『種子義私記』については、東大寺所蔵の写本『五教章中巻種子義私記』を通じて、より詳しくみることができる。なお、本論では六本宗書の一つとされる『華厳宗一乗開心論』（No.2326）も検討する。これは私記類ではないが、平安時代初期の華厳思想の特徴がみられるのみならず、私記類との一定のつながりがみられるのである。

　凝然の『華厳宗経論章疏目録』（日仏全102、254頁）を参照すれば、他にも二十種類ほどの私記の存在が知られ、決して少ないとは言えない。しかも、これらの華厳私記類は後に頻繁に鎌倉時代の華厳関係文献に用いられる。よって鎌倉時代の華厳思想を考える際に、平安時代の華厳私記類は、充分に顧慮すべきである。ここではひとまず、私記類を中心にその思想を考察したい。各私記の検討は『五教章』の和本の順による[3]。

第一節 『華厳一乗義私記』

一 文献の基礎的検討

(1) 書誌

　大正蔵72巻(No.2327)に収録されている増春の『一乗義私記』は天保11年(1840)に筆写された高野山正智院蔵本を底本にしたものである。この『一乗義私記』については高原淳尚氏の研究に書誌、構成、法相師批判、『指事』との関連が論じられている[4]。その研究の主な成果を要約すると次の四点にまとめられる。

● 天暦年間(947-956)に著された増春の三巻本を1679年に宝性院の問津が略抄して一巻にまとめた。
● 法相教学への対抗意識が強く感じられる。
●『華厳経』と『法華経』を一体のものとしてみていこうとする『指事』の姿勢を受けながらも、天台教学との関係については華厳教学の優位性を強調している。
● 奈良末期とは時代的な状況が異なっており、②③は宗派意識の表われである。

　こうした高原氏の意見には概ね賛同するが、三巻本と一巻本の関係については疑問がある。『一乗義私記』の奥書には次のように記録されている。

　　此私記三巻之中所要略抄
　　天暦年中大法師増春御釈
　　延宝七戊未三月十二日一校了
　　　　　　　　　　宝性院問津

于時天保十一子年三月二十四日夜四時
写之畢　　　　　　　沙門竜珠理海(花押)
但此私記一巻秘珍之書也。他見不可及（T72、46a）

　この内容の中、高原氏の見解を受けて初めの二つの文を読めば「この『私記』三巻の中の要になる所を[問津が]略抄した。[これは]天暦年中における大法師増春の御釈である」となるだろう。しかし高原氏も調査したように、『一乗義私記』は尊玄『華厳孔目章抄』(5回)、聖詮『華厳五教章深意抄』(5回)、宗性『華厳宗香薫抄』(1回)、審乗『華厳五教章問答抄』(3回)、湛睿『華厳五教章纂釈』(2回：これは3回確認される)に名指しで引用されており、1679年以前の実態を調べることができる。また、その他にも順高『起信論本疏聴集記』(3回)、湛睿(1271-1346)『起信論義記教理抄』(1回)、凝然『通路記』(1回)、『法華疏慧光記』(1回)に引用されているのが確認される。
　ここで問題となるのが、寛朝(916-998)の『五教章一乗義私記』三巻の存在である。寛朝の『私記』は現存しておらず、鎌倉時代の華厳宗文献に引用されている。これについて高原氏は、引用文の「寛朝」という字が後世に割り注で入った可能性も否定できないとし、また、湛睿の『五教章纂釈』に増春の名前で『一乗義私記』が引かれており、当時から『一乗義私記』は増春のものとして通用したとみている[5]。
　しかし、こうした解釈には疑問が残る。まず、凝然の『華厳宗経論章疏目録』によると寛朝の『五教章一乗義私記』は三巻からなる註釈である[6]。彼の『五教章一乗義私記』は聖詮や順高などの引用により確認されるため、それらと現存する増春の『一乗義私記』を比較したのが、以下の図である。まず、聖詮の『華厳五教章深意鈔』所引の文との比較である。

図 4 『一乗義私記』文との比較 1

『一乗義私記』 （T72、33c1-20）	聖詮『華厳五教章深意鈔』 （T73、55c4-56a1 の所引）
問。定性二乗人。従無余出廻心向大。若共教大乗歟。若不共大乗歟。 　答。不共大乗也。非共教大乗。定性二乗。以無余簡択力。知三之中大乗権。三之外一乗実故。廻入不共。非共教也。	一乗義私記中巻寛朝作云 問。定性二乗人。従無余出廻心向大。共教大乗。若廻心向大共教大乗。若廻心向大不共大乗耶。 答。廻入不共大乗。不廻入共教大乗。 問。何故廻入不共大乗。不廻入共教大乗。 答。定性二乗。以無余簡択力。知三之中大乗権。三之外一乗実故。廻入不共大乗。不廻入共教大乗。
問。入無余二乗。楽著三昧。都無覚知。何得知三中大乗権。三外一乗実乎。 答。由如来大悲外縁力故。有彼本覚内熏力因故。自無余出。得知爾也。	問。入無余二乗。等著三昧楽。却不覚知。□得知三中大乗権。三外一乗実。 答。入無余二乗。雖楽著三昧楽。由如来大悲外縁力故。有彼本覚内熏力因故。自無余出故。得知大乗権。三外一乗実。所以廻入不共大乗。廻入共教大乗。
問。若爾。何疏云。謂諸二乗以根鈍故。要先廻入共教大乗乎。 答。彼約不定種姓爾云。不拠定性二乗。	問。若爾。無余二乗。従彼出入不共大乗。不廻入共教大乗者。何疏云。謂諸二乗以根鈍故。要先廻入共教大乗耶。 答。彼約不定種性爾云。不拠不定性二乗。
問。以何知乎。 答。智度論九十三云。阿羅漢捨分段身生何地具足仏道。有妙浄土。出三界外。阿羅漢彼聞法華経具足仏道云云。	問。何以知。不定性二乗。従無余出廻入不共大乗。不廻入共教大乗云事。 答。智度論九十三曰。阿羅漢捨分段身生何地具足仏道。有妙浄土。出三界外。阿羅漢従聞法華具足仏道云云　以此文知爾云事。
又様云。定性二乗不定種性必先廻入共教大乗。然後廻入不共大乗。故疏云。謂諸二乗等云云。 問。何故不云阿羅漢生妙浄土。聞深密経具足仏道。云聞法華経具足。 答。本阿羅漢身人故。云阿羅漢実共教大乗菩薩。所以云聞法華経具足仏道也。	又様云。定性二乗不定性必先廻入共教大乗。然後廻入不共大乗。故疏云。謂諸二乗以根鈍故等云云。 問。何故不云阿羅漢生妙浄土。聞深密経具足仏道。云聞法華経具足仏道。 答。阿羅漢身人故。云阿羅漢実共大乗菩薩也。所以聞法華具足仏道也。　　（文）

以上、両文献の文の同異を見やすくするために、同一部分については着色を

施した。字を欠いているなどの理由で異なっている部分はそのまま残し、その関係がすぐに把握できるようにした。これで分かるように増春の『一乗義私記』は、寛朝の『五教章一乗義私記』を意味が通じる程度に縮約したものであることが分かる。寛朝の『五教章一乗義私記』は順高の『起信論聴集記』第五巻にも引用されている。

図5　『一乗義私記』文との比較2

No. 2327『一乗義私記』 （T72、30a3-16）	順高『起信論聴集記』第五末 （日仏全92、230a-bの所引）
	一乗義私記中云　広訳
証得大性者。仏果位也。	問云。何云証得大性。答。仏果位名証得大性。
謂証得十力四無畏十八不共等無量功徳故也。	問。何故仏果位名証得大性。答。仏果位証得十力四無畏十八不共等無量功徳故。仏果位云名証得大性也。
果大性者。仏果位也。	問。何云果大性耶。答。仏果位云果大性。
謂示現衆生成菩提建立広大仏事也。	問。何故仏果位云果大性。答。示現衆生成菩提建立広大仏事。故仏果位名果大性。
初五因後二果也此七種大性可考対法論也。	問。爾。此七種大性中幾因幾果。答。初五因。後二果也。可考対法論弁文起信論之疏耳。

　ここで順高の『起信論聴集記』第五末の冒頭にある「広訳」とは「広沢」の誤りである。宥快(1345-1416)の『宝鏡鈔』によると、広沢流に属する9人の名前が並んでおり、そこに寛朝僧正の名前が見える[7]。『元亨釈書』にも寛朝が「広沢流」の密教の流れを汲んでいるとある[8]。図5の順高所引『五教章一乗義私記』に続いて「広沢[9]一乗義私記中云第七果大性云云無失」とあるが、それはこうした事情による。湛睿も『起信論義記教理抄』第五巻で「広沢寛朝僧正一乗義私記中巻」（日仏全94、104a）という言い方をしている。両方の文章を比べると、増春の『一乗義私記』が寛朝の『五教章一乗義私記』の問答について、問答を削除して要点のみをまとめたことが分かる。

　この二つの例からみると、寛朝『五教章一乗義私記』三巻が増春の一

巻にまとめられたと理解するのが妥当ではなかろうか。しかし、果たして増春の三巻本はあったのであろうか。ここで湛睿の『纂釈』に増春の名で引用されている部分を比較する。

図 6 『一乗義私記』文の比較 3

『一乗義私記』 （T72、40a3-7）	湛睿『五教章纂釈』上巻第八 （日仏全 11、124ab）
	増春　一乗義私記云
問。爾此十義方便由何経論説。答。初五義由勝鬘経説。第六義由楞伽経説。第七義由梁摂論説。後三義由法華経説。問。何故三乗中説一乗名。答。引摂三乗人入一乗時。為令易**信**解三乗中説一乗名也。	問。爾此十義方便由何経論説。答。初五義由勝鬘経説。第六義由楞伽経説。第七義由梁摂論説。後三義由法華経説。問。何故三乗中説一乗名。答。引摂三乗人入一乗時。為令易**悟**解三乗中説一乗名也。

　図 6 をみると、太字で表した「信」と「悟」の字を除けば、すべて一致することが分かる。また、湛睿は寛朝の『五教章一乗義私記』を取り上げているので、両方の私記を知っているはずである。ここで、寛朝のものには「中巻」という表現が見られるが、増春のものには巻数の表記がないことから、寛朝のものを増春が一巻にまとめた可能性が強くなる。すると、先の奥書について読み直す必要があると考えられる。

　まず、「此私記三巻之中所要略抄。天暦年中大法師増春御釈」は「此は[寛朝の]『私記』三巻の中の要になる所を略抄したものである。[これは]天暦年中における大法師増春の御釈である」と読むべきであり、また、「延宝七戊未三月十二日一校了　宝性院問津」は宝性院の問津が増春の一巻本を校訂したと読むべきである。

　しかしながら、少し疑問も残るため、二つの例を挙げてそれを検討したい。第一は、一巻『私記』と三巻『私記』がほぼ一致している以下の例である。

図7 『一乗義私記』文の比較4

『一乗義私記』 （T72、42c19-22）	湛睿『五教章纂釈』上巻第九 （日仏全11、151a）
上明三乗有三種云釈。第一第二段了。第三段章文釈不述者。何云事。答。是云。有先徳二伝也。有人云写章人写漏。所云第三段闕也。有人云。**第三段釈者非**。	一乗義私記下云。 二明三乗亦有三種之釈。第一第二段了。第三段釈文**缺**不述者。何云事。答。是有先徳二伝也。有人云写章人写漏。所以云第三段闕也。有人云。**後釈同指事**。

　図7をみると、増春のものと下巻との文字の相違は、太字の「上」と「二」、「第三段釈者非」と「後釈同指事」の二箇所でしか見られないため、すでに検討した例とは少し異なる。だが、ここはテキストの問題を追及するところで、略してしまうと意味が通じない。ほぼ同様であるのはそのためである。ちなみに図4の最後の例はテキストの問題ではないが、先の通りほぼ一致している。ただし、その場合は連続の中でみるべきなので、さほど問題にはならない。図7で、一巻『私記』の「有人云。第三段釈者非」と三巻『私記』の「有人云。後釈同指事」の問題であるが、まず、'釈'は'闕'の誤字である。増春の『一乗義私記』には、そのあと第三段を闕とみる見解について批判する。即ち、「何者。釈第二段之中第三段、<u>有二釈。一近則第二段中第三段。二遠即初明三乗有三種云中第三段也</u>。謂第二段中第三段者云小乗中亦有三。如小乗中説。是所以云第二（三？）段闕者非也」（T72、42c23-26）と続いて段を締めくくる。下線の「有二釈」は『指事』の説である。「有人云。後釈同指事」とはそれを指すのであり、湛睿が自分で入れた文であろうか、あるいは、寛朝『五教章一乗義私記』下巻の同段の最後にあった文なのか。両方を想定しても、両私記は完璧と言ってよいほど一致している。これは、略しにくい内容だったからだと考えられる。よって、これは寛朝の三巻『私記』が増春の一巻『私記』となった推定を覆す例にはならない。

　第二には、三巻『私記』にはまったく見当たらない内容が一巻『私記』に盛り込まれている問題である。引文が長いので、便宜上③からは簡略化する。

図8 『一乗義私記』の文の比較5

『一乗義私記』 (T72、28a27-29a3)	聖詮『華厳五教章深意鈔』 (T73、48c-49b17)
	一乗義私記中巻云
①問。何云変易乎。答。変者改変義。易者転易義也。意。変易転分段麁身。云成光明殊勝細身。而云変易身也。	①問。変易者。何云事耶。答。変者改変義。易者転易義也。意。改変転易分段麁身。云成光明殊勝細身。而曰変易身。
②問。変易者新人名歟。答。倶新古名通也。但古人変易云意生身。新人云意成身。 且古人云意生身者。意者。第六意識也。	②問。変易者新人名歟。古人名歟。答。倶通新古名。但古人変易身亦曰意生身。新人曰意成身。 問。且古人云生身意何。 答。意者。第六意識也。
③ 問答なし	③ 問答
④ 問答なし	④ 問答
T28b11-c17 二種生死	⑤48c16-49a17
以下省略	以下省略

　以上、前例と同様に問答を中心に番号を付けてみたが、この中の⑤からずれが生じている。ところで、寛朝⑤にあたる部分は、上の増春の引文が終わり、29a22の下りからになる。また、⑤から以下省略した箇所に中巻『一乗義私記』には、九つの問答が続くが、後ろの6つの問答が前後するにしても増春の『一乗義私記』と関連している。特に『一乗義私記』の文の中には、中巻『一乗義私記』からはまったく確認できないものも数カ所ある。これらは中巻『一乗義私記』の他の個所から引用したか、あるいは、他の『一乗義私記』からの引用の可能性も否定できないが[10]、それも寛朝の三巻本を増春が一巻本にした推定を覆す例にはならないと思われる。しかし、これ以上の詳しいことは今のところ知るすべもない状況である。

(2) 引用文献からみた思想の傾向

　『一乗義私記』に類する書は華厳宗だけではなく、各宗において著わされた。例えば、法相宗では真興 (933-1004：985年撰述) が基の『法華玄

賛』第七巻の中における一乗義を註釈している。また、天台宗では源信（942-1017：1006年撰述）が『一乗要決』を著し、三論宗では珍海（1093-1152：1140年撰述）が『一乗義私記』を著している。こうした傾向はそれぞれの宗派の立場を最も勝れた一乗として位置づけようとした結果であろうと思われ、そうした時代の風潮の中に、華厳宗の『一乗義私記』も著されたのだろう。

　ここで増春の『一乗義私記』の内容がどのように構成されているのか見てみたい。これは『五教章』の建立一乗義に対する「私記」であり、総じて436問答によって構成されている。その内容を区分して、各内容における基本的な情報を収めたい。

図9　構成と引用文献

問答の主題	問答の科文	引用諸師及び章疏	備考
華厳の字義 （14c-15a）			
一乗の三種義 （15a-20c）		探玄記、五教章旨帰	①華厳師問→法相師答 相師云→答菩提思量論
三乗の三種義 （20c-21a）			
五教判 （21a-22b）		探玄記（3）	④法相師問→答 ⑤華厳論（論は師か）問→答
別教義 （22b-24b）		法蔵：三宝章、遊心法界記（2）、探玄記（2） 慧沼：了義灯（2） 私略頌	
同教義 （24b-24c）			
因分果分義 （25a-26b）	因分果分	探玄記（2）	

縁起因門の分相門 (26b-31c)	三界門 (26b-28a)	慈恩：玄賛 智周：摂釈	慈恩大師御心 智周法師心	
	二種生死 (28a-29c)	慈恩：述記 法蔵：義記、無差別論疏 智周：摂釈(2) 慧沼：了義灯 有師	慈恩大師御心 五教師御意	
	三車四車 (28a-31c)	慈恩：玄賛(2) 智周：決択記 法蔵：義記		
分相門の一乗三乗差別 (31c-39a)	第一権実差別 (31c-33a)	智儼：孔目章 法蔵：探玄記 新羅：珍嵩記	発菩提心論 十重唯識章→先徳伝 ⑥法相師云→答華厳師云 ⑦問→法相師答云	
	三乗廻心 (33b-35c)	探玄記(10)、綱目 香象問答 智儼：一乗十玄門	古人、新人	
	自位究竟-二乗成仏 (36a-37a)	基：対法抄、述記 法蔵：探玄記		
	四車-天台・華厳(37a-38b)	探玄記 先徳二伝		
	第九約機顕理差別(38b-39a)			
分諸乗同教一乗 (39a-40a)	五約教事深細 六約八意趣			
同教三乗 (4a-42c)		探玄記(3) 先徳二伝	⑧慈恩等師難五教師云→五教師返難云、五教師御意	
同教四乗 (42c-43a)				
融本末 (43a-43b)			一法界真如理(3)	

余乗名体 (43b-44b)	大乗 (43b-44a)	義記（2） 探玄記	
	一乗 (44a-44b)	寿霊：指事（3）	指事は宗調度章疏 指事引元暁 指事引瑜伽
法相師立量 (44c-45c)			⑨～⑫法相師対華厳立量（4）
三時・四時教 (45c-46a)			

※『五教章』の引用は数えなかった。

　以上のように『一乗義私記』の全体の構成と引用文献、そして備考には特質と言える事項を抜き出してみた。これをみると『一乗義私記』が『五教章』の題目から註釈を始め、ところどころ省略しながら建立一乗章を終わりまで取り扱うことが確認される。華厳家の引用は法蔵のものが圧倒的であって 28 回にのぼる。ここに引かれた『五教章』に建立一乗ではない個所を合わせればもっと増える。これに対し、寿霊（3 回）、智儼（2 回）、先徳（2 回）、『香象問答』（1 回）、新羅の『珍嵩記』（1 回）、智周の決択記（1 回）が利用されている[11]。さらに「私略頌」というものが利用される。これは『五教章』第八施設異相の 10 項目の頭文字のみを組み合わせて表記した頌であるが、後に述べるように平安時代の私記において幾つか例が見られる。

　このうち『香象問答』については真偽をめぐって論争が行われていることが紹介されているが、結局法蔵のものと見なされている[12]。この真偽問題は江戸時代に至っても決着を見なかったが、現在は新羅義相の語録として認められており、法蔵の『探玄記』が新羅に将来される 692 年以前のものと推定されている[13]。その題名について言えば、目録類のうち『円超録』(914) 年には「華厳経問答」とあり[14]、『東域伝灯目録』には「華厳経問答二巻」とあって、『香象問答』という名称は見当たらない。『香象問答』となっている最初の例は新羅見登の『華厳一乗成仏妙義』に見られる。見登の生没年代は知られていないが、寿霊の『指事』を引用していることと、道雄（？-851）門下の作と推定される『大意略抄』(T72) の後半にある「華厳宗師」の系譜に「太賢菩薩」に次いで「見登菩薩」と

あることから、800年から850年の間に著されたとみて差し支えはない。

『成仏妙義』には『華厳経問答』の他に『新羅記』、『青丘記』といった書物が引用されているが、この書物は『一乗義私記』にもみえる珍嵩と同一人物の作と考えられている[15]。こうした状況に基づいて、見登は日本で活躍したか、あるいは新羅に留学した日本僧であるという推定と共に、義相学派の華厳思想を最初に本格的に日本に伝えたと考えられている[16]。このように、『華厳経問答』にはいろいろの問題を孕んでいるにものと見なされたにせよ、日本の華厳思想に与えた影響は少なくない[17]。

これと関連して「新羅珍嵩記」[18]について見ておく。珍嵩の著書として知られているのは、『一乗法界図記』、『孔目章記』、『探玄記私記』であり、『孔目章記』は『香象問答』と共に見登の『成仏妙義』に『新羅記』、『青丘記』として初めて紹介されるが[19]、『一乗義私記』に引用されているのは『探玄記私記』であろう。以下、引用と関連して珍嵩に対する認識をみてみる。

> 問う。それでは、どうして「十重唯識章」に「帝網のように無碍だから、唯識に総じて十重を具すると説く、これは同教による説である」というのか。既に帝網無碍としての唯識とは同教によって説くなどといったのに、今の[五教章で]はなぜ同教の中に無尽の義を説かないというのか。
> 答える。新羅の『珍崇記』にいう。「同という字は謬まりであり、円の字になるべきである」などという。その意味は、円教により[無尽の義を]説くのは可能だが、同教により説くのは不可であるということである。
> 問う。調度文がそうなっているのに、先徳の伝にはどうして可能であるというのか。
> 答える。もし、先徳の伝についていえば、疏文の謬まりというのは、これは本来の疏の意味をよく理解していないことである。なぜかというと、同教の中に部分的に帝網無碍の義が説かれている。よって疏文の謬まりというが、そうでない、云々。
> （問。爾何十重唯識章云、帝網無礙故、説唯識総具十重、約同教説乎。既帝網無礙唯識約同教説云云、何今云同教中不説無尽義。答。新羅珍宗記云、

同字謬也。可作円字云云。意可云約円教説、不可云約同教説云也。問。調度文爾。先徳伝而何可云。答。若就先徳伝者、疏文謬者是悪得本疏心。何者、同教中小分説帝網無礙義。所以疏文謬者、是非然云云）(T72, 32c-3a)

　以上の問答より分かるように、『一乗義私記』の中には『珍嵩記』の説が否定されているが、「先徳」と称することからみて、ある程度認められていたことが予測される。

　なお、唯識文献は法相宗の主張を表す際に利用されているが、慈恩、慧沼、智周という三師がそれぞれ5回、2回、4回にわたって引かれており、中国の法相宗に対する系譜的な認識に従って引用されたと考えられる。少なくともこれが著述される天暦年間には法相宗の中に慈恩→慧沼→智周といった系譜が認識されていたと考えられる。

　以上のように、引用文献からみた場合、『一乗義私記』においては法蔵や智儼が中国華厳の伝統として理解されている。『華厳経問答』は疑われてはいるが、法蔵の威光を背負い法蔵に帰せられているほど、法蔵の華厳思想は重要視されたと見られる。

　増春は東大寺の華厳宗の系統に属する人で、彼の『一乗義私記』は数箇所で法相宗に対する批判を行い、また法華一乗を重んじているものの、天台教学と一線を画すと評されている[20]。以下、『一乗義私記』の中核となる思想を論じる前段階として『一乗義私記』の一乗の意味について詳しく検討する。

二　一乗の意味

(1)　華厳の意味

　『一乗義私記』は華厳の字意、一乗と三乗の種類、別教と同教について解説し、そして四車をめぐる法相師との因明対決を述べ、最後に四時教を設定して終わるが、その中、「華厳」の字意を釈する個所で、増春は

華厳の華を白蓮華に喩える。その白蓮華とは『法華経』に用いられる譬喩であることから、両方の関係について次のように問答が行われる。

増春によれば、法華一乗と華厳一乗はその主とする思想（宗）を一つにするので、『法華経』の用語を借りて華厳を説明しても妨げがない。具体的には『法華経』の中、露地の大白牛車こそ『華厳経』の説と同様に自ら重重無尽となり、主伴具足となる教義を備えているとする。これらの説明により、増春において『華厳経』と『法華経』が根本的に同様の思想を掲げていると理解されていることが分かる。

東大寺の寿霊の『指事』において『法華経』が重視されていることは指摘されているが、その点では増春も同様の考えを持っている。しかし、寿霊のように天台宗と華厳宗とが一致するのではなく、増春において華厳宗は天台宗に対して優位性を保っていると指摘されている[21]。それを再確認するため『一乗義私記』における一乗の意味について検討する。

『一乗義私記』の中では三つの一乗義が設定される。それは存三一乗、遮三一乗、直顕一乗である。これは法蔵の『探玄記』(T35、114c)に提示されている"一乗の三とは、一には存三之一であり、『深密』等の説と同様である。二には遮三之一であり、『法花』等と同様である。三には表体之一であり、『華厳』等と同様である"に対する詳細な説明であるが、増春によればそれぞれ始教、終教、円教の一乗義である。ここでは『探玄記』の「表体之一」の「表体」という言葉が「直顕」となっているが、これは『指事』を受けたものであり、それぞれの一乗の定義においても『指事』の影響が見受けられる[22]。

以下、三種の一乗義の相違について、その一乗説の主な対象となる声聞と菩薩とに対する微妙な解釈の変化を通じて検討する。

(2) 存三の一乗

これは始教の一乗として設定されており、始教が三乗の執着を破ることもせず、二乗の行果を会合することもせず一乗を説くことから名づけられた。経典としては『般若経』と『解深密経』との中に説かれる一乗を

指す。その中でも、『解深密経』は三乗の行果をそのまま認めた上で、無我理の一乗を説き、『般若経』は声聞、独覚、菩薩の三乗をそのまま認めた上で、仏国には清浄一乗行者のみいると説くからそう名づけられるという[23]。その具体的な説明を基の『法華玄賛』の中に用いられる『無性摂論』の十義一乗をもって述べているので、その中の要点を取り上げたい。

その最初の項目が「一類を引き摂するため一乗を説く」ということである。これは舎利弗、浄目天子、法財王子等の一類の不定種姓となる声聞のために一乗を説くことをいう。その中で特に舎利弗をめぐって詳しく答えるので、それを検討したい。

まず、なぜこうした一類のために一乗が説かれているのか。それは次の理由からである。舎利弗は大通智勝仏の時に釈迦の前身である第十六子と共に『法華経』を聞いて大乗心を起した。しかし、婆羅門施眼に依り大乗行から退いていく。ここで舎利弗は小乗果を得て無余涅槃に入るが、灰身滅智となるのを畏れる。よって仏は舎利弗が小乗果を取らないように一乗を説いたとする。この問答はおおむね『本業経』や『大智度論』による。

また、『優婆塞戒経』を典拠とし、舎利弗は過去六十劫の間、十住の中で第六住まで大乗行を修し、第七住に入る前に退いたものであるとする。これで舎利弗が退く位が第六住までであることが分かるが、六十劫とは六住まで至る修行の時間を表す。これは、『優婆塞戒経』には見当たらず『十住断結経』を根拠とみるべきであるが[24]、『一乗義私記』は、基の『法華玄賛』からの引用とみられる[25]。

次の項目は「他の人々を保持する(任持諸余)ために一乗を説く」である。これは「地前位の不定種性菩薩の為に唯一無二を説く」とあるように、不定種性菩薩(漸悟菩薩)のために説かれた一乗である。この菩薩も第六住までの退位では、大乗行の先が長いことを知り、大乗から退く可能性がある。もしそれで小乗果を得て灰身滅智となると成仏は不可能であるから、それをさせないため唯一無二法を説くのである[26]。地前菩薩は退位することがあっても大乗行は退かないというので、舎利弗などを引くための一乗とは意味合いが異なる[27]といい、第一と第二の対象を明確に

分けている。

　増春は地前と地上の菩薩の退位について「信退位」、「住退位」、「証退位」、「行退位」の四つを取り上げるが、その後、次のような問答を設ける。

> 問う。第六信に至る者は外道に退かないというのに、どうして舎利弗は十住の中の第六住において退き、那闍耶外道に随い彼の法文を学んだのか。答える。彼はその法文を学んだとはいえ、[大乗に対する]意楽からは退いていない。よって相違しない。
> （問。至第六信者不退外道者、何舎利弗十住之中第六住、退随那闍耶外道、学彼法文耶。答。彼雖学其法文、不退意楽、所以不相違）（T72、16c）

「信退位」の内容は、「謂十信中第六信也。不退外道故也」というものであって、第六信に至ると外道に落ちることはないということである。しかし第六住に至った舎利弗が外道の学問を学んだことを、この問答では問題にしている。漸悟菩薩のため説かれたとするところに舎利弗の例で問答を行うのは、この「諸余任持」の一乗に、二乗声聞も含まれるという意味をもつ。また、舎利弗は漸悟菩薩との理解もあったようである。

　増春は『摂大乗論』の十義の一乗について総括して、為引摂一類、任持諸余、性不同故、とは二乗の不定種性人に約して一乗を説き、法等故、解脱等故、とは三乗定性と不定性人に約して一乗を説き、無我等故、究竟故、とは定性と不定性と有性と無性に通じて一乗を説き、今得二意楽、化、とは二乗の不定性と大乗定性のために一乗を説くとする[28]。よって『摂大乗論』の一乗の十義が不定性ばかりでななく、三乗の定性や無性、応化人などすべての種姓を含めて一乗を説いているといっている。これは基の考えに通じるものである[29]。

　ところで、同じ存三一乗であっても、『解深密経』と『般若経』とは思想史的に性格を異にしている経典として知られている。『一乗義私記』の中では両経典がセットで述べられる個所が多いが、そもそも法蔵が両経典について教判的に曖昧に規定していたことから、日本では寿霊以来、

その解決が試みられるようになった。寿霊は『指事』の中で玄奘の教判を解釈する際に次のような問答を設けている。

> 問う。経疏(『探玄記』)に"『解深密経』を始教とする"といった。どうして今は終教とすると説くのか。
> 答える。義門が同じではない。もし成仏と不成仏との門に基づいて言えば、『解深密経』を始教とする。定性[二乗]が実滅に入るのを許すからである。もし空と不空の門に基づいて言えば、終教と名づける。不空を明かすからである。義門が同じではないことに即しているので、ゆえに[『五教章』と『探玄記』とは]相違しない。
> (問。経疏云。解深密経、以爲始教。云何今説、爲終教耶。答。義門不同。若約成仏不成仏門者、解深密、以爲始教。以許定性入実滅故。若約空不空門、以名終教。明不空故。義望不同。故不相違)(T72、223a)

このように寿霊は『五教章』と『探玄記』において教判の基準が異なることに注目して解釈している。それに対し、『一乗義私記』においては次のような問答が設けられている。

> 問う。『般若』、『深密』等の経は、大乗の至極理を尽くしていないため始教に摂し、『法華』、『涅槃』等の経は、大乗の至極理を尽くしているため終教に摂するものならば、『章』に「一切皆空宗とは大乗始教を謂う。即ち『般若経』等がこれである。云云。又云う。三性真如の不空道理を説く故に、『深密』等経は終教に摂する。云云」というのに、どうして共に始教に摂するというのか。
> 答える。始終二教を判ずるのに、『疏』と『章』は義の観点が少し異なる。謂わば、『疏』は成仏・不成仏門において始終二教を分ける。この基準によれば『般若経』は終教に摂し、『深密経』は始教に摂する。『章』は空・不空によって始終二教を分ける。この基準によれば『深密経』は終教に摂し、『般若経』は始教に摂する。だから[『五教章』と『探玄記』とは]相違しない。(問。般若、深密等経、未尽大乗至極理。故摂始教。法花、涅槃等経、

尽大乗至極理。故摂終教者。何章云。一切皆空宗。謂大乗始教、即般若経等是。云云。又云。説三性真如不空道理故、深密等経摂終教。云云。何共摂始教乎。答。判始終二教。疏章義望小異也。謂。疏、於成仏、不成仏門、分始終二教。所以般若経摂終教。深密経摂始教。章、於空不空、分始終二教。所以深密経摂終教。般若経摂始教。所以不相違）（T72、22a）

こうした増春の解釈は『指事』が提示している「成仏不成仏」、「空不空」の基準の他に、問のように「大乗の道理を極めたかどうか」を加えて三つの基準になっているかということに見られる。しかし、ここにやや『探玄記』の意図や寿霊とのずれが生じている。根拠となる『探玄記』の文章によれば、始教とは『深密経』の中の第二、第三時教である。即ち『般若』、『深密』であるが、これらは同じく定性二乗の成仏を認めないので、大乗の法理を極めていないとされている[30]。要するに、法蔵のいう大乗の道理とは成仏不成仏に関係するので、増春の解釈は『般若』と『深密』を共に不成仏とみる『探玄記』とは異なる。なぜ、このようなずれが生じたのか。増春の活動時代における日本三論宗の二乗成仏論とも関連があると考えられるが、今のところ筆者の能力不足で明確な答えは出せない。今後の検討課題とする。

(3) 遮三の一乗

遮三の一乗とは終教の一乗として設定されており、終教が三乗の行果を会し三乗各々の執を破して一乗を説くことから名づけられた。経典は『法華経』、『涅槃経』、論は『起信論』で説かれる一乗を指している。そして、存三の一乗に摂される深密一乗が三乗五性の道理を認めるまま密意一乗を説くことに対して、法華一乗は仏性平等により皆べて成仏するという究竟道理の立場から顕了一乗を説くのが異なるという。

その具体的な相違は舎利弗と三乗菩薩に対する解釈から確認される。存三一乗の舎利弗は大乗行から退いて小乗を求めた不定性の声聞であった。これに対して遮三一乗の舎利弗はすでに大乗機根となっており、『法

華経』を聞きながら仏の前で授記を受ける。よって『法華論』では舎利弗を「退已、還発大菩提心声聞」と規定しているが、それを増春は次のようにいう。

> 答える。退已とは、舎利弗が昔、大乗から退いたことである。還発とは、舎利弗が今法花会に遇い、一乗を説くのを聞き、心を廻して大乗に向かうということである。（答。退已者、舎利弗昔退大乗行。還発者、舎利弗、今云。遇法花会聞説一乗、廻心向大）（T72、15c20-21）

すなわち、舎利弗が昔大乗から退いて、存三の一乗の説法を聞き、ようやく無余涅槃に入ることから救われたとすれば、今度は法花会で大乗（一乗）へ向かうことができたということである。三乗菩薩の場合、昔存三の一乗法を聞いて、それによって摩醯首羅智処での成仏を目指して地前地上位の中で三無数劫を修行し、今は法花会に至って唯一無三と説くのを聞くことになる。これは彼らの菩薩が一乗に対して理解できる段階まで伸びたので、彼らを引いて別教一乗の出出世益を得させるため、唯一無三を説く仏の教えに導かれるという[31]。

このように三乗の菩薩が一乗に向かうという理解が可能であるのは、『法華経』の「汝等所行」などの文について、菩薩の行果を会通する文だと解されるからである[32]。それは次の問答より分かる。

> 問う。三乗菩薩は菩薩の行果に従って［法華一乗の］菩薩の行果に入るならば、どうして「汝等の実践する所は菩薩道なり」［という経文］と会通することができるのか。
> 答える。三乗菩薩の修行と一乗菩薩の修行とはともに菩薩行であるが、権実がすでに異なる。ゆえに、三乗の権行を捨てて三乗の外にある一乗の行に廻入する。よって会通して「汝等所行是菩薩道」という。ゆえに［三乗］菩薩の行果もまた「廻」すと説く。
> （問。三乗菩薩従菩薩行果、入菩薩行果。何可会、汝等所行是菩薩道乎。
> 答。三乗菩薩所修行、一乗菩薩所修行、雖倶是菩薩行、権実既異。所以捨

三乗権行、廻入三乗之外一乗之行。云会、「汝等所行是菩薩道」、所以説菩薩行果亦廻）（T72、19a）

以上のように、菩薩が『法華経』以前に地前・地上の位で修行をしながら、更に別教一乗を得るというのは、菩薩に一乗菩薩と三乗菩薩があるからである。つまり、三乗菩薩は権教の菩薩なので、三乗の外の一乗への廻心が必要であるというのである。

権教菩薩はすでに述べたように、摩醯首羅智処での成仏を目指して地前地上位の中で三無数劫の間修行するが、これはあくまでも権である。一乗の菩薩は、初発心の位において後後の諸位行を兼摂する。これは初発心位の中において十身の盧舎那果を証することである。これがまさに実である。このように三乗の行布の次第門から一乗の円融の相摂門へ進入することこそ遮三の一乗である[33]。

(4) 直顕の一乗

直顕一乗とは、二乗を対象とせず、普賢などの大機に直ちに法界成仏の体を顕すことから名づけられる。よって、華厳会の中、「入法界品」に出てくる舎利弗等の二乗人が如聾如盲の形になったとされる。これについて『一乗義私記』は『五教章』を引いて、法の深勝を顕すためであると解釈し、『指帰』を引いて大菩薩が声聞の形を顕すことにより二乗人が華厳会の中で聞いても知ることができないことを示したと解釈している。

法蔵は「入法界品」を本会と末会とに分科している。『一乗義私記』はこの二会に登場する舎利弗などの声聞が共に権現なのかを問う。それは末会では舎利弗をはじめとする六千弟子が文殊について廻心し、十大法門という一乗を解したので、それを権現と見なしてよいかとの疑問を抱いているからである。

増春はその廻心について権現の廻心で実の廻心ではないと答える。続いて、権現人には表法衆と寄法衆がある中で、本会の舎利弗とは表法衆

であり、末会の舎利弗とは寄法衆であるとする。すなわち、表法衆なので舎利弗のように如聾如盲の権現を見せ、寄法衆なので同教によって別教に廻入することを顕すために大菩薩が声聞の形に化し、文殊について廻向し十大法門が解されたとする[34]。

そしてその経証として「入法界品」の次のような文章を提示する

> 答える。「入法界品」にいう。舎利弗等の声聞人は、無辺法界を遊行し、不死の通明を得、法界に遍く身を得る。
> (答。入法界品云。舎利弗等声聞人、遊行無辺法界。得不死通明、得遍法界身。云云)(T72、19b26-27)

増春は経文について次のように説明する[35]。もし実声聞であれば、三千界のことしか見ることができず、無辺法界を遊行することはできない。また、実二乗身ならば分段身であるのに、どうして遍法界身を得ることができるのか。「不死通明」とは、「不死」というのは不生涅槃であり、無漏に通明することをいう。要するに無生滅を顕すために「不死」といったのである。「通」とは六通であり、「明」とは三明である。これらはみな菩薩であるからこそ得られる境地である。二乗の得られるものではないので、実声聞ではないと言っている。

ところでこれに関連して、聖詮の『五教章深意鈔』(T73、59a)所引の『六相義私記』にも『探玄記』の五所為の中、転為をめぐる議論の中において、舎利弗をめぐる同様の解釈が見受けられる。これにより平安時代私記類の相互関係の深さが窺知される。

続いて、法華会と華厳会とに登場する舎利弗が共に権現なのかを問われる。増春は『菩提思量論』の中で「法花会の舎利弗は権現である(T72、19c)」とある文を証拠に共に権現であるとする。しかし、『法華論』の中では富楼那などの五百人を権現人と解釈するのに対して、舎利弗は「退已、還発大菩提心」となっていることから疑問が出された。これに対して増春は、それは勝義を挙げただけで、舎利弗が権現ではないとは言っていないとして、反論を退ける。

こうして『華厳経』と『法華経』との舎利弗を同様にみると、華厳一乗と法華一乗とはどういう関係にあるのか。『一乗義私記』の冒頭では、『五教章』の中で別教一乗を顕すため『法華経』から大白牛車を引用し、中心思想(宗)は同一という。しかし、増春は華厳一乗と『法華経』を所依とする天台宗の主張に一線を画している[36]。それは四車に対する議論から窺える。

　　問う。天台所立の四車と今宗所立の四車との同異はどうか。
　　答える。異なる。今宗は四義に依り四車を立てる。天台は一義のみにより四車を立てる。よって別である。四義とは、一には前三後一義、[二には]前一後三義、三には三一同時義、四には三一無碍義である。この四義によるために四車を立てる。天台は唯だ前三後一義に依り四車を立てる。後の三義には由らない。
　　（問。天台所立四車、与今宗所立四車、同異何。答。異也。今宗、依四義立四車。天台但以一義立四車。所以別。四義者。一。前三後一義。前一後三義。三。三一同時義。四。三一無碍義。由此四義故立四車也。天台唯依前三後一義立四車。不由後三義也）（T72、37bc）

　『一乗義私記』の説明によれば、天台の四車とは、摂末帰本門を指している。こうして天台と華厳宗とは同じ四車家ではあっても、天台は一つの意味しかないのに対して、華厳宗は四つの意味がある。その分、華厳宗が天台宗に勝ることを表す。では、遮三の一乗（法華一乗）と天台宗とはどんな関係なのか。これは『一乗義私記』の中で直接言及している個所は見当たらないので微妙な問題であるが、上の四つの意味から見ると、一は天台宗、二は法相宗、三と四とが法華一乗を含む華厳宗であり、しかも華厳宗は一と二との意味も包括している。よって、法華一乗と天台宗とは異なると考えられる。
　では、法華一乗と華厳一乗とはどんな関係にあるのか。『法華経』は中心思想の面からは華厳一乗と同一で、舎利弗に対して権現と見ることからも華厳一乗と非常に似ている。しかし、それはあくまでも遮三一乗の

所依経典なので、直顕一乗の所依経典の『華厳経』とは異なるといえる。
　『法華経』は一乗とはいえ同教一乗に分類される。それは仏身論から分かる。増春は『五教章』から、「或は報身で、化身と法身ではない。これは同教一乗及び小乗教に約して説く」との文をそのまま引用し、「若し衆生が同教一乗に廻入するのを堪えるならば、報身の釈迦が霊山に在りて、我々のために法花一乗を説くのを見る」(T72、22bc)と付言する。同教一乗とは『法華経』で説かれる法華一乗のことである。これに対して『華厳経』の説は円教の中で別教一乗と表現される。ここで「円教の中で別教一乗」との表現は「円教の中で同教一乗」との表現を想定してのことなのである。それは「問う。一乗教義とは別教なのか、同教なのか。答える。同教と別教に通じる」(T72、23c)とのような『一乗義私記』の問答から窺える。要するに法華一乗は同教一乗ではあるものの、円教の中に入っており、価値的に別教一乗と同様の円教であることは注意を要する。
　『法華経』と『華厳経』とをそれぞれ同教一乗と別教一乗と呼ぶ理由については、寿霊の『指事』に「法花中には多く同義を説き、少なく別義を説く。故に同教と目づける。また、三乗と一乗との和合説なるが故である。『華厳経』の中には、別教義が多く、同教義は少ない。ゆえに別教と名づける」(T72、211b)と述べられているが、『一乗義私記』も次のように述べる。

　　『法華経』は、重重無尽義を隠し、一相一味の意味を以て、三乗機に対して唯一無二を説く。その三乗人は重重無尽義を信じないため、よって説かない。『華厳経』は一相一味の意味を隠し、普賢等の大機に対して三種世間の円満な一大法身の理を説く。その普賢等の機は一相一味の意味を先より悟っているため、よって説かない。しかし、法花一乗と華厳一乗とは唯一無二の一因一果の道理に過ぎない。よって名は二つで、心（言うところ）は一つとなる。
　　（法花経、隠重重無尽義、以一相一味義、対三乗機、説唯一無二。其三乗人、不信重重無尽義故、更不説也。華厳経、隠一相一味義、対普賢等大機、

説三種世間、円満一大法身理。其普賢等機、一相一味義、従先悟故、更不説也。然法花一乗、華厳一乗、不過従唯一無二之一因一果道理。所以云名二、心一也）（T72、37b21-27）

　これは大白牛車が同教の喩にも、別教の喩にも使われる理由についての答弁である。以上のように、両経典は説法の形式が異なるだけで、唯一無二の法を説くのは同様であり、その中で『法華経』は一因、『華厳経』は一果道理に過ぎない。しかし、その関係を細かく言うと、『法華経』は重重無尽義を隠し、三乗機に対して一相一味義を説く。それは三乗人が重重無尽義を信じることができないためである。これに対して、『華厳経』は一相一味義を隠し、普賢等大機に対して三種世間において円満な一大法身理を説く。それは普賢等機がすでに一相一味義を悟っているからである。こうして対象が異なるだけで両経の宗は一つになるという増春の考えは、『指事』から影響を受けているものである。

　露地の大白牛車の譬喩から『華厳経』と『法華経』が中心思想を一つにすることはすでに述べた通りであり、両経の説法の本質は同様である。しかし、華厳宗と天台宗とは異なるといえる。ただし、遮三一乗の『法華経』と天台宗の関係を切り離した時に、天台宗は始教にも終教にも属されない恐れがあり、問題として残る。

三　宗派意識―法相宗との対論を通じて―

(1)　対論の概要

　『一乗義私記』においては法相師との問答が12回ほど行われている。それは『一乗義私記』における宗派意識を表すものである。その内容の分析を通じて『一乗義私記』の持っている宗派意識について検討し、その時代の華厳宗が抱えていた課題を探ってみたい。

図 10 華厳師と法相師の諍論

問答	問	答	問答の要約	備考
①(17c)	華厳師	法相師	問：定性二乗の不成仏を主張する法相宗に対して『楞伽経』の文をもって二乗の成仏を主張。答：化一乗で、実の二乗ではない。	存三一乗（始教）を論ずる個所
②(18a)	法相師		問：法華一乗に『摂論』無我など十因を説かない理由を問う。答：『法華経』をもって三乗五姓道理を否定。	遮三一乗（終教）を論ずる個所
③(18a)	法相師		問：五姓各別の成仏不定仏を主張。答：それは始教意。一乗宗終教以上の意ではない。	遮三一乗（終教）を論ずる個所
④(21b)	法相師		問：定性二乗無成仏は大乗の理をきわめている。答：それは始教意。一乗宗終教以上の意からみると大乗の理をきわめていない。	始教
⑤(21b)	華厳師[37]		問：定性二乗も無性も成仏できる。なぜ不定仏に執着するのか。答：	終教の段に譲る
⑥(32a)	法相師	華厳師	問：定性二乗成仏の文証は。答：そうすれば、結局、教に違う。	
⑦(32b)	華厳師	法相師	問：竜樹の『菩提心論』がその文証であるが、どうして和会できるのか。答：それは翻訳の間違いで、竜樹の本意ではない。	テキスト
⑧(42a)	慈恩等師	五教師	問：『大品』等の経によると、声聞、縁覚、菩薩などはそれぞれ如来の一音を理解するから三乗がある。なぜそれらを三乗経と判ずるのか。答：『大品』等の経は一音を異解し小果を得るならば、『華厳経』の説によってどうして小果を得ないのか。また、『増一』等の説によって大果を得ないのか。	一音
⑨(44c)	法相師		立量：汝所執大白牛車応是権。得乗之名故。	立量

				如羊鹿車。 答：相符過、無同喩過、所立不成過。	
⑩ (45a)		法相師		立量：汝所執大白牛車除余応是権。 　　　得乗之名故。 　　　如羊鹿車。 答：不定過。	立量
⑪ (18a)		法相師		立量：汝所執大白牛車是権。 　　　隨一攝故。 　　　如羊鹿二車。 答：相符過、所立不成過。	立量
⑫ (18a)		法相師		立量：汝所執第四車応非実。 　　　非両倶極成車故。 　　　如亀毛等。 答：不定過。	立量

　以上、12問答や対論を紹介し、その要点のみ整理した。むろん、問答や対論が一回で終わるわけではないが、ここでは一回の問答や対論のみを整理した。これをみて分かるように12回の中で5回が二乗の成仏不定仏に関連する問答である。華厳宗の解釈と法相宗の解釈との間に大きな隔たりがある二乗の成仏不定仏の問題について、華厳宗の立場から解決していく姿勢が読み取れる。②は法華一乗と法相一乗の優劣を一乗宗の終教以上の立場から決める問答であるが、ここで「一乗宗の終教以上」という表現は華厳宗の私記類がもつ教判的な立場という点で注意を引く。すなわち、平安時代の華厳宗の思想は、必ずしも華厳宗のみを強調せず、法華思想を包摂することが特質である。⑧でも、『大品』と『華厳経』の優劣が問われている。⑦は法相師が自派の主張を押し通すため経論翻訳の是非を問題にしている例である。そして、⑨～⑫までは法相師が推論をもって、華厳宗が説く第四車としての大白牛車を論理的に批判したものであり、華厳師の方からことごとく論駁されている。12問答の中、9問答が法相師からの問いであるので、当時の法相教理との相違が目立つ論題を主に選んで解決しようとする増春の宗派意識が読み取れる。

(2) 一音教に対する対論

　この中、主な論題といえる①から⑥までの定性二乗に関しては四章第二節に論ずるのでここでは差し控える。また、⑨〜⑫までは、すでに言及したように大白牛車を権とみる法相師の立論に対する華厳師の反論であるが、大白牛車についてはすでに論じており、宗派意識をみる上で適切な対象ではない。ここでは⑧の一音教についてのみ詳しく検討して、華厳宗の宗派意識を確かめたい。

　この論題は『五教章』のうち、同教三乗を説く中の、一乗・三乗・小乗を三乗と呼ぶ個所から、論を起こしている。華厳宗の教理において『般若経』・『解深密経』が同様に三乗として判釈されることに対して、如来の一音教をもって批判が起こされるが、華厳師にはこれにうまく答える必要があった。なぜなら、如来の一音とは華厳教判の根底になるものであり[38]、教判的に一音に対する他宗との違いをはっきりさせる上で、絶好の機会になるからである。

　『五教章』の中では華厳教判を論じる際に「一音」という表現こそ使わないが、一から本末教を分けて、それぞれ別教一乗、小乗・三乗とに当てはめるのは、今の一音教との連続性をもつと見るべきである[39]。また、『三宝章』「円音章」によると華厳宗において一音教とは円音である[40]。新羅においては義相学派が如来の一音を一善教と理解し、それと円教との関係をめぐって諍論を起こしたが、一音教はそれほど華厳教判と密接な関連をもつ概念である[41]。

　問いの要点は、『大品』等（『般若経』、『解深密経』等）を説く際、如来の一音を聞いた小乗を含めた三乗のそれぞれが果を得るので『大品』等を三乗と判釈する立場の者が、三乗が共に三乗の益を獲るので『般若経』、『解深密経』を三乗と判釈する『五教章』に対して起こした論難である。その裏側には『華厳経』も『般若経』などと同様に三乗を説く経典であるという認識が存在している。しかし、五教師は、『華厳経』によっては大乗人が大乗果を得、小乗説によっては小乗人が小果を得、『大品』等の三乗経によっては三乗人が三乗の各自の乗の果を得ると最終的に答える。

この答えの意図は、一乗を説く『華厳経』、三乗を説く『般若経』、『解深密経』、そして小乗を説く『増一阿含経』などの区別が決定的であると明言することにある。そうしながら、慈恩などの法相師の論難は道理に相応しないと批判する。結論的には、『華厳経』の説時に一音異解が存在しないということを強調し、この諍論を通じて一乗としての華厳宗と三乗としての法相宗との教判的なけじめをつけたいという宗派意識が見て取れる[42]。こうした増春の一音の重視態度は、後に述べるように『華厳宗立教義』にも同様にみえるので、平安期において、『華厳経』の優越性を証明するテーマの一つだったといえる。

四　まとめ

　以上のように増春の『一乗義私記』について、書誌、一乗の意味、そして法相宗との対論を通じて判然となる宗派意識を検討した。その結果をまとめると、まず、増春の『一乗義私記』は寛朝の『五教章一乗義私記』三巻を一巻にまとめたものである可能性が高い。引用文献からみられるように法蔵のみを中心に据えていると思われるが、それにもかかわらず、『指事』や新羅の『珍嵩記』が重んじられていることや、『華厳経問答』の真偽論諍については法蔵の威光を背負い、法蔵のものとして認識される傾向が強いことを確認した。法相宗に対しては基→慧沼→智周の系譜を正統として認識していたようである。

　増春は『探玄記』の三つの一乗義について、寿霊の『指事』の影響を受けながら、機根を中心にして詳しく論じている。その中で、舎利弗をめぐる解釈では法相宗との相違を著しく現し、天台宗と華厳宗との教理解釈の相違についても四車の問題を取り上げて論じていることが分かる。始教の一乗の中での舎利弗は不定性の声聞として無余涅槃に入ったか、あるいは退菩提声聞として認識されている。なお、終教の一乗の中での舎利弗は大乗の権菩薩として認識されている。そしてその菩薩としての舎利弗が、今度華厳会においては、権現の大菩薩として登場する。この

ように舎利弗に対する認識の変化によって、三つの一乗の相違について表している。

なお、『般若経』と『解深密経』とがセットで始教と判釈されているが、この二つの経典は後述のように始教にも終教にもなる。これは法蔵が曖昧に判釈したのが原因であり、寿霊の『指事』から解決が図られたのであるが、増春の解決も結局、曖昧に終わった。

法相師との対論からは、華厳宗は格別であるという宗派意識が表されたとみてよいであろう。その対論が因明の形を取ったり、正規の因明として立論したりすることは、日本華厳宗において因明が尊重されたいた証しである。

---

1 末木文美士[1995]『平安初期仏教思想の研究―安然の思想形成を中心に―』第一章　平安仏教思想の見方。
2 平井俊栄[1979]「平安初期における三論・法相角逐をめぐる諸問題」『駒沢大学仏教学部研究紀要』37、72-91頁。平井氏は学問の側面ではないが、平安中期までの維摩会の講師を調べている。平井氏の調査を参考にすると、平安初期には法相宗、三論宗、華厳宗の順であったが、平安中期からは、華厳宗は法相宗、三論宗、天台宗の後に並ぶ程度となっている。
3 鎌田茂雄[1983]『華厳学研究資料集成』四の（1）『五教章』のテキスト。
4 高原淳尚[1989]「増春『華厳一乗義私記』について」『駒沢大学仏教学部論集』20号、298-308頁。
5 同上、301頁。
6 「五教章一乗義私記三巻　寛朝述」（日仏全1、254a）
7 『宝鏡鈔』「益信僧正。寛平法皇。寛空僧正。寛朝僧正。広沢名字此時始」（T77、848a）
8 『元亨釈書』巻四（日仏全101、50b）
9 「沢」は原文に「訳」となっているが、誤りのため直した。
10 凝然は寛朝の『五教章一乗義私記』の他にも、「一乗義私記二巻下巻不得　湛幸述」を記録し、また「一乗義私記亦有数本、大同少異、今略不引」（日仏全1、254a）として、『一乗義私記』は他にもあったという。例えば、昭和法宝目録の高山寺聖教目録には『一乗義私記』四巻があったと記録されている。詳しいことは不明だが、実際にさまざまな『一乗義私記』が出回っていた可能性も否定できない。
11 『一乗義私記』（T72、35a）
12 『一乗義私記』（T72、29c）に「決釈記」は智周の「決択記」の誤字のようであるが、その引文の出処は見当たらない。
13 石井公成[1996]前掲書、第3章第5節『華厳経問答』の諸問題。これを受けて金相鉉[1996]「錐洞記とその異本華厳経問答」『韓国学報』84号（韓国）が発表されて

いる。金剛大学仏教文化研究所篇[2012]『華厳経問答をめぐる諸問題』(韓国：CIR)も参照。
14 『円超録』(日仏全2、374a)
15 崔鈆植[2003]「珍嵩の『孔目章記』逸文に対する研究」『韓国仏教学 SEMINAR』9、(韓国留学生印度学仏教学研究会) 46-72 頁。
16 崔鈆植[2001] [2002]前掲論文。
17 金天鶴[2002]「義相と東アジア仏教思想」『義相万海研究』1 (韓国)、9-56 頁。 金天鶴[2012]「日本の華厳文献における『華厳経問答』引用傾向」 金剛大学仏教文化研究所篇[2012]『華厳経問答をめぐる諸問題』(韓国：CIR) 99-132 頁。
18 原文には「新羅珍宗記」となっている
19 崔鈆植 [2003] 前掲論文、46-48 頁。
20 高原淳尚[1989]前掲論文。同[1990]「増春『華厳一乗義私記』の華厳学について」『印仏研』38-2。
21 高原淳尚[1989] 前掲論文。
22 『指事』の文は T72、201a。
23 『一乗義私記』(T72、15a12-b15)。
24 『十住断結経』「時舎利弗承佛威神, 宣告來會諸菩薩等：「聽我曩昔在坏器時, 或從一住進至五住, 還復退墮而在初住, 復從五住至五六住, 如是經歷六十劫中, 竟復不能到不退轉」(T10、980c)
25 『法華玄賛』「優婆塞戒經言：舍利弗曾六十劫行菩薩道, 有婆羅門從其乞眼, 鶖子與之。彼得眼已投之於地, 雙足踐踏罵詈而去。鶖子悔恨遂退大心」(T34、740b)『一乗義私記』「問。何以知従第六住退云事。答。優婆塞戒経云。舍利弗六十劫修大乗行。依婆羅門施眼退云。所以知従第六住退云事」(T72、15c)
26 「問。何故為是菩薩説唯一無二 答。地前位十住中第六住以前退位。彼聞大乗行久遠難修。退取少乗果入無余涅槃。灰身滅智。可不成仏。彼不退為令成仏説唯一無二言也」(T72、16b)
27 「舍利弗等一類声聞退大乗行果既取小乗果。所以其云為引摂也。地前不定種姓菩薩可退大乗行未退。所以其云為任持」(T72、16bc)
28 「為引摂一類、与任持諸余、性不同故、但約二乗不定種人説一乗。法等故、解脱等故約三乗定性不定性人説一乗。無我等故、究竟故、通定性不定性有性無性説一乗。今得二意楽、化、約二乗不定性大乗定性説一乗也」(T72、17c-18a)
29 吉村誠[2001] 唯識学派における「一乗」の解釈について『アジアの文化と思想』10、註 15 を参照。
30 「二始教者。以深密経中第二第三時教同許定性二乗不成仏故。今合之総為一教。此既未盡大乗法理。是故立為大乗始教。三終教者。定性二乗無性闡提悉当成仏。方盡大乗至極之説。立為終教」(T35、115c)
31 『一乗義私記』(T72、18c-19a)
32 「知汝等根機熟。引為令得別教一乗出出世益説唯一無三。亦説汝等所行等。是云会菩薩行果也」(T72、19a)『法華経』「汝等所行。是菩薩道。漸漸修学。悉当成仏」(T9、20b)
33 「答。三乗菩薩三賢十地位中三無数劫行。行布次第修満証摩醯首羅智処仏果。是云権。一乗菩薩初発心位中兼摂後後諸位行。初発心位中証十身慮舍那果。是云実也。所以云権実別也三乗行者、行布次第門意也。一乗行者、円融相摂門意也。已上遮三之一乗了」(T72、19b)
34 『一乗義私記』(T72、19b)
35 『一乗義私記』(T72、19bc)
36 高原淳尚[1989] 前掲論文、307 頁。

37 原文「論」は「師」と草書の字体が似ている。
38 湯次了栄[1927]『華厳五教章講義』、111 頁。
39 『五教章』(T45、482a)
40 『三宝章』(T45、620c)
41 金天鶴[2006]『均如華厳思想研究―根機論を中心として―』(韓国語)、59-63 頁。
42 『一乗義私記』(T72、42ab)

第二節　『立教義私記』

一　文献の基礎的検討

(1)　書誌

　この写本は一巻から成り、京都大学と龍谷大学との図書館に所蔵されている。両写本とも同一の体裁であり、20字×10行で、全体で26丁の短い文献である。その内題には「華厳宗立教義」とあり、尾題には「華厳宗立教義略私記」とあるので、『五教章』の古今立教義に対する私記であることが分かる[1]。奥書には次のように記される。

　　建久八年七月一日子尅許於王城西山神護寺
　　以東大寺尊勝院経蔵之本書之了抑写本ハ奈良草ニシテ
　　字体不分明仍謬写多歟　後者莫嘲之随所見可正
　　之矣
　　　　　同二日以写本一校
　　　　　同三日以写本移點了
　　　　　　　　　　　　　義誓法師之本　又名雁臣也

　これにより、この写本は建久8年(1197)7月1日の真夜中（子尅）に神護寺で東大寺尊勝院本をもとに筆写され、7月2日〜3日に校正・加点がなされたことが知られる。そして筆写のもとになった写本は義誓法師、あるいは雁臣法師なる人物の所持本だったことが分かる。なお、これとまったく同様の記録は「高山寺聖教類」に確認される[2]。よって、二つの写本はもともと高山寺写本から作られたものと考えられる。
　義誓の伝記に関しては不詳であるが、「高山寺聖教類」には彼が建久2年(1191)に法蔵の『義記』を筆写したとの記録がみえる。そこには生年十四とあるので14歳の時であることが分かる[3]。また18歳の時には法師

と呼ばれていたことも確認できる[4]。

上記の奥書には「抑写本ハ**奈良草ニシテ**字体不分明仍謬写多敷」とあり、「奈良朝風の草書で書かれたもの」のようであるので、早い段階で著されたと予想される。検討の結果、後に詳しく述べるように寿霊の『指事』との関連が深く、『指事』より後代の成立と考えられる[5]。

なお凝然は『通路記』の中で、「**古徳私記、十家立教。前之九家名古師、第十玄奘三蔵名今。章主已前故名為古。章主在世故名為今**」(T72、395a)と述べている。ここでいわれる古徳私記は『立教義私記』の内容と一致する[6]。凝然の『華厳宗経論章疏目録』に「立教義私記 一巻、同義私記 一巻」があり、他にも私記類が多く載っているので、こうした私記が凝然に読まれ、彼の著作に利用されていることは確かである。また尊弁の『起信論抄出』(1307作。T69、542a)にも、『立教義私記』から『慈恩章』が引かれている。

(2) 引用文献からみた思想の傾向

『立教義私記』は『五教章』「第三古今立教」の十家に対する私記であり、『五教章』の文にそって諸家を説明していく単純な構成をもっている。『立教義私記』は分量的にも短く引用文献も多くはないが、思想背景の検討材料として、十家の教判に対する問答数と引用文献(人物)について調べてみた。その結果は、以下の表の通りである。

図11 十家の教判に対する問答数と引用文献

人物	立教	問答	引用文献(諸師の疏記章)
菩提流支	一音教	22	慧苑 刊定記(2回:1回は引用を明記していない) 基 無垢称経疏、慈恩章(法苑義林章) 元暁 起信論疏 吉蔵 法花玄論 法蔵「一乗義章」

誕法師	漸頓二教	10	慧遠 十地論疏
光統律師	三種教	8	一乗義章 刊定記
大衍法師	四宗教	4	慧遠 大乗義章（引用を明記していない）
護身法師	五種教	3	
耆闍法師	六種教	4	
智者禅師	四教	5	刊定記
敏法師	二教	5	刊定記
雲法師	四乗教	13	慈恩、吉蔵、潅頂、上宮、法蔵、「一乗義章」、法花玄論
玄奘法師	三種教	11	慈恩章(2回) 沼法師疏(金光明最勝王経疏)、
宗意	五種教	15	五教章「分教開宗」 広疏(探玄記) 五教章「教起前後」
問答数		100	

※私記の対象である法蔵の『五教章』「古今立教義」から引用したものは省略した。

　まず問答の数からみると、一音教について力点がおかれていることが分かる。この一音教においては、元暁の『大乗起信論疏』が一回しか引かれてないが、かなり尊重されている[7]。

　また智顗（5問答）よりも法雲（13問答）を重視しているようにもみえる。法雲の個所を調べてみると、四乗教とは四車家を意味している。そして三車と四車に関する議論が中心となっており、そのために主として吉蔵が引用されている。『法華経義記』からの引用そのものがみられないので法雲を重視したともいいがたいが、寿霊が天台智顗を重視しながら、天台宗を取り入れたのとは異なった傾向があるといえよう[8]。

　次に引用文献からみる。華厳宗関係の文献は「古今立教義」を除く『五教章』が5回、『探玄記』が1回で計6回、慧苑の『刊定記』が5回引用される。他には法相宗の文献として慈恩の『慈恩章』（『法苑義林章』）が3回、『無垢称経疏』が1回で計4回引用されるが、後に分析した結果からみると慈恩基に好意的だったようである。慧沼の疏（『金光明経疏』）も1回引かれ、また吉蔵の『法華玄論』が2回引用されている。

　引用の中で三車四車に関する議論は仏教思想史の中で重要なテーマで

あるが、『指事』においては詳しくない。この三車と四車に関する議論は、日本仏教においては最澄の活動時期から盛んになり、三論宗の玄叡の『大乗三論大義鈔』において「八証」、「六文」といった用語によって呼ばれる証文が引かれるようになる[9]。こうしてみると『立教義私記』が奈良時代の書体で書かれたとはいえ、実際には『指事』と時代や思想背景が異なり、平安時代初期の成立と推測される。

二　宗意について

(1)　五教の立て方

図11の宗意の引用から、『立教義私記』の考える正統華厳教学というものは、おそらく法蔵の華厳教学であり慧苑の華厳教学ではないことが窺える。よって、教判についても五教判だけが取り上げられる。ここでは五教に関する議論に注目したい。

まず「此の五教は説時の次第に基づいて立てられたのか、義理の浅深に基づいて立てられたのか」と問われる[10]。『立教義私記』は『探玄記』にもとづいて、「義により教を分ける」と答える[11]。また時によっては教を立てない理由として、「所被の機の所聞・所見が同じでないことに随い、説時の年月については決まった根拠がないので、時に基づいては立てない」という[12]。この答えに対し、義により教を立てることで疑難から離れるとしたら、どうして小乗教においても菩薩の得益を説き、始教においても二乗の行相を明らかにするのか、という反論がなされる[13]。それに対して『立教義私記』は次のように答弁する。

> 答える。凡そ聖教に通ずるこのような疑難には、小分を以て多分を摂する義があり、正宗を取って傍宗義を隠す。今、これは、小乗の傍義によって大乗が益を得ると雖も、正宗の多分義に望んで、偏えに小乗教と名づける。小分の二乗行相を説くと雖も、多分の正宗義に従って大乗始教等と名づける。(答。凡通聖教如是疑難、有以小分摂多分義、取正宗隠傍宗義。今此雖

小乗傍義大乗得益、望正宗多分義、偏名小乗教。雖説小分二乗行相。従多分正宗義、名大乗始教等)（22-オ）

　以上のように、教判の立て方において各経典の説く多分の義をもって正宗とし、小分をもって傍宗義として、五教判の正当性を主張するのが分かる。『立教義私記』の正宗・傍義の分け方は、吉蔵からの影響と思われるが[14]、それに『指事』にみられる多分・小分の説明方法を加えている[15]。このように五教判の立て方について、正宗・傍宗と多分・小分とを組み合わせて理解するのは、管見によるかぎり『立教義私記』が初めてであろうと思われる。

　ところで、五教そのものが説時の次第によるのか義理の浅深によるかを問うのは、法相宗の三時教判に関わる議論を取り入れたものであろう。法相宗の三時教判について年月の前後と義の浅深とで解釈したのは、基の『述記』、円測の『解深密経疏』、慧沼の『成唯識論了義灯』である[16]。『立教義私記』に2人が引かれているが、三時教判論と直接かかわりのある文献は引かれていない。善珠の『唯識義灯増明記』に三時教判が年月ではなく道理によって立てられたとし[17]、凝然が法相宗の人はこの問題について多岐に議論したとするので[18]、これは『立教義私記』が日本法相宗と関連が深かったことを物語っていると考えるべきである。

(2) 始終二教をめぐって

　さらに五教のうち始教と終教をめぐる議論に注目したい。『解深密経』に対し法蔵の教判的規定が始教と終教とに分かれたことで、特に日本の華厳宗ではそれについて疑問が出され、その解釈をめぐって議論が行われた。

　『立宗義私記』は「もろもろの大乗漸教のうち、空門を始とし、不空門を終とする。般若等の経は空の道理を明かすので始教と名づける。法花等の経は不空の道理を説くので終教と名づける」とする[19]。これに対し、『五教章』の中では『解深密経』が不空理を明かすというにもかかわら

ず、その経典が始教ともなるのはどういうことであろうかと問われる。

　不空理を明かすという『五教章』の典拠は、決択其意の「或はこの世において、小乗及び初教において根が定まらない故に、終教に入って即ちすぐに定めて堪える衆生がいる。即ち、彼らは、初時に小乗法輪を転ずるのを見、中時に空教法輪を転ずるのを見、後時には不空法輪を転ずるのを見る。『解深密経』等の如き説がこれである」[20]との箇所である。こうして『五教章』では空と不空との時点から不空を説く『解深密経』が終教となっているのが知られる。

　『探玄記』は「二に始教とは、『深密経』の中で第二第三時教を同じく定性二乗の倶不成仏を説いているので、今はそれを合わせ総じて一教とする。これはまだ大乗の法理を尽くしていない。このゆえに立てて大乗始教とする」[21]と確かに第二第三時教を共に始教と分類する。

　この相違に対して『立教義私記』は法蔵の始終二教に空不空門、成仏不成仏門という二つの分け方があり、その中でも『五教章』は初門によって『解深密経』を終教と判じ、『探玄記』は後門によって始教と判じているとする[22]。『五教章』と『探玄記』の相違によるこうした解釈はすでに述べたように『指事』、『一乗義私記』にみられるものである。よって『解深密経』をめぐる教判的な解釈において、『指事』の影響を介して、『立教義私記』と『一乗義私記』とは密接な関係にあることが読み取れる。

三　華厳師に対する受容態度

（1）　慧苑の『刊定記』の受容をめぐって

　図11のように『立教義私記』には5回にわたって『刊定記』が引用されている。その引用を調べると、1回は引用を明記せず『刊定記』の長い文章を参照する。1回は『刊定記』の論理をもって相手の論難を退ける。1回は天台に対する『刊定記』の批判をそのまま受容している。そして2回は『刊定記』の諸師に対する批判を否定こそしないものの、実際には

退けている。以下、『刊定記』に対する『立教義私記』の受容態度を具体的に検討する。

まず一音教に対する注釈を示す箇所において、慧苑の説をほぼ受け入れたり、相手の論難を『刊定記』の論理を用いて退けたりしていることが確認される。『立教義私記』では一音教を説明する際に、次のように本質教と影像教とに分けて理解を深める。

> 問う。先には何を本質教と影像教と名づけ、本質教において一音教等を立てると云ったのか。
> 答える。本質教とは、如来が現す妙観察智に相応する浄識の見分の顕す所であり、仏の浄識の上において、文章と意味とが互いに生ずるのである。影像教とは、仏の説法の時に、聞者の耳識が変じた相分の上に、文章と意味とが互いに生じ、分明に顕現するのである。故に、如来の本質の言音においては唯一であるが、聞者の影像教の法に基づけば多種と言うのである。
> （問。先何名本質教影像教。云就本質教立一音教等。答。本質教者。如来所現妙観察智相応浄識見分所顕、仏浄識上、文義相生。影像教者。仏説法時、聞者耳識所変相分之上、文義相生。分明顕現。故就如来本質言音唯一。約聞者影像教法多種言也）（5-ウオ）

これは、引用を明記してないが、慧苑の『刊定記』の中の、教体義の中の唯識弁の個所をほぼそのまま引用しながら、幾つかの表現を新しく入れた文章である[23]。本質教と影像教とは、慧苑が一音教を説明する際に簡単に述べていたが、『立教義私記』ではそれを中心として一音教を理解していることがその内容から確認される。『指事』の中でも「法蔵の考えもまた本質に依り一音教を立て、影像教によっては立てないと知るべきである。この故に、その根本を究明すれば等と云うのである」[24]として本質教と影像教の関係から一音教を明かしており、このような解釈は寿霊から始まり、この私記において深まったと言える。

また、『立教義私記』は『華厳経』、『楞伽経』、『仏地論』に依拠して、如来は無色声であり、成道より涅槃まで一字も説いていないのに、どう

して一音教が成立するのかと問う[25]。そしてそれに対し『刊定記』を用いて二釈を提示する。「誤りを遮るため非有と説き、実徳を顕すため非無と説く」[26]ということである。つまり一字も説いてないということは誤りを防ぐためであり、一音教と言ったのは実の徳を顕すためである。これは初釈である。さらにそれぞれを真諦と俗諦に依拠して「真諦は相を離れるので非有であり、俗諦は機に従うので非無であると説くのは後釈である」[27]と説明する。これは一字も説いていないといっても、あるいは一音教といっても、それぞれの真諦と俗諦の観点から言うだけで、実際の内容は相違しないということである。このように『立教義私記』は一音教の説を擁護するために『刊定記』の説を積極的に取り入れたことが分かる。

また、天台の四教の中、三蔵教に対して慧苑が四失をあげて批判している個所をそのまま引用し、受け入れている[28]。こうした例から見る限り、『立教義私記』において『刊定記』の説や立場が好意的に受容されたことが窺える。

しかし、『立教義私記』には、批判的な立場から『刊定記』を引用する例も看取される。すなわち、光統の漸頓円三教について、『刊定記』をよりどころにして論を展開しながらも、結局のところ、『刊定記』の光統に対する理解を批判する。まず、『立教義私記』では『刊定記』の光統批判を次のように理解している。

この（光統）師の漸頓二教について論難するため、『刊定記』では二つ[例を]出している。即ち、第一には、生[未熟]は必ず熟に至り、熟は必ず生[未熟]によるからである。第二には、生[未熟]から熟に至らないことはないからである。この二つの理由から頓漸に関して論難するのなら、その意味は如何なるのか。
答える。論難の意味は、もし漸根ならば生[未熟]と熟とは二つとも漸である。もし頓根ならば生[未熟]と熟とは二つとも頓である。どうして未熟（漸）に約して漸と頓が分けられるのか。また、もし漸教を取るならば、頓機はなくなっていまうだろう。已熟は生[未熟]によらないことはないからであ

り、熟は必ず生［未熟］によるからである。もし頓教を取るならば、漸機が本当になくなってしまうだろうか。［そんなことはない］未熟は已熟に至らないことがないからであり、生［未熟］は必ず熟に至るからであると言うのである。

（難此師漸頓二教、刊定記出二故、即一。生必至熟、熟必従生故。二。無有不従生至熟故。此二故難頓漸二教意何　答難意　若漸根者、生熟倶漸。若頓根者、生熟倶頓。何約未熟分漸頓。又若取漸教、可無頓機。已熟無有不従未熟生故、熟必従生故。若取頓教、可無歟漸機。未熟無有不至已熟故、生必至熟故云也）（10-オ）『刊定記』（新纂3、587b-c）に根拠している。

『刊定記』では、漸は未熟、頓は已熟とみて、光統の頓漸二教について批判するが、『立教義私記』ではこれを受けて慧苑の批判の趣旨を述べているのである。要するに、『立教義私記』では漸根に熟と未熟とがあり、頓根にも同様に熟と未熟があるようにみえるが、実はそうではなく、根の未熟という漸によって漸頓を分けるのは誤りであるという。これはあくまでも慧苑の光統批判の趣旨に関する『立教義私記』からの理解である。『五教章』において、光統の三教は何の批判も受けず、肯定的に理解されている[29]。しかし、『立教義私記』によれば、『刊定記』において光統の説は厳しく批判されていると理解していることになる。これに対して『立教義私記』は、「光統の意は、（中略）教法に基づいて漸と頓とを分けるが、所被の機根の熟、未熟に基づいて立てるのではない。その記（『刊定記』）は根の熟、未熟により論難している。よってこれと相違しない」とする[30]。こうして光統の三教は教説の説き方による分類であるので、所被機による慧苑の批判は当たらないというのである。よって結局のところ、慧苑の光統批判を退けていることが分かる。

また、光統によれば円教は上達分階仏境の所被機のため説かれた経典であり、『華厳経』がそれに相当するとされる。これに対して慧苑は『華厳経』「如来出現品」の中で多くの衆生が菩提心を発したとの文を証拠に、円教が地上（上達分階仏境）のみを対象にしていることに対して疑問を呈している[31]。『立教義私記』ではこうした慧苑の批判を、書名は出さず引

用している。そしてこの慧苑の批判に対し、『華厳経』は、正しくは正為のため説かれているが、兼為等について言えば、二乗や凡夫なども被ることができるので相違しないとする[32]。これによって、『立教義私記』が光統の本意はあくまでも正為に約すとし、慧苑の光統批判を退けていることが分かる。

江南の敏法師の屈曲教と平道教に対する慧苑の批判についても同じことがいえる。敏法師によれば、屈曲教は執着を破る教えであって釈迦経であり、『涅槃経』がこれに当たる。平道教は法性に従って自在に説く教えであって盧舎那経であり、『華厳経』がこれに当たる[33]。それに対し慧苑はそれぞれを釈迦の説、舎那の説と解釈し、『華厳経』や『梵網経』のような舎那の説にも屈曲教に当たる説があり、『法華経』や『維摩経』のような釈迦の説にも平道教に当たる説があるとして、敏法師の説は正しくないと批判する[34]。この批判に対し『立教義私記』は、「答える。今、この師の考えは、釈迦教の中にも、舎那教の中にも互いに屈曲と平道との内容があるといえども、釈迦の所説には妄念に随い執着を破る内容が多く、法性に随って説く内容は少ない。舎那の所説には法性に随って説く内容は多く、妄念に随い執着を破る内容は少ない。故に少分を多分に随え、釈迦経を屈曲教と名づけ、舎那経を平道教と名づける」[35]といい、どちらの説にも屈曲の義や平道の義があるが、多分と少分の義を用いて分けたとする。つまりここでも『立教義私記』が慧苑の批判を的外れとして退けていることが分かる。こうして実際に三回にわたって慧苑の批判を退けながら、諸師の立教義を擁護している。

(2) 寿霊の『指事』との同異をめぐって

すでに五教判をめぐる議論において『立教義私記』と『指事』との異同に対して関説したので、ここではそれを補足しながら具体的に検討する。

一には、誕法師の漸頓二教について、『五教章』はその二教の分類を『楞伽経』にもとづくと見なし[36]、それについて『指事』は『楞伽経』第二巻

の文を提示するが、『立教義私記』もまったく同様である[37]。そして『五教章』は慧遠などがこの経文に依拠して後に二教を立てたと見なし、『指事』はその証拠として『十地経論疏』の文を提示するが、『立教義私記』もまた同様である。

　鎌倉時代の凝然が見た宋代の『五教章』注釈書には2箇所とも別の文が提示されており、そのため凝然は「指事引彼第二巻中」(T72、363b)として、『指事』の提示する文が宋代の『五教章』注釈書の提示する文と異なることを強調している。『立教義私記』と『指事』とが2箇所とも同じ文を提示しているのは、『立教義私記』の作者が『指事』を詳しく読んでいたためと考えられる。

　また四衢の解釈についても、『指事』との関連が見出される。『立教義私記』は四衢を四諦理(慈恩、吉蔵)、あるいは大乗四摂(灌頂、上宮王)、あるいは四無量(章家)とする三つの解釈を紹介するが(17-ウ)、この中で、前の二つが『指事』の解釈と一致し、章家の解釈のみ『立教義私記』の独自の解釈となっている。

　このように『立教義私記』には『指事』の影響が看取されるが、一方で相違する意見も目立つ。まず『指事』は光統の三教判について、『刊定記』の批判を長文にわたって引用し、そのまま受け入れる[38]。これはすでに述べたように光統を擁護する『立教義私記』の態度とは異なる。

　次に『指事』は天台の四教判に対する慧苑の長文の批判を引きながら、「四教の文意は相い背くように見えるが、よく見ると義理を極め整えたものでまことに誤りはない」[39]として、最後にその批判を退けている。これは寿霊の思想における天台思想の影響と解釈される[40]。しかし『立教義私記』は慧苑の批判をそのまま受け入れている。これは法雲の四乗教によって三車四車の議論をするほどには、『立教義私記』が天台思想に関心を持っていなかったことを表すものといえる。また、敏法師に対する慧苑の批判に対し、『指事』は全面的に『刊定記』を受け入れるが[41]、『立教義私記』では多分・少分の解釈方法によって敏法師の説を擁護している。

　以上のように、『立教義私記』における『刊定記』の受け入れ方は『指事』への対抗意識さえ読み取れるほど異なっている。『立教義私記』は尊

勝院の文献であるから、その著者は東大寺と関係深いはずであるが、慧苑の思想や天台智顗に対する対応からみるかぎり、寿霊とは思想を異にする人物であったということができる。

四　まとめ

　以上、『立教義私記』について検討してみた。この文献は『五教章』古今立教義の十家の説に対し、法蔵の意図に沿って忠実に理解しようとした東大寺華厳系の私記である。
　五教の立て方の合理性を図るために、正宗と傍宗、そして多分と小分との概念を交えて説明するのは日本華厳の独特の方法であるが、これには吉蔵と寿霊の二人の影響がみられる。始教と終教とめぐっては、主に『解深密経』に対する法蔵の教判的な曖昧さが問題になった。これに対しては、寿霊によって始めて一つの解決策が提示され、空不空門によって終教、成仏不成仏門によって始教となるとの説明がなされた。『立教義私記』はそれを受けて、空不空門は『五教章』に約する立場、成仏不成仏門が『探玄記』に約する立場であることを明らかにした。なお、五教の立て方についての議論からは当時の日本法相宗との関わりも想定できる。
　『立教義私記』は『指事』からと明示して引用することはしないが、後者を熟知し参照していたことが分かる。ただし、慧苑の『刊定記』に対する受容態度などに窺えるように、ときに『指事』とは正反対の立場をとることもある。
　寿霊と『立教義私記』とが、共に『刊定記』の立教差別段を重視したことは間違いない。とくに寿霊は『刊定記』を重視し、慧苑による天台批判の箇所を除いては、ほぼそのまま『刊定記』を受容している。これに対して、『立教義私記』は、寿霊が受容せずかえって批判していた慧苑の天台観をそのまま認めて引用し、寿霊がそのまま受容した光統と敏法師の立教に対する慧苑の批判については反論を加えている。これにより、『立教義私記』の著者は寿霊の『指事』を参照はしてはいたものの、後

者とはかなり異なった思想の持ち主であったと考えられる。『立教義私記』にはまた、増春の『一乗義私記』との関連もみられ、凝然や尊弁もこの『立教義私記』を引用している。以上の点から、『立教義私記』は平安時代初期の文献であり、東大寺の華厳学の流れを汲みながら、寿霊の華厳思想を批判的に受け入れ、増春の『一乗義私記』、さらには凝然の『通路記』や尊弁の『起信論抄出』に影響を与えたという意味で、日本華厳思想の形成史において重要な役割を果たした文献の一つであったということができる。

---

1 表紙は京大本が「華厳宗立教義」、龍大本が「華厳宗立教義略私記」となっている。そして龍大本には、表紙と内題との間に、「諸乗宗立教儀」という題が付されている。その中で、京大本は当時日本学術振興財団外国人研究員であった崔鈆植氏(現、東国大学教授)より見せて頂き、龍大本は龍大図書館の厚意により入手した。この紙面を借りて感謝の意を表したい。
2 『高山寺経蔵典籍文書目録』第一、「高山寺聖教類」第一部、東京大学出版会、1973、115-6 頁。
3 「建久二年十月十日以東大寺尊勝院経蔵本於神護寺書写之　執筆義誓　生年十四」(同上、122 頁。)
4 同上、第二部、291 頁 ; 第四部、877 頁。
5 この『立教義私記』は大正一切経刊行会 (1930 年 5 月) の刊行予定目録 (161 頁) に入っていたことが確認される。それによると、「2327　華厳宗立教義 (一巻)、日本義聖撰 (古写本)」とされている。これは、71 巻までの編集が終了した時点で、継続する 72 巻から 84 巻までの刊行予定の目録の中にあるものである。この情報は佐藤厚氏のご教示による。ここで著者名は義聖となっており、『仏書解説大辞典』でも同様であるが、義誓の誤りであろう。また、末木文美士氏によると、日本大蔵経の未刊目録にもこの文献が入っていたとされる。
6 「菩提流支等九師古賢。玄奘三蔵今賢也」(1-オ)
7 金天鶴[2014]　「平安時代の華厳宗における新羅仏教思想の役割」『東大寺論集』11 号 、54-55 頁。
8 寿霊と天台思想の関連については、石井公成[1987]前掲論文、65-103 頁。
9 蓑輪顕量[1994]「平安時代初期の三車四車の諍論」『大倉山論集』、111-130 頁。
10 「問。此五教約説時次第立歟、為当約義理浅深立歟」(22-ウ)
11 「広疏云。以義分教、類有五。此就義分、非約時事」(22-オ)
12 「問。何故約時不立。答。随所被機開所見不同。説時年月無定量故。約時不立也」(22 左)
13 「問。約時立教可有難。以義言之離疑難者。阿含等小乗教中説菩薩得益。何偏名小乗教。般若等始教中明二乗行相。何偏名大乗始教。如乗中如此疑雖不甚多。其何可通」(22-オ)

14 例えば、『立教義私記』に引かれる吉蔵の『法華玄論』には「但衆経皆有傍正二義。波若広破有所得、明無依無得為正宗。仏性一乗為其傍義」(T34、388b)などのように傍正二義に分けて経の要旨を説明する。
15 『指事』には次の例があげられる。「法華中亦説別教義。華厳経亦有同教義。何以故。法華名同教一。華厳名別教一。答約多分義同別耳。謂法華中多説同義。少説別義故同名同教。又三乗一乗和合説故。華厳経中。別教義多。同教義少。故名別教」(T72、211b)
16 太田久紀[2001]『観心覚夢鈔』、大蔵出版社、74頁。
17 「問。若聖教説有三時者。華厳等教成道即説。是何時耶。答。約理浅深広略。道理立教三時。非要年月前後三時。故華厳第三時」(T65、336a)
18 『通路記』(T72、390c)
19 「諸大乗漸教中以空門為始、以不空門為終。般若等経明空道理故名始教。法花等経説不空道理故名終教」(21-オ)
20 『五教章』「或有衆生。於此世中。於小乗及初教根不定故。堪入終教即便定者。即初時見転小乗法輪。中時見転空教法輪。後時見転不空法輪。如解深密経等説者是」(T45、483a-b)
21 「二始教者。以深密経中第二第三時教同許定性二乗倶不成仏故。今合之総為一教。此既未尽大乗法理。是故立為大乗始教」(T35、115c)
22 「答。(中略)章家判始終二教有二意　即空不空門、成仏不成仏門。於章約初門判、疏約後門判。故深密経約不空門通終教　約不成仏門通始教」(23-ウ)
23 『刊定記』(新纂3、586a)
24 「知章主意。亦依本質。立一音教。依影像教。而不立也。是故云剋其本等也」(T72、220a)
25 「問若仏一音説法者。何華厳経云。色身非是仏。音声亦復然。又楞伽経云。我従某夜得最正覚乃至某夜入般涅槃。於其中間不説一字、不已昔説、汝亦不聞。又仏地論云如実義者。如来無有色声麁相功能可得。以此等文見。如来都無色声徳。従成道至菩提専不説一字。何今維摩経等云。仏一音演説法衆生随類各得解等」(2-オ)『刊定記』(新纂3、587aからの引用)は「昔→当」「仏地論→仏性論」。
26 「為遮過失故説非有、為顕実徳故説非無者、初釈。」(3-ウ)。『刊定記』(新纂3、587a)は「過失→過患」。
27 「"真諦離相故非有。俗諦随機故。説非無者"後釈」(3-ウ)『刊定記』(新纂3、587b)は""の部分。
28 15-オ-16-ウ。四失については、『刊定記』(新纂3、580b)にでる。
29 T45、480b。
30 「答其師意。約能説教、有為根未熟説教、為根已熟説教。約此教法分漸頓教。非約所被機根熟未立。彼記難拠根熟未熟者。故不相違之」(11-ウ)
31 『刊定記』(新纂3、579c)
32 「答其為二乗凡夫不説者五為中約正為説、約兼為等為凡夫等令被所以不相違云々」(11-ウ)
33 T45、481a。
34 『刊定記』(新纂3、579b)
35 「答今此師意、釋迦教中舎那教中互雖有屈曲平道義、釋迦所説、随計破着義多　随法性法説義少、舎那所説、随法性法説義多　随計(衍字：筆者)随計破着義少。故以少分随多分釋迦経名屈曲教、舎那経名道(名道二字衍字：筆者)名平道教也」(16-オ)
36 「二依護(和本：誕)法師等。依楞伽等経。立漸頓二教」(T45、480b)
37 『指事』(T72、210b)と『立教義私記』(8-ウ)の引用個所が一致しているので、両方の関係性が深いことを示す。ここで両方の引用文を出してみる。

『指事』(T72、210b)	『立教義』(8-ウ)
言二依誕法師等依楞伽等経等者。入楞伽第二卷。集一切仏法品云。仏告聖者大惠菩薩言。大惠譬如菴摩羅果。漸次成就。非為一時。大惠。衆生。清浄自心現流。亦復如是漸次非清浄。非為一時。又云。大惠譬如明鏡無分別心。一時俱現一切色像。如来世尊。亦復如是。無有分別。浄諸衆生自心現流。一時清浄。非漸次浄。	彼経第二云。　　　　　譬如菴摩羅果。漸次成就。非為一時。大惠。衆生　法浄自心現流。亦復如是漸次清浄。非為一時。云々是説漸教。　　　大惠譬如明鏡無分別心。一時俱現一切色像。如来世尊。亦復如是。無有分別。浄諸衆生自心現流。一時清浄。非漸次浄。云々頓教文。

38 T72、210b。
39「四教文義。雖似相濫。窮定義理良無濫失」(T72、222b)
40 石井公成［1987］前掲論文。
41「是故此師所立。多違教理。甚難依也」(T72、222b)

第三節 『華厳宗所立五教十宗大意略抄』

一 文献の基礎的検討

(1) 書誌及び撰述年代

『華厳宗所立五教十宗大意略抄』(以下、『大意略抄』と略す) は非常に短い文献であるが、それにもかかわらず奈良時代から平安時代にかけての日本の初期華厳宗の思想を知る上で欠かせない幾つかの重要な情報を含んでいる。この文献の成立背景について岡本一平氏は成立年代 (テキスト・作者・撰述時期)・思想の特色の二点について論じられている[1]。その重要な研究成果は次のように二点にまとめられる。

①作者は道雄門下の何者かであり、成立年代は901年より早い。
②円別二教判により天台思想との類似性が見られる。

岡本氏は、他に『開心論』が道雄の作となる可能性を提示している。しかし、この文献に対する思想の特徴などは諸教判や系譜からも取り上げられるので、研究の余地は未だ残っていると考えられる。また、本稿を進める際に大竹晋氏から『大意略抄』に関する未完の原稿を見せて頂いている。ここでは岡本氏の先行研究と大竹晋氏から寄せられた貴重な情報を踏まえながら[2]、『大意略抄』の諸問題について論じてみたい。

この文献は海印寺の開基である道雄の門下によって著されたと推定されているが[3]、作者と成立年代共に未詳であり、刊本としては大正蔵 (T72、No.2336) に収録されている。その脚註に示されている底本や他の写本をみると、大正蔵は高山寺古写本を底本としており、甲本 (1868年写、高山寺石水院本)、乙本 (1682年写、高山寺石水院経蔵本) により校訂されている。岡本氏が取り上げたように底本には判読しがたい箇所があったと考えられ、その具合は大正蔵の註より確認される。

撰述年代については大竹氏が考察されており、それをまとめれば次のようになる。大竹氏は、『大意略抄』の華厳祖師の中に、インドの馬鳴、

竜樹、堅恵があげられるが、この三人を華厳の系譜に入れるのは三論宗の道詮の作となる『群家諍論』も同様であることに注目されている。末木文美士氏は『群家諍論』の撰述年代について864年から868年より多少先立つとするが[4]、大竹氏は『大意略抄』の撰述年代がこの時期と重なるとみている。しかし、『群家諍論』の中国華厳の系譜が覚賢、喜覚、法業、智炬、慧光、僧範、曇衍、霊裕、慧蔵、慧覚、法敏、道英、智儼、法蔵となっているが[5]、後に検討するようにこれは『大意略抄』の系譜とは異なる。すると、後に『大意略抄』によって中国華厳の系譜が訂正されたことも視野に入れることが可能となり、撰述年代は少し遅れることもある。

(2) 引用文献からみた思想の傾向

この文献は華厳宗の五教判と十宗判を簡略にまとめたものである。よって『五教章』第四分教開宗に対する「私記」とみてよいが[6]、実際は『五教章』「行為差別」、「修行時分」、「断惑分斉」からの取意が多い。また、通常の華厳教学とはかなり異なる独自的な五教の理解が目立つ。『大意略抄』によると、五教とは一小乗教、二大乗始教、三大乗終教、四大乗頓教、五一乗円教をいう。これらについてはそれぞれ文献を引用しながら詳しく説明をしている。また、十宗とは一我法俱有宗、二法有我無宗、三法無去来宗、四現通仮実宗、五俗妄真実宗、六諸法但名宗、七一切皆空宗、八真徳不空宗、九相想俱絶宗、十円明具徳宗であるが、これに関しては各宗について割註形式で簡略に書き込んだ後に「具五教如上巻云云」と記述するのみである。その次に「華厳宗祖師」が綴られている。

さて、『大意略抄』に引かれている引用文献は次の通りである。

図 12　各教別引用文献

五教	引用文献	所依経論および備考
小乗教	倶舎論(4)、「略頌」	倶舎に関連する「略頌」を引用。愚法小乗教と教を判ずる。
大乗始教	法鼓経、唯識論	般若・深蜜等経。喩伽・唯識等諸論。
大乗終教	五教章（2）	法華経、涅槃経、法界無差別論、起信論、智度論等。
大乗頓教	五教章	維摩・思益等経・五蘊等論。
一乗円教	五教章、大乗同性経	華厳経・華厳論・起信論等所説。

　図12の中、まず、五教判の名称についてみる。『五教章』第四分教開宗における五教判の名称は「一小乗教。二大乗始教。三終教。四頓教。五円教」となっており、終教、頓教に大乗を冠しておらず、また、円教にも一乗を冠していない。この『大意略抄』とまったく同様の五教判の名称が見られるのは『華厳五教止観』においてである[7]。ところが、この『大意略抄』の内容の展開は、『五教章』の文に沿ったものではないと同時に、『華厳五教止観』の文に沿ったものでもない。

　さて、図12から分かる通り、経論を合わせても引用文献は少ない。引用のパターンから看取されるのは以下の内容である。まず、小乗教において、『一乗義私記』『立教義私記』についても確認した通り、「略頌」が引用されていることからみて、『大意略抄』は平安私記類に共通してみられる特徴をもっているといえる。大乗始教において般若・深蜜をセットして取り扱うことも『一乗義私記』と同様である。所依経論の『起信論』が終教と円教の両方に位置づけられるが、これは日本華厳宗の教理において『起信論』が円教に近い経論として評価される形態が根強くあることを示唆しているのではないかと考えられる。また、『五蘊論』が頓教の所依の経典となることは珍しい。『大意略抄』以外の華厳宗の文献において『五蘊論』に対する引用は見当たらず、『五蘊論』はむしろ主に中国唯識派において多く用いられる論書である。これが頓教として認識された例は『大意略抄』が唯一であろうが、その当否はさておいて、『大意略抄』の著者と日本法相宗との親しい関係を物語る例ではないかと考えられる。

　なお、この『大意略抄』は岡本氏の指摘のとおり、凝然の『華厳宗経

論章疏目録』に「五教十宗大意」とあるのが目録上の初出であろうが[8]、同時期の尊弁の『起信論抄出』(1307年作)には「二乗は唯だ煩悩障を断ずるのみ、未だ不染の無知を断じていない。菩薩は二無知を倶に断じる。既に所断の差別があることが知られる」[9]とあり、これは『大意略抄』の文「今此教の二乗は唯だ染汚無知を断除す。(中略)菩薩は染汚と不染汚の二無知を断ずる」[10]と似ている。その引用名がないにせよ、『起信論抄出』は『大意略抄』の考え方を参考にしていたと考えられる。

二　五教に対する解釈の特徴

(1)　円別二教判

『大意略抄』は一乗円教を円教門と別教門に分けており、それぞれの説は図13のようにまとめられる。

図 13　円教門と別教門 (T72、199b)

	重要教義1	重要教義1	所依経論
円教門:終教中広顕真理門	方便三乗令入一乗故。	円融無碍法界成仏理	華厳経・華厳論・起信論等所説。
別教門	不対二乗。直顕法界成仏理。一念間六位重作成仏。		

図13にみられる円教門の「円」の字は、大正蔵の『大意略抄』においては「同」の字になっているが、校訂の写本には両方とも「円」の字となっている。「円」と「同」の字は間違えやすいだけに、文字のみでどちらが正しいかを判別することはできないが、岡本氏の指摘の通り、そのくだりの文脈から、校訂本の「円」でなければ意味が通じない[11]。すると、これは円別教判とも言うべき奇妙な教判になる。華厳の伝統的な教判ならば同別二教判である。華厳文献にどうしてこのような教判が現れたのか。管見によれば『大意略抄』以外の華厳宗の文献の中には一乗円教を

円教と別教と分ける例は存在せず、岡本氏が提示されたように、むしろ天台宗の円珍（814-891）の『諸家教相同異略集』の中に華厳学派の教判として円別二教の文句が紹介されている。

　　五は大乗円教である。その中に二つがある。第一は別教、第二は円教である。東大寺の律師がいうには、別教は華厳本会を含み、円教は華厳末会並びに法華を含む。具体的にはその法蔵法師の『華厳疏』や法蔵法師の『五教章』の通りである。
　　（五大乗円教。就中有二。一別教。二円教也。東大寺律師云。別教摂華厳本会。円教摂華厳末会并法華也。具如彼法蔵[12]法師華厳疏并法蔵法師五教章也）（T74、311ab）

また、大竹氏は安然（841-915？）『真言宗教時義』巻一も、華厳五教の仏身について、華厳一乗を円別教判として理解していると判断している。それは次の文である。

　　五は円教の仏である。即ち、天台円教の仏である。分けて二仏とする。ただ、華厳の円教には二つある。第一は円教一乗であって、法華がそれである。第二は別教一乗であって、華厳がそれである。
　　（五円教仏。即天台円教仏。分為二仏。唯彼円教有二。一円教一乗。法華是也。二別教一乗。華厳是也）（T75、391b）

だが、この場合の「円教一乗」の「円」字は甲乙本共に「同」字となっており、そのくだりを読んでも「円」となる必然性は認められないので、必ずしも安然が円別二教と理解していたとは限らない。

とにかく、『大意略抄』の円別教判は明らかに東大寺律師に似た教判と言える。これにより円別教判を主張する一派が存在していた可能性まで指摘されている[13]。『大意略抄』には、円別二教の円教を説明する際に、「五教上巻云。此円教説乗会融無二」云々とあり、この個所については『五教章』の全てのテキストにおいて「円」字が「同」字となっている。

こうなると、『大意略抄』の作者が元のテキストを自分の意図に合わせて書き変えて引用した可能性も否定できない。

円珍の引用によると「東大寺律師」は既存の華厳師とは異なる思想の持ち主であるが、『大意略抄』の作者はそのような東大寺律師に連なる一面を持っていると推定できる。そうすれば、東大寺に天台寄りの華厳家の系譜が認められるようになるのではないか。東大寺寿霊の『指事』を読むと、明らかに天台宗そのものを高く評価し好意をもっている[14]。しかし、彼に法蔵の同別二教を円別教判に変えるような発想はなかったはずである。よって天台寄りの華厳家を寿霊と関係付けることはできない。ここで、東大律師について辿ってみる。円珍の『諸家教相同異略集』には次のような記録がみられる

> 問う。古人がみな伝えていうのによると、彼の華厳師がこの天台の大白牛車を盗んだのみであるというが、[これについては]不審な点がある。
> 答える。この事は実際にある。彼の金鐘寺唐院の恵雲律師が作った『法華四車義』の中に見られる。もしそれが知りたいなら、行ってそれを確認してみなさい。（問。古人皆伝云。彼華厳師盗此天台大白牛車而已。有不審。答。此事有実見彼金鐘寺唐院恵雲律師所制法華四車義中者也。若欲知之。詣往而尋之耳）（T74、313a）

この文によると、華厳の大白牛車の原点については、恵雲の『法華四車義』にみれば分かるということだが、恵雲は鑑真と共に日本へ渡ってきた人で[15]、『僧綱補任』第一巻（日仏全123）によると798年条から律師として名前が記録され、810年には「辞歟滅歟可尋」となっており、その後記録から見られなくなる。その時に職を辞したのか没したのか未詳とはあるが、円珍より一世代ほど上の東大寺の僧であることは間違いない。しかし、ここに問題がある。唐院とは鑑真の高弟法進が天台義を広めた根拠地だったのである[16]。法進は天台教学を根本としながら、東大寺戒壇院の第二和尚となった人物である[17]。また、最澄の『長講法華経後分略願文』巻下[18]には、法進の次に「恵雲大律師」とあり、恵雲も法進と同

様の思想の持ち主であることは想像できる。すなわち恵雲は天台を根本としている律僧として華厳宗を批判したことになる。大竹氏が指摘されたように、他に円珍の『授決集』巻下に以下のようにある。

> また、讃州の慈勝和上と東大の勝行大徳と(どちらも讃岐の人である)は同じく『法華経』の意にしたがって定性二乗の決定成仏を説くと聞いている。私はいつも[そのことを]心に留めて随喜している。彼の両和上は実は円機の人であって、円教を伝えるのみである。かつて親戚の間の話の中で、かの和上等が外戚であり、これ因支の首氏(今改和気公也)であると聞き、さらに随喜を増した。近いうちに対面して、同じく妙義を説き、妙法を弘伝したいと願っている。
>
> (又聞。讃州慈勝和上東大勝行大徳(並讃岐人也)。同説約法華経意、定性二乗決定成仏。余恒存心随喜。彼両和上実是円機、伝円教者耳。曾聞氏中言話、那和上等外戚。此因支首氏(今改和気公也)。重増随喜。願当来対面、同説妙義、弘伝妙法也)(T74、304a)

慈勝は、『元亨釈書』によると道雄に『成唯識論』を教えたという[19]。また、『溪嵐拾葉集』の中、天台の血脈相承の中に見られる[20]。よって明らかに天台系の人物である。なお、「東大勝行大徳」は律師という表現もなく、また、『法華経』の意によって定性二乗の成仏を説くのは華厳宗では珍しくないので、それをもって天台寄りの華厳宗の人とみるのは必ずしも妥当ではない。二人とも円機と言われているので天台宗の人物だった可能性が高い。

以上3人を見たが、結局のところ、「東大寺律師」という確証は得られない。もう一つ注目したいのは、『選択伝弘決疑鈔』の註釈を行った聖冏(1341-1420)の『決疑鈔直牒』では、東大寺律師について道慈(?-744)に比定している。それは道慈を三論、華厳、真言の祖師とみている認識による[21]。しかし、上述したように東大寺律師は天台寄りの人物であり、道慈は大安寺を中心に活動していた。また、東大寺造営の勅願を発布したのが743年であるから、道慈が東大寺律師となることはありえない。

701年に唐に留学して718年に帰国した道慈に『五教章』や『探玄記』を熟読した可能性がないとは言えないが、それに関して異見を出すほどだったのか疑問である。よってこの説は一応取らない。

ところで、果たして「東大寺律師」が必ず天台寄りの華厳思想家といえるのか。以上の例から見ると、円珍が引用する華厳関連の説を出しているのは、むしろ東大寺の天台宗と言うべき人物である。ここで注意すべき一点を取り上げたい。『大意略抄』は円別の順であるが、東大寺律師は別円の順である。華厳宗ならば同別二教であり、「同」の代わりに「円」となっているだけである。しかし、天台宗では別円二教がよく論じられている。よって「東大寺律師」も天台を根本としている律師と見たほうが妥当である。円珍は『五教章』において円別二教となっていると陳述するが、その可能性は低く、東大寺律師が『五教章』の「同」字を「円」に変えた可能性が高い。あるいは円珍がそうしたとも想定できる。

『大意略抄』は華厳宗の人物の作であるにもかかわらず、なぜ円別教判を取り入れたのであろうか。『大意略抄』の華厳祖師の最後に記載されている道雄は最澄の『勧奨天台宗年分学生式』に従って、受戒後十二年の寺門不出を定めるなど、天台宗に好意を抱いていたという[22]。こうしたことからみると、道雄の一門とみられる『大意略抄』の著者が天台宗について親近感を持っていたことが推察できる。『大意略抄』が円別二教判を取り入れたことは、寿霊以来の華厳・天台の融和の傾向がさらに強化された証拠であると考えられる。

ここでもう一つの例をみたい。良忠(1199-1287)の『選択伝弘決疑鈔』は東大寺律師について次のように引用している。

　五．大乗円教。此中有二。一別教。二同教。山王院諸家教相集云。東大寺律師云。別教摂華厳本会。同教摂華厳末会並法華也。(T83、40a)

下線の「同教」は、『諸家教相同異略集』においては両方とも「円教」となっている。これが異本でなければ、元の「円」の字を華厳宗に合わせて「同」字に直したことになる。このように『大意略抄』も『五教章』

の元の「同」の字を天台宗に合わせて「円」の字に直したとみることもできる。上の例を勘案してみると、『大意略抄』に円別教判を取り入れているのは、天台宗の華厳宗に対する教判的な理解をそのまま用いるためではないだろうか。要するに天台宗の別円教判においては、別教である『華厳経』より円教である『法華経』のほうが優位に立つ。しかし、円別教判の内容を華厳宗の同別二教判に適用すれば、『華厳経』である別教が優位に立ちながらも、円教の枠に『法華経』を収めることができる。それで『大意略抄』では『五教章』の「同」字を「円」に変えてまで、天台に対して好意を持っていたと想定できる。

まとめると、東大寺には天台を根本としている一群の律師がいて、華厳教学を天台学に合わせて解釈し、それを天台宗に好意を抱いていた『大意略抄』の作者が取り入れて、奇妙な華厳教判を成立させたことになる。

図13で注目すべき二点を取上げる。まず、『起信論』が円教の所依経典として取上げられていることである。それにより審祥、智憬、寿霊よりみられた起信論の重視態度より高く評価されていることがわかる。また、別教とは一念間に六位が重なって同時に成仏する教理を持っているが、これは後に述べるように信満成仏の異名といってよいものである。

(2) 各教の説明にみる問題

1) 大乗始教

大乗始教については、愚法二乗を大乗に入らせる「引小門」と凡夫から直接大乗に入る「直進門」とに分ける。それぞれの内容を要約すれば以下の図14のようになる。

図 14　大乗始教

	教の趣旨	修行の果	成仏の時	所依経論	重要教義
引小門	引前愚法二乗令入大乗初門	分断所知障不愚法声聞	廻心向大後経三祇成仏	般若・深蜜等経。喩伽・唯識等諸論、法鼓経。	三乗五姓差別・三性説・生滅八識。
直進門	従凡夫而直入大乗	見道以後得智・断惑	頓悟経五位三僧祇劫成仏		

　引小門は『五教章』行為差別の「廻心教」に当たり、直進門は「直進教」に当たる。ところで図14の修行の果を言及する際に、「前の小乗の中では但だ見・修の二惑のみを説くが、この教の中では見［惑］・修［惑］の差別を分けない」[23]と述べているが、「見・修の差別を分けない」という説は『五教章』「断惑差別」の終教を説明する際に「よって、二障において見［惑］と修［惑］を分けない」[24]として出てくる。要するに華厳宗における始教の説としては相応しくない。

　また、『大意略抄』には「地前に三十の心があり、それは十住・十行・十廻向である。また、十信は十住の初発心に摂める」[25]とあるが、『五教章』「行位差別」は直進教において、地前に十信、十解、十行、十廻向の四十心をおく[26]。つまり、『大意略抄』には「十信」がないのである。『大意略抄』には「十信摂十住初発心」とあるが、これは基の『法華玄賛』に次のように出るのと一致する。

> 初地已前を小樹と名づけ、初地已上を大樹と名づける。不退を証するからである。大小の二樹にはそれぞれ下・中・上があり、十住・十行・十廻向を小樹の三とする。十信は初発心住に摂する。<u>四決択分の善根は第十廻向に摂する。</u>
>
> （初地已前名小樹。初地已上名大樹、証不退故。大小二樹、各有下中上者。十住。十行。十廻向為小樹三。十信即是初発心住摂。<u>四決択分善根即第十廻向摂</u>）（T34、83a）

この基の説は十信を別立せず、ただ十住中の初住に摂するというものである[27]。日本の法相宗の真興（934-1004）の『唯識義私記』も十信を十住の初発心住に摂するのを正義とし、それは基も同様であるという[28]。また、下線のように四善根と十廻向の第十との関連も述べており、『大意略抄』に三十心の「十廻向」に続いて「四善根摂第十法界無量廻向也」とあるが、基からの影響であることが窺える。しかし、『五教章』の始教の説明では、四善根は十廻向の他に別立するので、『大意略抄』と『五教章』との間には相違が見られる[29]。『大意略抄』より後の私記である『一乗義私記』も四善根を十廻向の他に別立しており[30]、凝然の『通路記』も「十廻向の修行を満足してから初地の正位に入ろうと欲するので、四善根を立てるのである」[31]と述べる。

こうしたことから『大意略抄』の始教説は、華厳宗の教理からみた始教ではなく、法相宗の教理に基づいて理解された始教であることが分かる。しかも法相宗の深い道理によって終教と円教とを摂すると述べ、彼（『成唯識論』）に詳しいと言うほどである[32]。このように『大意略抄』と中国の華厳教学とでは始教に対する認識が異なる。これは『大意略抄』のもつ特質であり、唯識に通じていた道雄とも関連して考えることができる。日本の初期華厳宗以来、華厳宗において唯識説が重要な位置を占めていたが[33]、『大意略抄』はこうした流れに沿っている。しかしながら、このような解釈は、華厳宗の人でありながら法蔵の元意に背いたと言わざるを得ない。

2) 大乗終教

大乗終教については、心生滅門としての「教論法相門」と、心真如門としての「広顕真理門」とに分ける。それぞれの門の要点を表すと次のようになる。

図 15　大乗終教

	教の趣旨	修行の果	成仏の時	所依経論
教論法相門 （心生滅門）	始教中直進門小分門	建立心生滅門頼耶識。引先始教中不愚法二乗并菩薩。令入此終教。	二乗分断無明煩悩、信大乗中道。菩薩定不定二種、三僧祇成仏、無量僧祇、速疾成仏。	此教意少分於性相（五教章下巻）
広顕真理門 （心真如門）	純顕終教道理	心真如即一法界大総相法門体、即第八識。心生滅真如、依如来蔵有生滅心云云。即法性真如海。	於一身煩悩一断一切断。初発心時便成正覚。俱分証位、非究竟位。経三祇一念等云云。当天台宗意。	法花・涅槃等、法界無差別論・起信論・智度論等所顕。具分八識真如中道理也。

　図 15 の所依経論の「五教章下巻」とは断惑分斉の終教を指すが、それを「教論法相門」として理解し、本当の終教を「広顕真理門」として天台宗に配当している。全体的には主に『起信論』の構造にしたがって解説しているが、結局、「今の此の教は一相のみの円融を顕し、いまだ重重の無尽円融の道理を明かさない」[34]と結論して、この終教を超える円教を想定する。しかし、続いて「故法花涅槃等経撰三乗終教一乗円教也」と教判的規定を改めている。ここは広顕真理門の所依経論が一乗円教とも関わる意味として捉えられる。それは終教の教論法相門が始教とも関わることと同様である。よって広顕真理門が純粋な終教であるように、純粋な一乗円教が想定されることが推測できる。だが、始教において「但以法相宗深理、摂終教及円教」（T72, 198c）とし、始教である法相宗の道理において終教のみならず円教まで摂することを認める。仏説である以上円教の道理がどの経典にも含まれていることを意味すると思うが、『大意略抄』に詳しい説明はみられない。

　ここで識説について検討する。まず、図 14 始教の重要教義をみると、生滅八識とある。これは後の具分八識と対となっている。「生滅八識」という表現は、華厳文献には慧苑『刊定記』と澄観『疏』に用いられているが、時期的に慧苑の『刊定記』に基づく用語であろう。『刊定記』による

と生滅八識とは生死の根本であり涅槃の因となる。よって有為法である。
　次に、図15の始教中の直進門の少分門に当たる教論法相門においては、「心生滅門の頼耶識を立てる」、または、「不生不滅と和合した具分八識を立てる」とされている。ここでの阿頼耶識は始教中の生滅八識に似た側面を持つものであろうが、この阿頼耶識も究極的には具分八識であるというのが『大意略抄』の意図のように読み取れる。
　生滅門の頼耶識とは紛れもなく『起信論』による。『起信論』には「心生滅者、依如来蔵故有生滅心、所謂不生不滅與生滅和合、非一非異、名爲阿梨耶識」（T32、567b）とあり、『大意略抄』の説明はこれに則ったものである。なお、「具分八識」とは、『大意略抄』の純終教に当たる広顕真理門の中において「具分八識真如」として用いられるが、心真如門において説かれている点に注意すべきである[35]。つまり、教論法相門は、心生滅門と心真如門という『起信論』の二門構造を前提として展開されていくことが分かる。こうした二門構造は広顕真理門において再び明確に論じられている。
　すなわち、『大意略抄』（T72、199a）では、心真如については「即是一法界大総相法門体。即是第八識也」とあり、心生滅真如については「依如来蔵有生滅心。云云。即法性真如海」とある。まず、心真如についてみると、具分八識真如が第八識となることが分かる。「具分八識」とは『刊定記』の「具分唯識」から発した用語であろう。『刊定記』によると、「具分唯識」とは一切唯心造の一心となるが、同文献によると、その「具分」とは真性如来蔵を備えるという意味で捉えられる。なお、心生滅真如については『起信論』に沿って説明されているが、それを「即法性真如海」とするのはどういう意味だろうか。これは法蔵が『無差別論疏』の中に、「起信論云、真如者、即是一法界大総相法門体。又云。法性真如海」（T44、63b）と述べたような理解を受けている。この「一法界大総相法門体」とは『起信論』の真如門についての説明であり、それに続く「法性真如海」を『大意略抄』では生滅門の真如として理解していたのである。要するに如来蔵である。平安末期に著された『種性義抄』にも心生滅真如について論じながら、「法性真如海」をあげ、それが衆生界の中の真如として

性種性と理解されているが[36]、『大意略抄』の考え方が伝承されたと考えられる。なお、心真如が第八識となるのは、『起信論』の構造より見ると奇妙ではあるが、その意味合いが「具分八識」であるので可能な定義となる。

こうしてみると、『大意略抄』においては、生滅八識と心生滅門の阿梨耶識が非一非異の関係にあり、心生滅門の阿梨耶識は心真如門の第八識と非一非異の関係にあるのではないか。要するに始教と終教が教論法相門によってつながり、教論法相門と広顕真理門とが終教の枠組みに属し、相互に鎖のように関係している。これは始教にも終教にも円教の領域をみとめる『大意略抄』の独特な教判体系により生まれたものであるといえる。

3) 大乗頓教

大乗頓教についても以下の図16のように分類する。

ここで言われる「不論成仏不成仏」というのは『種性義抄』にも出てくる表現であることに注意しておきたい。上述した終教での類似性も含め、『大意略抄』の思想が『種性義抄』にまで影響を及ぼしているのは間違いない。要するに華厳宗の人々が著した平安時代の私記類は、同様の思想基盤の上に書かれていることが窺える。

図16　大乗頓教

	教の趣旨	成仏の時	所依経論
絶言真如門			
諸言真如門	唯理非事門	不論成仏不成仏	維摩・思益等経・五蘊等論、五教章。

以上のように『大意略抄』は、日本の法相宗、天台宗との相違を述べながらも、それらとの共通点を提示することによって教理的な融和を図っていると理解される。それは、教判を立てる際に、始教から終教まで

を単純に区分するよりも、始教から終教までの関連性を保っていることからもいえる。よって、『大意略抄』の華厳教学は東アジア華厳伝統の解釈ではないことを確認しておきたい。

三　華厳思想史観

　『大意略鈔』においては、同書の著述時期と密接に関連する「華厳宗祖師」の名前の羅列が見られ、このことに関しては先学によっても多く取り上げられている。吉津宜英氏は、これを主な証拠とし『大意略抄』における元暁系の華厳の影響を想定する。しかし、岡本一平氏は内容を掘り下げることによって、吉津説に疑問を投げかけ、むしろ『大意略抄』には天台教学との類似性があると指摘している[37]。また、大竹氏は『大意略抄』には法相宗、天台宗、三論宗の影響はあるものの、元暁の影響はないとみている。

　ここでは『大意略抄』の華厳史観に三国史観は現れておらず、むしろ新羅の系譜も同等に取り扱っていることを確認しながら、その系譜の特徴について述べたい。『大意略抄』の「華厳宗祖師」を系統別に分けて記すと以下の通りである。地域名は便宜上筆者が補足したものである[38]。

　　　華厳宗祖師
　インド：普賢菩薩　文殊菩薩　馬鳴菩薩　竜樹菩薩　堅恵菩薩　覚賢菩薩
　　　　　日昭菩薩
　　中国　：杜順菩薩　智厳菩薩　法蔵菩薩
　　新羅　：元暁菩薩　大賢菩薩　表員菩薩　見登菩薩
　　日本　：良弁菩薩　実忠菩薩　世不喜菩薩　総道菩薩　道雄菩薩

　この系譜は東西交流の歴史が改変される実例として取り上げられている[39]。それは、インド→中国→新羅→日本という伝来を時系列として想定した場合、人物の生没年代に齟齬が生じてしまうこともあり、実際には

まったくないはずの人物の相互交渉が想定されてしまうこともあるからである。このような系譜の問題も関連して、室町期のものとみられる華厳の系譜においては新羅の元暁が法蔵の弟子慧苑の下に置かれ、残りの三人が元暁から順に置かれている[40]。

しかし、『大意略抄』の系譜は、インドから中国、新羅を経て日本に華厳思想が入ったという伝来の事実と、各地域における華厳思想の伝承とを別々に考える場合、それほど無理があるとは言えない。例えば、インドから覚賢菩薩によって華厳思想が中国に入ったとの想定の上で、日昭菩薩は中国における華厳思想の伝承に属するのではなく、インドにおける華厳思想の伝承に属するとみる場合、日昭菩薩が智儼と関係ないことは問題にしなくてもよい。同様に中国の智儼から新羅の元暁に華厳思想が入ったとすれば、元暁は中国における華厳思想の伝承に属するのではなく、新羅における華厳思想の伝承に属するので、法蔵が元暁より年下であることは問題にならない。また、新羅の元暁から日本に華厳が入ったとすれば、見登は新羅における華厳思想の伝承に属し、朗弁は日本における華厳思想の伝承に属するので、見登が明らかに朗弁より年下であることも問題にならない。このようにみると、『大意略抄』の華厳思想史観は、全体的に華厳がインド→中国→新羅→日本に入ったとする伝来史観と、それぞれの地域においても華厳の伝承があったという二つの意味合いをもつ華厳宗祖師の系譜を表現していることが分かる。

華厳宗の祖統説は宗密によって初めて認識されたというのが通説である。その後宋代に至って宋の浄源（1011－1088）によって杜順→智儼→法蔵→澄観→宗密という五祖説が提示され、また、馬鳴と龍樹を入れる七祖説も打ち出されている[41]。後になるが凝然は『通路記』（T72、297a）において普賢と文殊を馬鳴の前に置き、龍樹の下に世親を置く十祖説を提示している。そして日本の古徳の祖統説は定められていないと述べるが、実際には、『大意略抄』の系譜はインドの世親を含めていないとはいえ、日本の華厳宗の祖統説の先駆となるものである。

次に、インドの系譜において馬鳴菩薩が入っているのが注目されるべきである。これは『大乗起信論』が華厳宗の典籍として認識されている

ことを意味する。

　中国の華厳祖師の中からは、法蔵の弟子の慧苑が省かれている。慧苑の著作は奈良時代の寿霊の時期から頻繁に引用され、特に『刊定記』は東大寺における華厳経講義のサブテキストとして利用されており、後に検討する平安時代の六宗本書の一つとされる『開心論』においても慧苑が重視されている。それにもかかわらず慧苑が系譜から省かれていることには、慧苑を重視しない何らかの背景があったと考えられるが、今のところは不明である。

　なお、新羅の華厳祖師が元暁から始まるというのは円珍においても見られる認識であるが、大賢菩薩、表員菩薩、見登菩薩が挙げられていることについてはどうだろうか。彼等の共通点を探すと、大賢と見登については、『起信論』を顕揚した人物であることが注目される。『大意略抄』の作者が『起信論』について華厳宗の思想を表すものとして重んじていたことや、馬鳴をインドの華厳祖師に入れていたことも、華厳宗が『起信論』を顕揚するという背景から理解できよう。なお、表員の著作としては『華厳要決問答』があり、寿霊の『指事』に引用されることから分かる通り、早くから注目されていた。また、799年最澄の写経仏事の際にも写経されており[42]、日本においてよく名前が知られていたことが系譜に入ったきっかけになったと考えられる。

　日本の祖師については、石井公成氏によっても指摘されたように、日本華厳思想の基礎を築き上げたといっても過言ではない審祥や慈訓が無視されている[43]。また、実質的に法蔵の『五教章』の註釈を著した智憬や寿霊の名前が見られないことも意外である。審祥は日本において初めて華厳経を講義しており、慈訓と智憬とは華厳講師を務めている。また、寿霊は『指事』を著しており、新羅の華厳祖師に挙げられている見登の著述において引用されるほど、知名度があったと考えられるからである。その代わりに名前が見える良弁、実忠は東大寺の建立の実務役を担っており、華厳宗の思想とはそれほど関連がないことは石井氏により指摘されている[44]。中国や新羅の祖師は華厳宗の思想との関連が深い人物を取り上げているにもかかわらず、どうして日本の系譜に華厳宗の思想との関

連性が少ないと見られる人が取り上げられたのか。

　大竹氏は凝然の『華厳法界義鏡』と『三国仏法伝通縁起』の記録を分析して、『大意略抄』の作者が大安寺系の人であると推測している。日本の祖師は良弁・実忠・世不喜・総道・道雄となっている。凝然の『華厳法界義鏡』をみると、日本華厳宗の系譜は、

```
                ┌崇道
良弁―実忠―等定 ┤
                └正進―長歳―道雄
```

との流れがあり、道雄まで続く系譜は凝然の『華厳宗要義』(T72、197a)においても同様である[45]。　ところが、凝然の『三国仏法伝通縁起』においては、良弁→崇道天皇となり、崇道が大安寺に東院を立て華厳宗を広めたとある[46]。また、世不喜は『東大寺要録』巻三おいては「世不羈者」となっているが、文武天皇の第二王子で、良弁の弟子である。総道も『東大寺要録』の同じ個所において実忠の弟子と明記されている。このように、日本華厳宗の系譜に関しては、良弁→実忠、世不喜、総道、あるいは実忠→総道、等定→総道となるなど、やや時代のずれがみられる。ともかく、大安寺総道→東大寺道雄の関係は成立し難くなるが、これについては『大意略抄』が著される時代の華厳宗の勢力とも関連するのではないかと考えられるのみである。

　日本の華厳祖師の中でもう一つ注目すべきことは、『起信論』と結びつけられる人はいないことである。その中で道雄をみると、『元亨釈書』巻二においては、道雄は慈勝に唯識を学び、因明にも通じているとある。また、長歳から華厳を学び、空海に密教を学んだことや、海印寺を開創し年分度者は二人になったともある[47]。さらに、『元亨釈書』巻一の空海条においては、道雄は三論の道昌、唯識の源仁、天台の円澄と共に華厳の代表として挙げられている[48]。よって道雄は空海などの教えを受けたといえども華厳の人であることが分かる。しかし、彼と『起信論』との関係は見出せない。『大意略抄』は、日本華厳宗の系譜に関しては思想の系

統より実質的な系譜を選んだとみて差し支えはないだろう。

四　まとめ

　以上のように『大意略抄』について検討したが、そこには幾つかの特質が見出された。まず、円教を述べる際の円別二教判という奇妙な教判を立てる。これに対して文献を通じて検討した結果、東大寺には天台を根本としている一群の律師がいて、華厳教学を天台学に合わせて解釈するほどであったが、それを天台宗に好意を抱いていた『大意略抄』の作者が取り入れて、円別二教判という異常の華厳教判を成立させたことと理解される。また、『起信論』が円教の所依経典と重視されていることがあげられる。それにより奈良時代の華厳宗の諸師（審祥、智憬、寿霊）より起信論が高く評価されていることがわかる。また、信満成仏の異名として、六位重作成仏論が別教のもっとも重要な教理である。

　五教について述べる際に、五教の内容を、華厳教学本来の立場からではなく、法相宗や天台宗の立場から構築していることが挙げられる。また、始教から円教に至る教判は相互に部分的に重なりあっており、始教を述べる際には法相の深義が円教と同様であると言われる。

　このように、『大意略抄』について言えば、円教優越主義を採るのではなく、各教との調和を図りながら、円教の優れた世界を各教が共有していると認識しているのがその特徴であるといえる。これはその時代の日本華厳宗の立場としての、他宗との緊密な関連の保持を反映していると考えられる。

　道雄を最後とする華厳祖師の名前の羅列からは、『大意略抄』の作者が道雄の門下であり、華厳宗がインド→中国→新羅→日本へと伝わったという華厳史観を持つことがいえる。そして、『華厳経』の思想の伝承と『起信論』の思想の伝承とをあわせる系譜となっていることから、日本華厳宗における『起信論』重視の傾向が『大意略抄』の作者においても根を下していたと見られる。ただし、日本の系譜に限定すると、『起信論』

関連の人物が連ねられていないことから、それは『大意略抄』が著される時代の東アジア華厳の中心思想や日本華厳宗の系譜観が関係して混淆された結果であると考えられる。

---

1 岡本一平［1998］「『華厳宗所立五教十宗大意略抄』の成立背景」『駒沢大学大学院仏教学研究年報』31、65-73頁。
2 大竹氏の未刊の原稿に対しては、必要に応じて根拠を示すこととする。
3 石井公成［1996］前掲書、序論、9頁。
4 末木文美士［1990］「道詮『群家諍論』について」『三論教学の研究』、春秋社、573-593頁。
5 蓮剛『定宗論』（T74、321c）
6 「第四分教開宗者。於中有二。初就法分教。教類有五。後以理開宗。宗乃有十」（T45、481b）
7 『華厳五教止観』（T45、509a）
8 岡本一平［1998］前掲論文、66頁。日仏全1、254頁。
9 『起信論抄出』「二乗唯断煩悩障。未断不染無知。菩薩二無知倶断之。既知所断有差別」（T69、536c）
10 『大意略抄』「今此教二乗唯断除染汚無知。（中略）菩薩断染汚不染汚二無知（「断」字が抜けたか）惑証理」（T72、198a）
11 岡本一平［1998］前掲論文、69-71頁。
12 「法蔵」の二字は、『智証大師全集』中巻（580b-581a）により補足した。法蔵が反復されており、やや落ち着きのない書き方ではあるが、後述のように、東大寺の律師は天台系の人物であろうから、『華厳疏』を著作したとは思えないからである。岡本一平［1998］前掲論文、69-71頁。
13 岡本一平［1998］前掲論文、71頁。
14 金天鶴［2001］「寿霊の三乗極果廻心説の批判について」『仏教学研究』3号（韓国語）、127-154頁。
15 木内尭央抄訳［1990］「入唐求法巡礼記」『大乗仏典 中国・日本篇 最澄・円仁』第17巻、中央公論社、164頁。
16 『天台付法縁起』「大安唐律注戒経於比蘇。東大僧統、注梵網、於唐院。両聖師弘天台義」『伝教大師全集』巻5、38頁。東大僧統は法進を指す。ここは大竹氏が未刊の原稿にて指摘された個所である。
17 島地大等［1924］「東大寺法進の教学について」『哲学雑誌』443（［1931］『教理と史論』、261-287頁所収）。
18 『伝教大師全集』巻四、263頁。
19 『元亨釈書』（日仏全101、33b）
20 『溪嵐拾葉集』（T76、834b）
21 「今私云山王院者智證大師也東大寺律師者道慈律師也此師三論華嚴眞言三宗祖師也」（浄土宗全書検索システムより検索した）http://www.jozensearch.jp/pc/ 2015年4月10日現在。
22 佐伯有清［1989］『智証大師伝の研究』、吉川弘文館、59頁。

23 『大意略抄』「前小乗中但説見修二惑。此教中不分見修差別」(T72、198b)
24 『五教章』「是故二障不分見修」(T45、494a)
25 『大意略抄』「前地有三十心所。謂十住・十行・十廻向也。又以十信摂十住初発心」(T72、198b)
26 『五教章』「又彼地前有四十心。以彼十信成位故」(T45、488b)
27 深浦正文[1954]『唯識学研究』下、664頁。
28 『唯識義』「今案新翻経云。十住十行十廻向(云云)以此為正。十信摂十住初発心住。不為別位。故以云三十心為正義。(中略)基師唯識疏同於泰説」(T71、357c)
29 『五教章』「以信等四位為資糧位。十廻向後、別立四善根為加行位」(T45、488c)
30 『一乗義私記』「資糧位者。地前位中四十位。即十信十住十行十廻向也。加行位者。地前位中四善根也」(T72、27a)
31 『通路記』「十廻修行満足。然後欲入初地正位。而有別方便。即四善根」(T72、510c)
32 『大意略抄』(T27、198c)
33 金天鶴[2004]「東大寺の創建期における華厳思想と新羅仏教」『東大寺論集』2号。
34 『大意略抄』「今此教顕一相円融。未明重重無尽円融之理」(T72、199a)
35 『種性義抄』「心生滅門真如者。法性海上吹無明風。令起三細六麁五意六染諸波浪。名衆生界。此衆生界所有真如名性種性云也」(T72、59c)
36 『大意略抄』「二広顕真理門。純顕終教道理。即心真如門。以法花・涅槃等・法界無差別論・起信論・智度論等所顕。具分八識真如中道理也」(T72、198c)
37 岡本一平[1998]を参照。
38 この系譜については、見登、『孔目章記』、『華厳十玄義私記』の年代を推定するため活用したことがある。ここでは華厳史観を探るためもう一回活用することとなるが、やむを得ず重複する部分もある。これに対しては叙述目的が異なるため一々の註記は避けたい。金天鶴[2010a]「『華厳十玄義私記』に引用された新羅文献の思想史的意味」『仏教学レビュー』7、129-153頁。
39 石井公成[1996]前掲書、9-10頁。
40 高山寺典籍文書綜合調査団編[1988]『高山寺善本図録』(東京大学出版会)所収「華厳血脈」
41 吉田剛[1997]「中国華厳の祖統説について」鎌田茂雄博士古希記念会編『華厳学論集』、大蔵出版、485-504頁。
42 金天鶴[1999]「『華厳経文義要決問答』の基礎的研究」『調査研究報告』44、学習院大学、15-39頁。
43 石井公成[1996]前掲書、9-10頁。
44 同上
45 『華厳宗要義』「自辨弟子有實忠和尚。次等定大僧都。次正進律師。次長歳和尚。次道雄僧都」(T72、197a)
46 『三国仏法伝通縁起』「良弁僧正臨終、以華厳宗付崇道天皇。崇道受嘱、於大安寺、建立東院、弘華厳宗」(日仏全101、21b)
47 『国史大系』31巻、53頁。
48 『国史大系』31巻、37頁。

第四節　『種子義私記』

一　文献の基礎的検討

(1)　書誌

　奈良時代の華厳宗が東大寺を中心として盛んになり、寿霊の『指事』を生んだことはよく知られている。また、薬師寺においても華厳宗が台頭し、慈訓の弟子の明哲、長朗、義聖の三代にわたって薬師寺華厳宗が広がったこともよく知られている。同時代に両系の華厳学が存在していたことは興味深い事実であるが、それぞれの華厳学の特徴と言える思想はあったであろうか。

　後に述べるように聖憲（1307-1392）の『五教章聴抄』の中には、縁起因門六義の果倶有に関する東大寺と薬師寺の解釈の相違が述べられている。両寺の解釈の相違については、東大寺所蔵の写本『五教章中巻種子義私記』の検討によって、もっと詳しく把握することができる。

　東大寺所蔵の写本『種子義私記』一巻は法蔵の『五教章』縁起因門六義を註釈した華厳宗の文献である。これは東大寺図書館に貴重書111-51-1として所蔵されており、装幀は、粘葉装で半葉七行、1行20字前後である。その奥書は次のようになっている[1]。

　　写本云
　　建保五年七月三日於勝功徳院僧□□□

　すなわち、1217年に勝功徳院僧が著したと考えられるが、肝心の僧名の部分が欠いている。勝功徳院とは仁和寺所属の院であるが、この奥書に関わる史料は見当たらない。凝然の『花厳宗経論章疏目録』（日仏全1、254a-b）においては義聖の『種子義私記』（以下『義聖私記』）二巻と『同義私記』一巻とが収録されている。後に検討するように観理の『種子義

私記』(以下『観理私記』)は二巻からなるので、『同義私記一巻』が本『種子義私記』であると考えられる。

本私記は法蔵の『五教章』縁起因門六義のうち、「釈相」(T45、502a2)からその最後の文章である「由有此等義門故。得毛孔容刹海事也。思之可解」(T45、503a16-17)の前までの註釈である。ところが、写本の最終の部分に当たる43丁目表の文「問有力通即入也」は問いかけであるが、それに続く43丁裏の文章「法界記并疏文明也」はその問いかけに対する答えではない。こうしたことから判断すると、『種子義私記』の現存写本は不完全なものであって、元のものから1丁以上の分量が抜けていると思われる。

(2) 引用文献について

『種子義私記』においては「私記」、「私記 義聖」という形で『義聖私記』が引かれ、「東南権大僧都私記」、「東南私記」という形で『観理私記』が引用されている。特に『義聖私記』の逸文においては、「上綱院」、「上綱」、「院」という形で義聖の師匠長朗の説が8回ほど引用されているが、従来、長朗の華厳学についてはその実体が知られていなかったため、『義聖私記』の逸文は薬師寺の華厳思想の形成を知る上で重要な意味を持つ。また、寿霊の『指事』も一回引かれている。『指事』についてはこれまで何度も述べたので、ここでは『義聖私記』と『観理私記』とについて簡略に述べる。

1) 義聖の『種子義私記』

義聖は権律師の僧職までのぼり929年に73歳で没した[2]。凝然の『花厳宗経論章疏目録』(日仏全1、254a-b)において『種子義私記』二巻、『所依身私記』一巻、『仏果義相義私記 合仏身開合章』一巻が記録されており、『五教章深意鈔』巻九(T73、60a)においては"仏果義私記云 薬師寺

義聖律師撰寛平三年記之"とあって、891年に『仏果義私記』を著したことが確認される。その他にも『時分義私記』が湛睿の『演義鈔纂釈』(T57、216a)において引用されている。

　義聖と、『義聖私記』において多く引用されている師匠長朗との関係については、凝然の『三国仏法伝通縁起』(日仏全101、117b)のうち薬師寺の華厳を述べるところにおいて詳細が述べられている。

　それによると、薬師寺華厳宗は慈訓の弟子、大威儀師正義から始まり、同じく慈訓の弟子であり薬師寺華厳宗に属した人として、他に明哲がいた。また、正義の弟子に長朗がいた。長朗は元法相学者であったが、正義の奏聞により朝廷から宣旨が出され華厳宗に移った。その長朗の弟子に義聖がおり、『五教章』の私記を多く著しているが、それらは師匠長朗の義を記録したものである[3]。それは『種子義私記』所引の『義聖私記』から確認される。

　ここで、『種子義私記』所引の『義聖私記』のうち、下の検討においては触れないにせよ、注目に値する内容を二点ほど紹介する。

　まず、日本の仏教において聖典の章立ての頭文字のみを組み合わせて教理を覚えやすく表した頌が「略頌」であることは既に述べたが、「義聖私記」に「頌」(26ウ)「私頌」(29オ)の名で『五教章』に関する「略頌」が二個所確認される。次に一乗の世界の中で、終教の説を理事無碍と理解し、華厳円教の説を事事無碍と理解していることである(22ウ)。これは日本華厳宗において、事事無碍説を出した初めての例である[4]。

2) 観理の『種子義私記』

　観理は875年に建立された東南院の四代目の院主である。東南院務次第(日仏全122、東大寺叢書　第二)によれば、大僧都観理は平氏で三論を学び密教を兼学した。彼は天暦6年(952)に維摩会の講席に座し、天徳4年(960)に権律師、康保2年(965)に少僧都、安和元年(968)に大僧都となり、天延2年(974)に没する。著述には『唯識章』十五巻、『四種相違義』三巻などが挙げられている[5]。このように彼の著述目録のうちに『種

子義私記』は入っていないが、湛睿の『五教章纂釈』中巻（日仏全 11）所引の「観理私記上」という表現から判断すれば、少なくとも上下二巻からなるものだったことが窺える。

付言すれば、『種子義私記』において寿霊の『指事』は1回のみ引用されており、所引の『義聖私記』の文においても1回のみ引用される。また、『義聖私記』においては引用を明記せずに『指事』の影響を受けている箇所が二三確認される。『義聖私記』においては師匠長朗と寿霊の思想的な相違を明言している個所も見られることから、『指事』は両系の華厳学を理解するために重要な書物であるということが分かる。以下、『種子義私記』所引の『義聖私記』と『観理私記』と『指事』とを通じて薬師寺・東大寺両寺の華厳学の相違について検討する。

二　縁起因門義における両寺華厳学の相違[6]

（1）　刹那滅をめぐって

1）　空義の解釈における相違

縁起因門六義の最初は刹那滅義であって、「空、有力、不待縁」と規定される。『五教章』によると、「最初［の「空、有力、不待縁」］は刹那滅義である。なぜならば、刹那滅によって［因の］無自性を表すので、［因は］空である。［因が］滅することによって果法が生ずることを得るので、［因は］有力である。そして因の滅は縁の力に依らないので、［因は］不待縁である」[7]と説明される。『種子義私記』はここにおいて『義聖私記』と『観理私記』とを引用するが、その中で『五教章』の「刹那滅によって［因の］無自性を表すので、［因は］空である」という文の「空」の意味をめぐって両『私記』の間に相違が見られる。

その文について、『義聖私記』は「これは有為法が刹那において生滅し無自性であるので空だということである（此有為法刹那生滅而無自性、故空云事也）」（3-オ）という。つまり、有為法において刹那滅の種子義が成

立するという立場を取っている。続いて次のような問答が交わされる。

> 問う。今、華厳宗の終教の考えにおいては「真如種子」をいう。ゆえに、真如無為法が刹那において生滅し無自性であることを空と名づけることが可能である。どうして有為法が刹那において生滅して無自性であることを空と名づけると言えるのか。
> 答える。[終教を含む]宗意の考えは[無為法である]真如種子を立てるにせよ、真如無為法と根本無明とが和合し、生死の有為法に変ずることを成しとげた時に、それによって[有為法である]諸法種子が刹那滅等の六義を具することを成就する。ゆえに、有為法が刹那において生滅し無自性であることを空と名づけるということ[が「空」の意味]である。
> （問。今、華厳宗終教意云、真如種子。所以真如無為法刹那生滅而無自性、可名空。何可云、有為法刹那生滅、而無自性名空耶。答。宗意、雖立真如種子、而真如無為法与根本無明和合、而成返生死有為法時、拠成諸法種子具刹那滅等六義。故有為法刹那生滅、而無自性名空云事也）（3-オ-ウ）

すなわち、華厳宗の終教の考えにおいては真如種子を言うので、それによって真如無為法という種子が刹那において生滅し無自性であることを空ということができるのに、なぜ有為法である種子が刹那において生滅し無自性であることを空というのかと問いかけている。しかし、義聖は終教の考えが無為法である真如種子を立てるにせよ、真如無為法と根本無明とが和合し有為法に変わった時に、それによって有為法である諸法種子が刹那滅などの六義を備えるのであって、あくまで有為法の種子が刹那において生滅し無自性であることを空というと答える。

問答の背景を理解するために『五教章』の立場を確認する。「真如種子」を言う華厳宗の終教の考えとは、『五教章』「所詮差別」の「第二種性義」のうち、終教の立場を述べる文「真如性の中において種性を立てる」[8]に基づくと思われる。種子と種性とが同意の異名であるという『瑜伽論』の規定から勘案すると、こうした推定に無理はないであろう[9]。種性は真如無為法であるという『五教章』の終教の立場に対しては、種性は有為

法であるという立場から反論が提出される。それに対して『五教章』は次のように答える。

> 答える。真如が縁に随い染と和合して本識を成就する時、彼の真如の中に本覚の無漏が有って内から衆生に熏習して返流の因となるので、種性があるとみることができる。(答。以真如隨縁与染和合成本識時、即彼真中有本覚無漏、内熏衆生、為返流因。得為有種性)(T45、487c)

この『五教章』の文から、
 a. 真如は縁に随い染と和合して本識を成就する。→和合識
 b. 和合識としての本識の中に、本覚の無漏がある。
 c. その無漏が内側から衆生に熏習する。→ 和合識の無漏が衆生に働く。
 d. その無漏は返流の因である。また種性となる。

ということが読み取れる。これで分かるように、和合識の中の真如が種性と関連する。よって和合以前の真如と和合以後の真如とは分離して考える必要が生じる。要するに、『私記』の表現のように真如種子といっても、隨縁した真如を真如種子と呼ぶ以上、単純に真如がそのまま種子であるとは理解されない[10]。

ところが、単純に真如がそのまま種子であると理解するのが東大寺系の華厳思想である。それは次の批判から分かる。

> 東大寺に先徳がおり、伝承によれば[以下のように]言った。今の[終教の]主張は真如無為法を立てて種子と名づけ、それが刹那滅等の六義を備えるのである。「空有力」を空という理由は、真如の無自性空だからであり、有為無自性の空だからではない。即ちこの義を正義とする。有為法が刹那において生滅し無自性であるから空と名づけるというのは不正義である。(東大寺有先徳、伝云。今宗立真如無為法名種子、備刹那滅等六義。所以空有力云空、真如之無自性空也、非有為無自性空。即此義為正義。有為法刹那生滅而無自性故名空者、不正義也)(3-ウ-4-オ)

義聖が伝える東大寺の先徳は、真如無為法が種子であって因の六義を備えるという立場を正義と主張した。そして義聖のような立場を不正義と明言した。

しかし、義聖はこれに対して「この東大寺の伝承は道理に反するので依拠しない(此伝違道理故、不可依用也)」と批判する。

ところで、東大寺の先徳と同じ説を主張し、義聖のような説を批判するのが『観理私記』である。それは次の問答から端的に分かる。

> 問う。「刹那滅によって［因の］無自性を表す」という時は、有為法が無自性である。どうして真如が無自性であって空であるのを空といえるのか。答える。今の［終教の］主張における考えによると、真如無為法を種子と名づける。これが刹那滅義を具するので、真如が無自性であって空であることを空というのである。(問云。刹那滅故無自性時、有為法無自性、何以真如無自性空云空。答。今宗意、真如無為法名種子。此具刹那滅義故、真如無自性空云空) (6-オ) <何は筆者>

この主張はまさしく義聖によって批判された東大寺先徳の説と同様の主張である。義聖は観理より40歳ほど年長であるので、義聖のいう東大寺先徳が観理ではないことは言うまでもない。また、東大寺の寿霊は真如より種性が成立するとはいうものの、真如がそのまま種子であるとは言わない[11]。現段階ではこれ以上の推定ができないので、義聖に批判されている東大寺先徳とは、寿霊以後の、義聖よりも年長の東大寺の僧侶であるというに留める。観理はその流れを汲んでいる人である。

ところが、東大寺系である観理の種子説を理解するために注意しなければならないことがある。湛睿の『演義鈔纂釈』巻二七所引の『観理私記』において以下のようにある。

> 問う。これは何の経文により真如が随縁して諸法の種子となるというのか。答える。経論の文は甚だ多い。とりあえず、経に「仏種は縁からおこる」

云々という。次に真如が隨縁して空と名づくことについていえば、『五教章』には「真如は空という意味である。○縁に隨うものだからである」というのである。(問。是依何経文、云真如隨縁為諸法種子。答経論文甚多。且経云。仏種従縁起[12]云云。次真如隨縁名空者。五教章云。真如是空義○隨縁故[13])(T57、272c)

すなわち、真如無為法は自性を守らず隨縁して有為法になるので無自性であり空であるという前提の上で、真如を種子というのである。このように、観理にとって種子とは単なる有為法ではない。また、有為法から切り離された真如無為法そのものが種子なのでもない。隨縁して有為法となることを前提とした真如無為法が種子なのである。観理はそうした立場から、「ある人が"有為法は刹那において生滅して無自性であるので空である"というのは、不正義である」(有人云、有為法刹那生滅而無自性云空者、即不正義)(6-ウ)と義聖のような説を批判している。

そもそも観理を含む東大寺の義は、義聖を含む薬師寺の義とは異なる流れを汲んでいると認識されていたようである。中性院聖憲の『五教章聴抄』には「縁起因門六義」を註釈する際に、「縁」に対する両寺の相違を「但待縁二義。東大寺義縁者三縁也、薬師寺義引生果云縁也」とまとめている。すでに空に対する東大寺と薬師寺の対立を検討したように、両寺の対立は日本の初期華厳宗において実在し、長く伝承されたと考えられる。

2) 阿頼耶識に対する相違

刹那滅に対する義聖と観理との根本的相違は、阿頼耶識に対する認識の相違として現われる。『義聖私記』は『楞伽経』巻十の「一切法不生、我説刹那義。初生即有滅。不為愚者説」[14]という文について「"初めの生において滅がある"とは、真如の不生不滅の生滅の中、生の中に滅があり、滅の中に生があるということである」(初生即有滅者、真如不生不滅之生滅、生中有滅々中有生云也)(4-ウ)と解釈する。すなわち、義聖に

よれば、"初めの生において滅がある"とは六義の中の刹那滅義を指すのであるが、それは真如の不生不滅の生滅であって、生の中に滅があり、滅の中に生があることである。義聖は、それが不生不滅の真如の生滅であることが分かる経証として、『探玄記』四巻の「『楞伽経』によれば生と滅とは同刹那であり、それゆえに不生不滅の生滅である」(T35、178b)の文を出している。そしてその意味について次のようにいう。

> [終教の]主張における考えによれば、真如は無明という縁に隨い、生滅の阿羅耶識に変ずることを成就する。ゆえに生と滅とは無自性であるので、生があったと思えば滅し、滅があったと思えば生ずるのを、生滅同念という。同念というのは、同時を言う。
> （宗意。真如隨無明縁、成返生滅阿羅耶識。故生与滅無自性故、乍有生滅、乍有滅生云而生滅同念。言同念者、同時言也）(4-ウ)

終教の主張における考えによれば、真如が無明の縁に隨って生滅の阿頼耶識に変わり、ゆえに生と滅とは無自性となるのである。このように一切法を有為法である生滅の阿頼耶識の働きによって生滅するものとみるのは法相宗の立場である。義聖の阿頼耶識に対するこうした理解は、彼の師匠長朗がもともと法相宗の人だったことによるものと考えられる。

しかし、観理は同じ典籍を用いながらも立場を異にする。『種子義私記』所引の『観理私記』は『探玄記』の「『楞伽経』によれば生と滅とは同刹那であり」という文について、「答える。この経は終教已上の主張に依拠して、不生不滅と生滅とが和合したものを阿頼耶識と名づける。だから生と滅とは同刹那だというのである（答。此経、依終教已上宗。不生不滅与生滅和合名阿頼耶。故云生滅同念）」(7-オ・ウ)と主張するが、これは『探玄記』の「約終教」による解釈の引用である。ちなみに阿頼耶識を生滅するものとみる義聖の考えは『探玄記』の「約始教」による解釈に基づく[15]。

つまり、同じ文章を読みながらも、義聖が「生滅阿羅耶識」を有為法である種子において六義が成立する根拠と考えるのに対し、観理は不生

不滅与生滅和合の阿頼耶識こそが真如無為法という種子における六義を可能にするとみている。また、観理は義聖の考えを始教に基づく解釈と見ていたと考えられる。こうした阿頼耶識に対する義聖と観理との認識の相違は、種子の六義のうち刹那滅義をめぐる彼らの認識の相違とつながると考えられる。

(2) 倶有をめぐって

倶有義は『五教章』において「空、有力、待縁」と規定される。『五教章』によると、「これは[因が何かと]倶（一緒）であるからこそ[因が]有たりうる（存在できる）という意味である。倶であるというのは不有（[因が単独では]存在できないこと）を顕す。これは因の体が空であることを意味する。しかし、[因は何かと]倶であることによって、有[である果を]成立させることが可能である。これは因が有力（果を成立する力を有するもの）であることを意味する。また、[因は何かと]倶（一緒）であるから孤（孤独）ではない。これが待縁である」[16]と説明される。以上は『五教章』の原文に沿って読んでみたものである。『成唯識論』巻二によると、「二は果倶有である。すなわち、所生の現行の果法と倶に現在において和合するので、ようやく種子を成立させるのである」[17]という。これは種子と所生の果法（現行）の同時因果を意味する。法蔵はそれを知っていながらも、『成唯識論』の「果倶有」ではなく『摂大乗論』の「倶有」を用いるが、これが後にこの個所が多岐に解釈される要因となるのである。

東大寺・薬師寺の両系は倶有の解釈をめぐって相違する。まず、『義聖私記』に引かれる長朗の説に注目したい。

> 上綱院は"果倶有の中の待縁は狭い。果を取って縁とするからである。待衆縁の中の待縁は広い。それは一切縁である。引自果の中の待縁もまた果を取って縁とする。恒随転の中の待縁は所依の第八識である"という。（上綱院云．果倶有中之待縁是狭、取果為縁故。待衆縁中之待縁広。一切縁也。引自果中之待縁、亦是取果為縁也。恒随転中之待縁、是所依第八識也）（11-

ウ‐12‐オ）

　以上のように長朗は六義のうち「待縁」となる四つの義について、果倶有と引自果とは「果を取って縁とする」という。こうした長朗の考えは、果倶有の内容である「空、有力、待縁」を説明するところからも窺われる。長朗は「空、有力、待縁」について、それぞれを他依義、能生義、依縁義を用いて説明する[18]。そしてその待縁について「所生果即為待縁」（9‐ウ）と述べ、因の所生の果を因の[所]待の縁と見ている。そうなると、因と果とが倶であるということは、因と縁とが倶であるいうようにも理解されるので、縁倶有という言い方もできる。結局は果倶有という表現を用いながら、果倶有と引自果の場合は縁倶有を認めることになる[19]。そうしながら、これに反する説を強く非難する。

　　有る人が、果倶有の中の待縁と引自果の中の待縁は果を除いて残りの縁を
　　取るというのは、『五教章』の文に順じないのでそれに依拠することはでき
　　ない。（有人、果倶有中之待縁、引自果中之待縁、除果而取余縁為者、不順
　　五教文不可依用之）（12‐オ）

　ここで「果を除いて残りの縁を取る」とは、三縁を取るという意味である。なお、観理は「因与果倶故待縁」（13‐オ）というのみであり、縁の倶有をほのめかす表現は見当たらない。
　こうした倶有に対する義聖と観理との考え方の相違は、聖憲『五教章聴抄』に「待縁には二つの意見がある。東大寺の意見は、縁を三縁とし、薬師寺の意見は引生の果を縁と云う」（日仏全12、459a）と集約されている通りである。
　ところで、寿霊は次のように縁倶有の発想を批判している。

　　第二は倶有義である」というのは、有る人は"因と縁とが倶であるから
　　倶有義と名づける"という。しかし、この説は認められない。『摂論』等に
　　反するからである。今わたしは、果倶有という意味であって、縁倶有では
　　ないと言いたい。（言二是倶有義者、有云、因与縁倶故、名倶有義。此説不

爾。以違摂論等故。今云、果倶有義、非縁倶有）（T72、235b）

以上のように、寿霊は倶有義について因と縁とが倶であると理解するのは『摂論』等に相違すると指摘した上で、縁倶有の意を取る人を批判する。さらに寿霊は次のようにいう。

> もしこの句は因と縁が和合して果が生ずるという句なので縁倶有であると言うならば、［六義のうちの］引自果義も因と縁が和合して果が生ずるという句なので倶有となってしまう。しかし、引自果義が既にそういう［因と縁が和合して果が生ずるという］ものではないのに、倶有義がどうしてそういう［因と縁が和合して果が生ずるという］ものになろうか。
> （若此句者、因縁和合生果句故、為縁倶有者。亦可説言、引自果義、亦因縁合生果句故、為倶有也。彼既不爾、此何爾耶）（T72、235b）

以上のように、寿霊の批判対象は『五教章』の中でいう倶有と引自果の意味を縁倶有とみるグループである。それはまさに長朗の説に似ている。ただし、長朗は果倶有のあり方を説明するに留まって、それを縁倶有とまでは命名しない。

寿霊に批判されている説と関連して、新羅の義相学派の華厳教理が注目に値する。寿霊の三乗極果廻心説が新羅の義相学派の教学に対する批判である可能性については、石井公成氏により論じられた[20]。ところで、「縁倶有」の主張は、均如（923-973）の『教分記円通鈔』巻七によると義相学派華厳の伝統的な説のようである。

> 問う。倶有とはどんな意味か。答える。もし初教にしたがって言えば、果と倶であるから倶有である。もし終教にしたがって言えば、二義がある。すなわち、縁倶有と果倶有である。（問。倶有者、是何義耶。答。若約初教、与果倶故、是倶有也。若約終教、有二義。謂縁倶有与果倶有）（韓仏全 4、427c）

このように終教の立場からは縁倶有と果倶有との両方がいえるという。均如は続いてそれぞれの意味について次のようにいう。

> 真如という因が具える六義ならば、縁倶有である。生滅を伴う[有為]法の中に具わる六義は果倶有である。果倶有は現行と種子とが相生し、種子と現行とが相生して互に因果となる義である。縁倶有とは、真如が無明の縁の熏習により業相の一念を生ずる時には、種子と現行とがないので、ただ真如という因と無明という縁とのみとが倶であるから、これは縁倶有である。したがってこの『五教章』の文は縁倶有である。
> （真因所具六義、則縁倶有也。共生共滅法中所具六義、果倶有也。果倶有者、現種相生、種現相生互為因果之義也。縁倶有者、真如由無明縁熏、生業相一念之時、無種子現行故、唯真因与無明縁倶故、是縁倶有也。然此章文是縁倶有也）（韓仏全4、427c）

すなわち、終教の中でも果倶有は生滅の有為法における、いわゆる種子生現行と現行生種子との関係を意味する。一方、縁倶有は、真如という因が無明の縁によって熏習され業相の一念が生ずる時における真如と無明との関係を意味する。元暁や法蔵の起信論註釈によると、この段階はまだ主客が分離される以前である[21]。よって種子の現行が起こることはない。均如は「此章文、是縁倶有也」と言い『五教章』の倶有義を縁倶有と見ている。また、均如はこの説を「古説」として引用することもあるので、新羅の義相学派華厳宗の伝統説と認めてよい[22]。

このように義相学派の華厳宗の倶有義は、寿霊に批判されている説に似ている。ところが義相学派華厳宗において倶有と引自果を共に縁倶有とみるような議論は見当たらない。よって、寿霊と義聖によって批判されているグループは、新羅の義相学派華厳宗の解釈によって影響された日本華厳家の説とみることが妥当であると考えられる。このように分析してみると、新羅の義相学派の華厳宗から端を発し、日本華厳宗によって唱えられた、果倶有を縁倶有と捉える説は東大寺系から批判されたことが分かる。

この場合、少なくとも寿霊の批判対象は、義相学派の説に似ている長朗よりも、さらに前の人であり、薬師寺の正義か明哲である可能性が高い[23]。そして彼等の説を受け継いだのが長朗であるとみてよいと思われる。

なお、縁倶有のような発想は湛睿の『五教章中巻纂釈』巻三において引用される宋朝四大家の一人、笑菴観復（-1144-1152-）の『五教章折薪記』においても次のように見られる。この『五教章析薪記』は完本としては現存しないが、師会の『華厳一乗分斉章焚薪』や、凝然の『通路記』、湛睿の『五教章纂釈』などにおいて引用されている[24]。

> 問う。今待縁というのは、増上等の三縁なのか、所生の果法なのか。答える。一義にいう。『折薪』にいう。（中略）今は果が因のおかげで生ずることにもとづくので、因が有力であるという意味である。[因は]既に果と倶（一緒）なので、孤（孤独）に有るのではない。これは果を待つことを縁[を待つこと]とするのである。〇果が縁である。
>
> （問。今云待縁者、為是増上等三縁、為是所生果法。答。一義云。折薪云。（中略）今約果仮因生、「因有力義」也。既与果倶、不是孤有。是待果為縁。〇果即是縁也。）（日仏全11、358a）

このように果を縁とみる観復の説は、高麗から入った新羅義相学派の伝統説の影響によるものと考えられる。それは宋代において義天（1055-1101）によって『五教章』の異本や新羅の『五教章』註釈が伝えられ、『五教章』の異本がいわゆる宋本の形成に関与したことや、『五教章』註釈が『海東記』としてしばしば引用されるようになったことによって推測できる。よってこの記事は、寿霊の時代に批判された縁倶有説が新羅の義相学派から始まった説であることを補う資料であると見てよい。

以上のように新羅の義相学派の説は、東大寺系の華厳宗によって批判されたものの、薬師寺系の華厳宗に影響を及ぼしたと考えられる。よって寿霊に批判された説は薬師寺系の説に近い。

(3) 引自果をめぐって

引自果は『五教章』において「有、有力、待縁」と規定される。『五教章』によると、「現在の自果を引くので、因は有力である。縁を待ってはじめて[因の]果を生ずるにせよ、縁の果を生ずるのではない。これが因の有力という意味である。即ち、これによって、待縁という意味が成立する」[25]と説明され、ここでも待縁をめぐって議論がなされる。まず次の文に注目したい。

> 東大寺は伝承していう。引自果とは、因は縁を待って果を生じるにせよ、因自らの果を生ずるのであって、縁の果を生じるのではないということである。「即由此故、是待縁義」とは、引自果の因が自らの果を生ずる時に、必ず縁を待って生ずることをいうのである。この義は長朗の伝とは異なる。
> （東大寺伝云。引自果。因雖待縁生果。生因自果、不生縁果言也。言「即由此故是待縁義」者。引自果、因生自果、必待縁而生言也。此義与上綱伝異也）（17-オ）

これによると、引自果に対する長朗の解釈は、果倶有を論ずる時にみたように「果を取って縁となす」という解釈なので、「因自らの果を生ずる」という東大寺の伝統的解釈とは異なることになる。

この段において引用されている『義聖私記』は、

> 果がない時なら因もない。このゆえに所引の果が縁である。即ちこの果としての縁を待つので[因は]待縁である。（若無果時即無因。是故所引果即是縁。即由待此果縁故是待縁也）（16-ウ）

といっているので、義聖も長朗の説と同様であることが分かる。なお、引自果に対する寿霊の理解は次の文を通じて分かる。

たとえば引自果義は、[因が]縁に属していないとはいえ、自らの果を引くのに必ず縁を待つので、待縁という意味をもつ。
（如引自果義、雖不属縁、而引自果、必待縁故、有待縁義）（T 72、235b）

このように、寿霊は引自果は必ず縁を待つが、果が縁に属するものではないといっている。これによって、倶有と引自果に関する寿霊の解釈が平安時代の観理にまで受け継がれていることが分かる。また、倶有義の検討においてすでに述べたように、湛睿は縁倶有に対する観復の解釈を一義として出したが、その次においては寿霊の『指事』における果倶有の解釈を一義として出している。そしてその寿霊の説に対して「今、寿霊の釈をみると、立義と引証が共によく成立している。学者は何にもっとも依拠すべきであろうか。（今見此釈。立義引証共能成立。学者尤可依用歟）」といい、結局は観復の立場を否定し、寿霊の立場を正しいと見ている。これによって倶有と引自果に関する寿霊の解釈が東大寺の伝承の礎となったことが分かる。

(4) 恒随転をめぐって

恒随転は『五教章』において「有、無力、待縁」と規定される。『五教章』によると、「[因は]他に隨うので、[因を]無とすることはできない。[因は]縁に背くことができないので[因には]力用がない。これゆえに[因は]待縁である」[26]と説明される。『種子義私記』においては『観理私記』しか引用されていないが、そこには異説が見られる。また、他の書物における引用から薬師寺系の考え方が窺えるので、それらの資料を補い両寺の相違を考察する。

『観理私記』は「[因は]他に隨うので、[因を]無とすることはできない」という文の「他」について、①所依である第八識、②現行、③増上等他縁という三つの解釈を紹介し、①を正義とする。観理は、もし②と③とであるならば種子が果を生じなかった場合に種子は恒随転でなくなってしまうと批判する。そして①について次のように述べる。

問う。所依である第八識に隨って転ずるゆえに恒隨転であるというのはどういう意味であるか。
答える。現行と、増上縁である種子とは、[因である種子が]果[である現行]を生ずる時においては有るが、[因である種子が]果[である現行]を生じない時においては無い。ゆえに恒隨転ではない。所依である第八識を使って、能依である種子は果[である現行]を生ずるし、果[である現行]を生じないならば[種子生種子として自類]相続する。ゆえに所依である第八識に隨うから恒に転ずるというのである。

（問。隨所依第八識転故、云恒隨転者何。答。現行与増上縁種子、生果時有、不生果時無。所以非恒隨転。所以所依第八識、能依種子生果、不生果者相続。故隨<u>所以</u>第八識故云恒転言也）（18-オ）※下線の「所以」は「所依」の誤りであろう。

このように、観理は能依である種子が果を生ずるか生じないかにかかわらず、いつも所依である第八識に隨っていることを恒隨転と見なす。なお、観理が第八識を正義とみていることは、『五教章纂釈』巻中三所引の以下の『観理私記』からも確認できる。

恒隨転についていうと、果倶有恒隨転と自類相生恒隨転とがある。〇今、『五教章』の文をみると、この二つの恒隨転については説いていない。もし『経』や『論』の文に基づくならば、果倶有恒隨転という意見は『摂大乗論』の説であり、自類相生恒隨転という意見は『成唯識論』の文の説である。これらを勘えるべきである。

（約恒隨転云。有果倶有恒隨転、自類相生恒隨転。〇今章文見、無説此二恒隨転。若就経論文。果倶有恒隨転義、摂論説。自類相生恒隨転義、唯識論文説。可勘之）（日仏全11、360a）

これは恒隨転について、果倶有恒隨転と自類相生恒隨転との二つを考えるものである。果倶有恒隨転とは果倶有のように種子が現行に隨うことをいい、自類相生恒隨転とは種子生種子のように種子が種子に隨うこ

とをいうが、ここで「今、『五教章』の文をみると、この二つの恒随転については説いていない」とあるのは、観理がこれらの二つの説を受け入れなかったことを示唆している。次の引用文において見られるように、観理は、恒随転は阿頼耶識に随って転ずることに他ならないと主張する。

生滅であり不生滅であり非一であり非異である阿頼耶識という場所において、善と不善との果を生ずることが可能な功能差別があるのである。この功能に関して、阿頼耶識は所依であり、功能は能依であると言うことができる。その意味は、阿頼耶識の功能差別が即ちその阿頼耶識に随って転ずることになるのを「種子が恒に随転する」というのである。
（生滅不生滅非一非異阿頼耶識処、有可生善不善果功能差別。望此功能、得阿頼耶識云所依、功能云能依。意、阿頼耶識功能差別、即還随其阿頼耶識、当転。是云種子恒随転言也）（日仏全11、362a）

これは、恒随転における阿頼耶識と種子との関係を問う質問に対する答えである。答えによると、功能差別である種子が所依の阿頼耶識に随って転じることが恒随転であると見なされている。六義を有する種子は必ず阿頼耶識に依拠することが法相宗においても認められているが、観理はそれこそが恒随転の意味であると考えたようである。果倶有恒随転は種子が未だ現行しない場合にはありえないので、果倶有恒随転こそが恒随転の意味であると考えることはできないし、自類相生恒随転は種子が現行する場合にはありえないので、自類相生恒随転こそが恒随転の意味であると考えることもできない。種子が未だ現行しない場合にも、種子が現行する場合にも、種子は阿頼耶識に依拠しているから、阿頼耶識に随うことこそが恒随転の意味であると考えることができる[27]。このように、『五教章纂釈』所引の『観理私記』と『種子義私記』所引の『観理私記』とは恒随転を所依の第八識（阿頼耶識）に随うことと見なす点で一致することが分かる。

一方、すでに引用したように、『種子義私記』の倶有に関連する個所において引用される『義聖私記』においては、「上綱院云（中略）恒随転中

之待縁是所依第八識也」(12-オ)とあって、長朗は恒随転の[所]待の縁を「所依の第八識」とみている。義聖も次のように長朗を継承している。

> 問う。どうして縁を待って果を生ずるのか。
> 答える。前刹那の種子が所依である第八識に随って後刹那の自類の果を生ずる。ゆえに[『五教章』は]「不自生」(「[因は]自分からは[果を]生じない」)という。
> 問う。そうすれば、その意味は何であるのか。
> 答える。種子にとって第八識が無いならば、[種子は]どこに摂された上で自類の果を生ずるのか。第八識に摂されるからこそ自類の果が生ずるのである。自ら自らの因に従い自類の果を生ずるのでなく、第八識という縁を待って果を生ずるのを見るので、[『五教章』は]「不自生」という。
>
> (問。何待縁生果。答。前念種子随所依第八而生後念自類果。故云「不自生」。問。爾云意何。 答。種子無第八、誰所摂生自類果。既第八所摂以生自類果。見非自従自因生自類果故、待第八縁生果故云不自生也)(28-オ・ウ)

これによると、義聖は恒随転の[増上]縁を第八識と見ている。しかし、義聖は種子が第八識に随うことが恒随転であると言っているわけではない。『五教章聴抄』巻中上(日仏全12、462a)において紹介されている義聖の説は「随転」について①本識に随順する、②現行に随順する、③自類相生果に随順する、という三説を出している。そして、『五教章聴抄』は「義聖ノ義ニハ、不生現行ノ間ニハ本識ニ随転ニシ、現行生シテ後ニハ現行ト随順ス、云々」と述べる。これによると、義聖は①と②とを「随転」の義と理解しているので、種子が未だ現行を生じない場合には阿頼耶識に随い、現行を生ずる場合には現行に随うことを恒随転と見なしていたことが分かる。凝然『通路記』巻二十四においても同様の義聖の説が記述されている。

『指事』において挙げられた「増上等の縁に随う」という意見と隆光師等の「前刹那の種子に随う」という意見とについては、薬師寺の長朗上綱と義聖律師とがそれを批評して、『摂論』と『測疏』の文とに異なると言って

いる。(指事所挙、随増上等縁義。隆光師等、随前念種子義。薬師寺長朗上綱、並義聖律師評之。即言違摂論、測疏文也) (T72、481b)

これによると、『指事』の取り上げた「増上等の縁に随う」という説と、薬師寺法相宗の隆光[28]（？-890）の「前念の種子に随う」という説とが、長朗と義聖により『摂大乗論』と『円測疏』の文に背くものとして批判されたという。

ここで「指事所挙。随増上等縁義」とは寿霊によって批判された次の説である。

> 有る人が「[因は]増上縁などの他縁に随うから、因がないとすることはできない。すなわち、[因は]かの縁に背くことができないから、[因には]力用がない」という。しかし、この解釈もまたそうではない。もし増上縁などの他縁に随うから「随他」と名づけるというならば、彼の縁は恒に有るのではない。どうして恒に随転して究竟位に至ることができようか。(有云。由随増上等他縁故不可無也。即不能違彼縁故無力用。此解亦不爾。若随増上等他縁故名随他者。彼縁非恒有。如何恒随転至究竟位耶) (T72、235b)

寿霊によって批判されている説は、観理によって紹介された、「他」を増上等の他縁とみる説と同様である。寿霊は増上縁などは恒に有るのではないので、恒随転の対象としてふさわしくないという理由を提示して、この説を批判している。先に見たように、この説は義聖によって言及されていなかったので、義聖もこの説を取らないことが分かる。

次に隆光師等の説であるが、それは上に引用した凝然の『通路記』の文章の手前にある次のような文から理解できる。

> 隆光律師と増真大徳は共に「後刹那の種子が前刹那の種子に随い転起するので、恒随転という」という。(隆光律師及増真大徳並云。後念種子随前念種而転起。故言恒随転) (T72、81b)

これによると、隆光と増真（未詳）とは後利那の種子が前利那の種子に随うので恒随転だといっている。この説は『成唯識論』の説である[29]。先に見たように、これも義聖によって認められない説であった。法相宗の説と義聖の説との相違は、法相宗が前利那の種子に随い後利那の種子が生ずることを恒随転と見なすのに対し、義聖が第八識により後念の自類果が生じることを恒随転と見なすところにある。このように、長朗と義聖とは『指事』所挙の説と法相宗の説とを、それぞれ『摂大乗論』と『円測疏』との文に反するものとして批判したようである。

これと関連して次のような寿霊の『指事』の説が注目される。

> 今、解していう。種子は必ず恒に果に随って転ずるからであり、果を生じない場合には、種子は恒に所依の本識に随って転ずるからである。
> （今解云。種子必恒随果転故。若不生果、種子者恒随所依本識転故）（T72、235a-b）

この寿霊の説は先の『五教章聴抄』において紹介された義聖の説とまったく同様である。寿霊は自分の釈が廓法師と円測師によるとしている。そしてそれぞれの説を取り、果である現行に随うことが恒随転であるが、果を生じない場合には種子は本識に随うと言っている[30]。寿霊のこの理証が後の長朗と義聖に影響を与えたと考えられる。ところで、湛睿は所依の第八識に随うのが恒随転であるという説に対し、次のような疑問を抱いている。

> 有る人がいう。恒随転とは種子自類の恒随転である。すなわち、前の種子が滅して後の種子が生じ、前の種子がよく後の種子を引いて、長期にわたって相続し、後の種子は前の種子に随って転ずるという意味である。但し、先徳の釈の中には、「所生果に随って転じ、また、本識に随って転ずる」というが、本識は種子の自類[相生]恒随転の所依である。本識に随って転ずることなどを恒随転というのではない。
> （有人云。恒随転者、種子自類恒随転也。謂前滅後生、前能引後、長時相

続、後随前転之義也。但先徳釈中、随転所生果、又随転本識者。此種子自類恒随転之所依。非謂随転本識等、是云恒随転。以上）（日仏全11、362a）

これによると湛睿は「有る人」が考える種子説を認め、恒随転を「種子自類恒随転」と見ている。恒随転とは種子生現行、種子熏現行、種子自類相生をいうのだと、凝然は理解する[31]。湛睿もその意味合いで恒随転を理解していたと思われる。しかし、本識をめぐる湛睿と凝然との考え方は異なる。要するに凝然は、「随他」の「他」を本識とみて、それを別依とする[32]。しかるに、湛睿は本識によって転ずるという考え方そのものを否定している。

以上のように恒随転については、東大寺の華厳系においてすら意見がまとまらないといえる。また、隆光と義聖との考えの違いからも分かるように、薬師寺において法相宗と華厳宗との間に種子説をめぐって論争があったようにも見て取れる。その中で長朗と義聖とが寿霊の影響を受けて、同寺の法相宗の人と教理的に対立したとも考えられる。

(5) 縁対因における六義の具不具をめぐって

『五教章』において法蔵は、縁が因に対する時にも六義があるかどうかを問い、それに対して「答える。これには二つの意見がある。①増上縁は自らの増上果に対して六義を有することができる。［増上縁も］親因に含められるからである。②その他の果に対しては疎縁となるので六義を具えない。親因が他に対する場合も同じである」(T45、502b)と答える。『義聖私記』は①と②とをそれぞれ初めの意見と後の意見とし、その意味について次のようにいう。

初めの意見の意味は、増上縁が六義を具えることができるということである。［増上縁も］親因に含められるからそう言うのである。後の意見の意味は、増上縁が六義を具えないということである。他果に対しては疎縁となり、親因とならないことを言うのである。

（初義意、増上縁得具六義、以還親因摂故云也。後義意、増上縁不具六義、望他果成疎縁、不成親因云也）（19-オ-ウ）

　すなわち、義聖は増上縁に関わる六義の具と不具との二義を法蔵が提示していると見て取った。こうした論調が長文にわたって綴られている。
　しかし、寿霊は『指事』の中でこれに似ている「有人」の解釈をかなり激しい論調で批判する。寿霊の批判の対象となる「有る人」の主張は次のようである。

　有る人はいう。答えの中の二つの意見は、第一は増上縁が自の増上果に対すること、第二は増上縁が他の果に対することである。今、[寿霊が]考えるに、この答えの文は、唯だ因が果に対して六義を有し得ることを顕すのみであって、前の縁が因に対してまた六義を有するかどうかの問いについては答えていない。「増上縁は自らの増上果に対して六義を有することができる。[増上縁も]親因に含められるからである」とは、前の増上縁は親因であるので、ゆえに正因が自果に対して[六義を有することができる]のだと分かる。縁が因に対する際に六義を有するということを顕すのではない。後の「他の果に対して」等もまた準じて知るべきである。（有云。答中二義者。一増上縁。望自増上果。二増上縁。望他果。今案、此答文、唯顕因望果得有六義。不答前縁対因亦有六義不之問。言増上縁望自増上果得有六義以還是親因摂故者。前増上縁。即是親因。故知。正因望於自果。不縁対因。顕有六義。後望他果等。亦可准知）（T72、236b）

　この主張の核心は、『五教章』においては「縁が因に対してまた六義を有するかどうか」についての答えがない、ということである。二つの答えは共に因と縁とが互いに対して六義を具えるかどうかを顕していると、「有る人」は見ているからである。
　寿霊は「有る人」に対して、「この解釈は間違いである。『五教章』作者の問答の意味を知らないので、誤って前の問いの答えが成り立たないという」[33]と批判する。そして、「有る人」に対する詰問を通じて『五教章』

の文に「縁が因を望んで六義を具する」の趣旨があると主張し、

> どうしてこの意味に迷って、わざわざ愚かな心情を顕し、後の学徒を狂わせ、出世の眼を亡くすのか。
> （何迷此義、敢顕愚情、狂後学徒、亡出世眼）（T72、236b）

と、もう一回激しい論調で批判する。なお、寿霊は『五教章』のこの問答の根本趣旨を「因と縁とが互いに因と縁とになって相由する甚深なる縁起の道理を明らかにしたいと望むからである（欲明因縁互為因縁相由甚深縁起道理故也）」（T72、236b）と理解している。

法蔵の問答に対して二つに分けて述べるところは『義聖私記』の文とまったく同様である。よって寿霊が薬師寺系の華厳を批判していることが読み取れる。

なお、長朗も同様の考えをもっていたことが、『義聖私記』における同体・異体を論じる個所から分かる。そこにおいては長朗の文章が長く引用されているが、義聖は最後に「この義は『指事』のいうところと同様ではない。これは長朗自らの趣旨である」（43-オ）と寿霊の『指事』と長朗との意見が異なると明言している。その中で、長朗は次のように言っている。

> 答える。増上縁が自らの増上果に対してむしろ親因に入るゆえに、前の親因をむしろ所待の縁とする。このゆえに、唯だ因有力不待縁の義があるのみであって、縁有力不待因の義はない。
> （答。増上縁望自増上果。以還是親因摂故。即前親因還為所待縁。是故唯有因有力不待縁義。無縁有力不待因義也）（43-オ）

これは、増上縁が自らの増上果に対して親因であると同時に、その同じ親因が同じ増上果に対して増上縁でもある、という意味である。つまり、同じ増上果に対して、親因として六義を有すると同時に、増上縁として六義を有しないことになる。ゆえに長朗は、増上縁が自らの増上果

に対して親因である場合には、その親因は他の増上縁の力がなくとも果を生じうるので「有力、不待縁」という内容を有するが、増上縁が自らの増上果に対して増上縁である場合には、その増上縁は他の親因の力がなければ増上果を生じえないので「有力、不待因」という内容を有しないと結論する。

　以上のような、縁に六義が備わらないという考えが、寿霊に批判されていることは先にみた通りである。ここで改めてまとめて、長朗の華厳思想の位置づけを考えたい。

三　長朗の華厳思想

(1)　義聖『私記』における長朗の引用形式

　義聖の『種子義私記』の逸文においては、「院云」（5回：9-オ、9-ウ、10-オ、14-ウ、16-ウ：翻刻文、拙稿［2005］による）、「上綱院云」（2回：2-オ、11-ウ）、「上綱伝」（2回：10-オ、17-ウ）、「上綱云」（1回：14-オ）、「上綱自義」（1回：43-オ）、「上綱義」（1回：12-オ）、「上綱問云」（1回：42-ウ）、「師伝云」（1回：5-オ）という表記による他者への言及が確認され、合計14回の引用あるいは名称が見られる。

　以上の報告からみるかぎり、長朗という名は一回も出ないが、凝然の『五教章通路記』「因門六義釈」においては「薬師寺長朗上綱並義聖律師評之」（T72、481b）という文書が出ており、義聖の長朗に対する呼称「上綱」と一致する。また、「師伝云」とあるのも、義聖の師である長朗の言葉を指すと考えてよいであろう。

(2) 長朗の華厳思想

1) 因門六義の釈相に対する解釈

　長朗の因門六義の釈相に対する解釈は独自の知見によるものである。それを以下の図 17 のようにまとめた。

図 17　因門六義の釈相に対する解釈

『五教章』	長朗の解釈図式	
刹那滅：空、有力、不待縁	一. 不住義　　（空） 二. 生果義　　（有力） 三. 不依縁義　（不待縁）	(2-オ)
倶有：空、有力、待縁	一. 他依義　　（空） 二. 能生義　　（有力） 三. 依縁義　　（待縁）	(9-オ)
待衆縁：空、無力、待縁	一. 無自性義　（空） 二. 自不生義　（無力） 三. 縁依義　　（待縁）	(14-オ)
性決定：有、有力、不待縁	一. 不改義　　（有） 二. 生果義　　（有力） 三. 不依縁義　（不待縁）	(14-ウ)
引自果：有、有力、待縁	一. 能引義　　（有） 二. 簡他義　　（有力） 三.　　　　　（待縁）	(16-ウ)
恒随転：有、無力、待縁	見当たらない	

　釈相は以上のようである。刹那滅の釈相は、刹那滅を現在時とみて、その現在を三つに分類し、それぞれに『五教章』の因門六義の釈相に当てはめたものである。また、刹那滅と性決定をみると、三義が空、有の解釈を除いて一緒であることが分かる。これは『五教章』因門六義に関する「就用四句」に合わせたセットの図式である[34]。＜図 17＞のように、長朗は他の因門についてもその意味について簡潔に説明し、相互の意味を比較する。これによって、長朗が『五教章』因門六義の釈相について独自の理解を持ち、それがそのまま義聖に受け継がれたといえる。なお、

義聖は長朗の「刹那滅」の三義を表して、この三義は長朗が独自的に考案したと割注で評価している[35]。

2) 倶有義の'待縁'をめぐって

六義の二番目に説明される「倶有義」に対する解釈は長朗の思想の性格を探る上で重要である。特に「対縁」の「縁」をめぐって東大寺と薬師寺の解釈が分かれている。

『五教章』の因門六義の中で、因が有力である場合、<図18>から確認されるように、そこにはさらに待縁（縁を待つ場合）と不待縁（縁を待たない場合）との組み合わせがある。そのうち、因が有力であるにもかかわらず縁を待つのは、果倶有と引自果とである。引自果義においては、「縁を待って［果が］まさに生じるが、しかし縁の果を生じない」（T45、502a）というように、待縁の理由が平易に理解できる範囲内で説明されている。しかし、すでに述べたように、それらに比べると、倶有義において、「［因は何かと］倶（一緒）であるから孤（孤独）でない。これが待縁である」とあるのは分かりにくく、倶有義という名称も『成唯識論』の「果倶有」ではなく、『摂論』の「倶有」を用いているので、法蔵の本意について異見が生じても不思議でない。

長朗は倶有の義における「縁」について「所生の果が［所］待の縁となる」（9-ウ）と明言している。そしてその理由に対して次のように言う。

> もし果がないならば、因もまたありえない。すでに果が生じているので、その［果の］因があるはずだから、それゆえ、［果は］生じられたものであり、かつ、縁でもある。（若無果者、因亦不有。既由生果、有彼因故。是故所生而亦即是縁也）（9-ウ）

このように、長朗はすでに果が生じているからこそ因もあるのであって、それゆえ因が生じた果がそのまま縁であるという。果がなければ因はないのであって、つまり、果があることは因にとって条件だから、果は因にとって縁（条件）である、という理屈だろう。すなわち因が生じ

た果は果であると同時に因にとって縁でもあることになる。これについて『五教章』の中で、因事の外に三縁を待縁とするという文章をもって、長朗の主張に疑問を呈する。要するに待縁という以上、『五教章』に従って増上縁などの三縁とみるべきという意味である。しかし長朗はこれについて、果も因事の外に属するから果が縁となっても差し支えないと答える[36]。さらに長朗はすでに述べたように因門六義において果倶有の待縁と、それとセットとなる引自果の待縁とは「果を取って縁とする」点で同様であるという。こうした長朗の考えは義聖に受け継がれる[37]。

ところで、長朗の考えとほぼ同様の発想が宋代の観復の『五教章折薪記』から確認されることについてはすでにのべたが、それは審乗の『五教章問答抄』において初めて引用される。その中に次のようにある。

　○[因は]既に果と倶（一緒）なので、孤（孤独）に有るのではない。これは果を待つことを縁[を待つこと]とするのである。今は果と因が倶に生じることに対しているので、果が縁である。
　（○既与果倶、不是孤有。是待果為縁也。今約望果与因倶生故。果即是縁也）（T72、654b）

この観復の解釈は、下線のところを見る限り長朗の考えと一致していることが分かる。こうして長朗の解釈は200年余の時を経て、遠い中国で生まれ変わる。これは偶然の一致なのか。あるいは日本の『五教章』に関する『私記』などが中国に入っていたのか。

審乗は続いて観復の説に似ている有人の説を批判する『指事』を引用する。審乗の本来の意図は「会して云う」というように会通にあったが、結果的に会通ではなく『指事』の説を通じて観復の説を批判する形になり、観復の説を縁倶有の義としてみていたことになる。このように倶有の待縁の義をめぐっては、所生の果を縁とみる長朗の説と、それと似ている発想を批判する寿霊の説が対立していることが判明した。また、長朗の考えが観復に甦っていることも確認した。

3) 相互の批判対象について

　薬師寺の華厳から批判されている東大寺の人物に寿霊が含まれることは前に述べたが、この場合、寿霊が長朗から直接批判されている可能性を否定できない。ところで義聖は倶有義が終わる部分において、おそらく長朗からの引用と思われる文章を用いて締めくくり、その後、東大寺の伝を引いて次のように批判する。既に引用したものであるが、必要な部分だけもう一度提示する。

　　東大寺の伝にいう。引自果とは、因は縁を待って果を生ずるにせよ、因自らの果を生じ、縁の果を生じないことを言うのである。（中略）この意見は上綱の伝と異なる。
　　（東大寺伝。引自果因、雖待縁生果、生因自果、不生縁果言也。（中略）此義与上綱伝、異也）（17-オ-ウ）

　これは義聖が長朗の説と東大寺の説を比較したもの、あるいはこの文全体が長朗の説の引用であると考えられる。寿霊の『指事』の中には、この「東大寺伝」に当たる文はないため、この批判が寿霊に当てられるとは限らない。ここで批判されている「東大寺」の人は、寿霊を含め彼以降の東大寺の人であると推定される。

　次に、寿霊の批判は誰に向けているのか。寿霊の批判は引自果と絡むので、長朗への批判であるとも考えられるが、長朗は倶有義について果倶有と明記しており、寿霊に批判されるような因と縁との倶有を主張してはいない。そして『指事』を著した寿霊は長朗より年長とみられる[38]。それにも関わらず、寿霊の批判が薬師寺華厳宗へ向けられている可能性は高い。その場合、その批判の対象は長朗の前の正義か明哲でないかとも考えられるが、確定はできない。

　ここで、寿霊の批判が『五教章』の倶有の義を正しくは縁倶有とみている新羅の義相学派に向けられている可能性を考えたい。新羅の倶有の義に対する伝統説は縁倶有の義である。しかし、その場合、現行の果が

発生する以前であるから、因と縁とが倶有であるという。述語としては縁倶有と明記するが、果が発生する以前とみるので、寿霊の批判の対象とは言い切れない。

このように、寿霊の批判対象は明確ではないが、新羅の縁倶有説は古説として高麗時代の均如の著作において引用されており、縁倶有説だけが義相学派の倶有義ではないにせよ、縁倶有説が義相学派の主流説だったということは考えられる。また、宋代の『五教章』註釈書における縁倶有説を念頭に入れた場合、日本の『私記』における縁倶有説がいかなる経由であれ宋代に入ったとも解釈できるが、宋代の華厳宗文献においては新羅の『五教章』註釈書が引用されることはあっても、日本の華厳宗文献が引用された例は報告されていない。もし、日本の『私記』と宋代の『五教章』註釈書との両者における縁倶有説の一致が偶然の一致でなければ、宋代の『五教章』註釈書における縁倶有説が新羅から逆輸入された説である可能性も否定できない。そう想定した場合、寿霊の批判対象や薬師寺長朗の発想も新羅の義相学派華厳宗との関わりから生じたと考えられる。

なお、一つ付言すると、薬師寺の華厳が長屋王（684-729）との因縁によって広められたとの伝承がある[39]。長屋王は新羅使との関係が深かった人物として知られており、彼によって新羅の義相学派の書物が薬師寺に入り、薬師寺の華厳教学が生まれたと見れば、それが寿霊に批判されたとも、推測の域にすぎないが考えられよう。

四　まとめ

このように寿霊から始まる東大寺系の華厳学と、正義から始まる薬師寺系の華厳学との相違について、東大寺所蔵の『種子義私記』を中心資料として検討してみた。こうした検討の結果、幾つか新しいことが判明したといえる。

①　東大寺系の華厳宗が薬師寺系の華厳宗との相違を表明したのは、

慈訓の弟子の時期からである。特に東大寺系の寿霊が『指事』の中で薬師寺系の華厳宗を批判していることは注目に値する。

②　『種子義私記』所引の『義聖私記』と『観理私記』に関連しては、刹那滅、果倶有、引自果、恒隨転の四つにおいて、その相違が明らかである。その中で、刹那滅や恒隨転については、寿霊の説と薬師寺系の説は大して変わらない。これは薬師寺系の華厳学が形成される一つの要因として、寿霊の『指事』の影響があったことを意味する。それは義聖が『指事』の名称を挙げて引用していることや、名称を挙げずに自由に引用していることから窺える。

③　刹那滅義から明らかになったように、両寺の相違を考える上で重要なのは阿頼耶識に対する認識である。観理における阿頼耶識は和合識であるが、義聖においては生滅の阿頼耶識ということが強調される。

④　倶有義においては、寿霊の時期から薬師寺との相違が目立つが、それには薬師寺系の華厳宗のうち一グループが新羅の義相学派の影響を受けたということが考えられる。しかし、新羅の義相学派の華厳宗の影響が強いグループは、結果的に東大寺・薬師寺の両系から批判を受けている。とはいっても、両系の倶有に対する解釈は依然として対立していることも分かる。

⑤　縁が因に対して六義をもつかどうかという問題について、薬師寺系の華厳学では縁は因に対して六義を持たないとの立場に立っている。しかし、寿霊は、それについて『五教章』文の本意に対する理解の不充分な解釈とみて、薬師寺系の立場を激しく非難している。

　　以上のように東大寺系と薬師寺系の華厳学の相違がすべて寿霊から端を発するわけではないが、寿霊の時期から薬師寺との対立意識があったことは、南都華厳宗の中で学派意識が早い時期から存在したという意味で重要である。そして薬師寺において長朗は独自の『五教章』解釈を施しているが、そのすべてが薬師寺の唯識的な性格からなることとは言えないまでも、阿頼耶識に関しては法相唯識寄りの釈をしていることが分かる。こうしたことから、長朗の活動時代から如来蔵系の東大寺華厳宗との思想的な緊張関係が形成され、弟子の義聖の時代には東大寺の華

厳教学を積極的に批判しながら、薬師寺華厳は築き上げられていったということが言える。また、寿霊の批判対象と長朗の華厳思想が新羅の義相学派と関連する可能性も否定できない。東大寺東南院の観理は義聖のような薬師寺系の華厳学を批判していることが分かる。

---

1 この写本を提供してくださった東大寺図書館関係者に、ここで深く感謝したい。
2 『僧綱補任』第二（日仏全 123、118 頁）
3 「薬師寺正義大威儀師者、元是法相慈訓弟子。慈訓兼学華厳。正義随慈訓亦学華厳宗。薬師寺亦有長朗律者。元是法相学者。正義奏聞以官府宣、移長朗於華厳宗。長朗随正義学華厳宗。薬師寺有明哲律師。随慈訓学華厳。長朗弟子有義聖律師。於五教章多作私記、録長朗義。昔薬師寺如是弘通華厳宗也」（日仏全 101、117b）
4 後に取り扱う、『開心論』にも事事無碍説は見られるが、それは慧苑の『刊定記』をそのまま引いただけであり、その意味からは独自的とは言えない。
5 観理伝の詳細は、上田晃円[1985]「日本上代における唯識の研究」、永田文昌堂。
6 この節をまとめるに当たって、唯識と華厳の専門家である大竹晋氏により多大な教示を頂いた。ここに心から感謝の意を表したい。
7 「初者是利那滅義。何以故。由利那滅故。即顕無自性。是空也。由此滅故果法得生。是有力也。然此謝滅非由縁力故。云不待縁也」（T45、502a）
8 「約終教。即就真如性中立種性」（T45、486b）
9 『瑜伽師地論』巻三十五「又此種姓亦名種子亦名為界亦名為性」（T30、478c）
10 ここでいわゆる終教義における種子の解釈については注意を払う必要がある。基は『述記』巻三の中で、「旧人云。真如是諸法種子者。非也」（T43、309c）と真如を種子とみる考え方を批判している。ここで基が指している旧人とは華厳の人ではない。凝然は『通路記』の中で旧人を『勝鬘経』を講ずる地論宗、涅槃宗を弘める諸師と見、その諸師は多く仏性縁起を立てるとしている。そして、真如縁起説を立てる法性宗（華厳宗と終教）とは区別する（仏教大系 8、『五教章第二』13 頁）。すなわち、真如（仏性）そのものが種子となるのは間違いであり、終教義において、真如種子と言ってもそれは真如の随縁によるものと凝然は理解している。
11 「案云。此文、証成習種性 亦是従真如所成也」（T72、259c）
12 『法華経』第二（T9、9b）
13 三性同異義（T45、501b）
14 「初」、『楞伽経』は「物」とする。（T16、512c）
15 「経約終教。是不生滅与生滅和合名阿梨耶識等故。論約始教唯生滅是識」（T35、178b）
16 「二者是倶有義。何以故。由倶(有)故方有。即顕是不有是空義也。倶故能成有是有力也。倶故非孤是待縁也」（T45、502a）（有）は、宋本にはあって、和本にはない字を意味する。
17 「二果倶有。謂与所生現行果法倶現和合方成種子」（T31、9b）
18 本書の図 17 を参照。
19 聖憲の『聴抄』にも同様の趣旨をもつ義聖の説が紹介されている。(日仏全 12、460a）
20 石井公成［1996］前掲書、424-436 頁。
21 『疏』「生相三者。一名業相。謂由無明不覚念動。雖有起滅。見相未分。猶如未来生相将至正用之時」（T44、209b）『義記』「生相一者。名為業相。謂由無明不覚心動。雖有起滅。而見相未分。以無明力故。転彼浄心至此最微。名為生相。甚深微細唯仏

所知」(T44、257b)
22 『教分記円通鈔』「問。若俱有是果俱有、則何故上云縁俱有耶。答。古説初教中、果俱有也。 終教中、縁俱有也」(韓仏全4、433a)
23 凝然は『三国仏法伝通縁起』の中で、東大寺・薬師寺の華厳の他に奈良時代に華厳講師を務めた厳智の元興寺系の華厳や西大寺の華厳が盛んであったというので、それらの系統の華厳宗である可能性も否定できない。
24 吉田剛[1997]「笑菴観復の著作について」『駒沢大学大学院仏教学研究会年報』第30号、22-36頁。
25 「由引現自果。是有力義。雖待縁方生。然不生縁果。是有力義。即由此故是待縁義也」(T45、502a)
26 「由随他故不可無。不能違縁故無力用。即由此故是待縁也」(T45、502a)
27 恒随転をめぐる法相唯識派における問題意識については、西芳純[1997]「唯識説の種子義における恒随転と刹那滅」『渡辺隆生教授還暦記念論文集：仏教思想文化史論叢』、493-508頁。
28 『僧綱補任』第二（日仏全123、104-105ab）によると、隆光は薬師寺の法相宗の人で、因明も兼ねている。
29 「三恒随転。謂要長時一類相続至究竟。此遮転識。転易間断与種子法不相応故。此顕種子自類相生」(T31、9b)
30 「是故摂論廓法師疏云、言刹那伝伝、経於多時、恒随転故者、種子必須恒随果転、方成種子。言所以者何。其根損益支等同故者、証恒随転。如青蓮華根、若損益其支等、果即同損益。故知。因随果転。又測法師云、若不生果、種子者、恒随所依本識転故」(T72、235c)『摂論廓法師疏』とは『義天録』によると『無性釈論疏』十四巻であり、円測のものとは『成唯識論疏』のようである。
31 『通路記』巻二四 (T72、481b)
32 同上 (T72、481c)
33 『指事』中巻「此釈不爾。不知章家問答之意。謬謂不成前問之答」(T72、236b)
34 因門六義の「就用四句」(T45、502b)によると、刹那滅と性決定、果俱有と引自果、待衆縁と恒随転がセットとなる。
35 『五教章中巻種子義私記』「此三義無現文、是即得意而出也」(2-オ)
36 『五教章中巻種子義私記』「問若爾何故章文説待縁者待因事之外増上等之縁。答果亦是因事之外故無妨難也」(10-オ)
37 『五教章中巻種子義私記』「若無果時即無因。是故所引果即是縁。即由待此果縁故。是待縁也」(16-ウ)
38 例えば、『十宗大意略抄』(T72、200b) の最後に華厳祖師の系譜があり、その中に新羅の見登が挙げられている。その祖師達は850年以前に活動した人物であり、見登もそれ以前に活動したことは確かである。その見登の『成仏妙義』の中に『指事』が引用されており、寿霊が見登より年長であることも確かである。長朗の活動時期を840年代から860年代とみても、見登より年長となるとは言い難い。よって見登より年長である寿霊の活動年代が長朗より早いのは間違いないであろう。なお義聖は上綱と『指事』との違いを表すため、"此義不同指事意、此上綱自義也"（43-オ）とする。『指事』と比べながら上綱自らの義であることを強調する。以上のことで、上綱は寿霊より後に活躍したことが窺える。
39 『大和国添下郡右京薬師寺縁起』(1716年) には「平松律師は、伝教院を立て三論の宗義をあがめ、長屋親王は、東院を立て華厳宗をひろめ、舎人親王は、西院をたまへて大乗律を学ばしむ。その外俱舎宗を闡揚し、此時にいたりて六宗兼学の霊場となれり」とある。かなり後の資料ではあるが、他の薬師寺関係の縁起にも東院を長屋王が立てたと記録しており、長屋王との関連は事実とみてよいであろう。

第五節 『華厳十玄義私記』

一　文献の基礎的検討

(1)　書誌

はじめに書誌について記す。『十玄義私記』の写本としては、龍谷大学所蔵本(以下龍)と身延山大学所蔵本(以下身)の二種が存在する[1]。いずれも上下二巻からなるが両本共に著者名が記されていない。表題は各々の巻に「華厳十玄義私記 上巻」、「十玄義私記 下巻」とあり、尾題は上巻に無く下巻に「十玄義私記 下巻」とある。そして身の奥書において次のように記されている(龍には奥書無し)。

　文化丁丑之冬十月応　和上命　道論
　研窮之暇早々謄写之了其行字不
　正伏祈海涵
　　　門人　東肥　法霊謹識
　　　長安客舎燈下

身は、法霊なる人物が1817年に師匠の命により自身の研鑽の合間に筆写したものである。この奥書の直後に坂本幸男氏の筆になる記録がみえ、同氏が30歳の時に京都で購入したという。

管見によれば、坂本氏の諸論文の中に『十玄義私記』に言及している箇所は確認できないが、巻上が始まる前の余白には書き込みがあり、そこにおいては『十玄義私記』所引の文献や、『私記』を引用する文献についての覚え書きが記されている。これによって『冠註五教章』中之二と『五教章深意鈔』とにおいて『十玄義私記』が引用されていることが分かる。さらに根拠は記されていないが、述作年代について「薬師寺義聖律師以前の撰述乎？」と記しており、かなり早い時期と推定している。

また、㋐の本文には返り点が書き込まれ、『十玄義私記』所引の文献の名前に傍線が付されているが、坂本氏が入れたようである。

　書写形式についてみると、㋑は全体が 121 丁で、16〜18 字×9 行、㋐は全体が 186 丁で、22 字×11 行の形である（1 丁片面あたり）。両本とも誤字が多く見受けられるが、それらは同じ個所にみえるため、両本は同一の原本から作られたと考えられる（なお㋑には本来下巻であるべき内容が誤って上巻に筆写された箇所が 3 丁分あり、㋐では 1 丁ずつ欠落している部分が 2 箇所ある）。ただ他の文献に引用されている『十玄義私記』の文章と対比すると、字句の異なる所や文章の脱落も多く確認され、2 種類以上の原本が存在したかも知れない。

　それから、この『私記』の上巻に尾題がないことから分かるように、上巻の後半部分が欠落している。上巻は十玄門の十義中、「分斉境位」の途中で終わっており、下巻の最初が十玄門中、第三「諸法相即自在門」の途中から始まるために、『五教章』の七師弟法智、八主伴依正、九随其根欲示現、十逆順体用自在、そして一者同時具足相応門、二者一多相容不同門について抜けていることが知られる[2]。

(2) 著述年代の推定

　『十玄義私記』そのものの述作年代を知る手がかりが全くないため、現状では目録類や引用によって推定するしか方法がない。ここでは義聖との関連を検討し、『十玄義私記』の著述時期が増春の『一乗義私記』より早いことを論じたい。

　まず、義聖と『十玄義私記』との間で注目すべきは、表現法が似ていることである。『十玄義私記』においては「約偏増」という表現が 6 回現れる。その一つの例をみると、「**有云**約偏増言、指第二会為国土海及十仏融義」（巻上 11-オ）となっている。「約偏増言」とは「ひとえにまさった立場にもとづいて」というほどの意味であろうが、法相宗文献においては見受けられるにせよ、華厳宗文献においては珍しい表現である。上において例とした文は『五教章』の文「華厳経中、究竟果分国土海、及十仏

自体融義等」をめぐる議論の中、「有人」の説を引用することによって結論する個所の文である。

ところで、興味深いことに、義聖もまた「六義八不互通遮表。然今約偏増、八不約遮、六義約表」(34-ウ)のように「約偏増」を使っている。これとまったく同様の文章がもう一個所 (35-ウ) 現われることも確認される。このように稀な表現を両私記が用いることは両私記の深い関係を意味する。それに加えてもう一つ注目したいのは、『十玄義私記』においてみられる次の文章である。

真如随無明縁、成返生死妄相、云従涅槃来生死。(下、45-オ)

「真如が無明の縁に随い、生死の妄相へと返（変の意味）ずることを成就する」というこうした表現は、義聖によっても使われている。

答宗意。雖立真如種子、而真如無為法与根本無明和合、而成返生死有為法時、拠成諸法種子具刹那滅等六義故。(3-ウ)
答宗意真如随無明縁、成返生滅阿羅耶識故、生与滅無自性。(4-ウ)

このように、『十玄義私記』の文章表現は二点において義聖が使用する文章表現と一致し、しかもそのうち一点は「真如随無明縁成返」という比較的長い表現において一致しているので、『十玄義私記』と義聖との間には何らかの関係が予想される。増春の『一乗義私記』においても「真如随無明縁成変生死染法。不増生死不滅真如」(T72, 30b) というように同じ表現が確認されるが、このことは義聖と『十玄義私記』と『一乗義私記』との間の一定の関係を物語る。

『十玄義私記』と増春の『一乗義私記』との前後関係については、『香象問答』の引用から窺うことができる。増春の『一乗義私記』(T72, 35a) は『香象問答』に対して批判的であり、『香象問答』について真偽問題があったことを伝えている。それに対し『十玄義私記』は、『香象問答』の真偽については一言も触れず、『香象問答』からの引用に対しては長く説

明を加えるほど好意的である。これは『香象問答』の真偽問題が日本においてまだ起こっていない頃に『十玄義私記』が著されたことを意味するであろう。よって『十玄義私記』が『一乗義私記』より先のものである可能性が充分あることを指摘しておきたい。

こうした推論から、『十玄義私記』の述作年代は、義聖（856-929）の活動時期よりやや遅れる頃から増春の『一乗義私記』が著された天暦年間より以前であると考えられる。

(3) 引用文献からみた思想の傾向

1) 諸師の引用

『私記』は、『五教章』義理分斉の十玄縁起無碍法門義を問答形式によって解釈する。問答の数は上巻564、下巻322の計886問答である。ここに欠落している部分を合わせると、本来はこれよりも多かったと思われる。この中、思想的傾向を検討するために、諸師の引用回数をまず数えてみると次の図18のようになる。

図18を見ると、法蔵と智儼との著作からの引用が圧倒的に多いことが分かる（法蔵156回、智儼83回）。法蔵の『探玄記』が多く引用されているが、これは『探玄記』玄談の義理分斉において説かれる縁起相由義が十玄義に対する資料となるからである。同じ理由から、縁起相由義が説かれる『旨帰』と『法界縁起章』が多用される。智儼の引用が多いのは、『私記』が法蔵の十玄義を注釈する際に、智儼の『十玄門』を大きく用いるためである。智儼と法蔵のほかには、寿霊の『指事』、慧苑の『刊定記』からの引用が多くなっている。

図 18 『十玄義私記』に引用された諸師と文献

著　者	書　名
杜順	法界観門(1)
智儼	十玄門(74)＊、孔目章(9)
法蔵	探玄記(77)、旨帰(17)、五教章(10)、遊心法界記(10)、綱目(9)、玄義章＝法界縁起章の誤(9)、華厳章＝法界縁起章(2)、法界義海章(4)、金師子章(2)、発菩提心章(2)、心玄記(2)、香象問答(3)＊
慧苑	刊定記(14)、別行章(3)
元暁	要決問答からの孫引き(1)
義相	法界図(3)
珍嵩	新羅記(1)、青丘記(4)、
表員	華厳経文義要決問答（引用名はない）
寿霊	指事(23)
？	古徳(3)、古人(1)、有人(10)、今徳(1)、略頌(5)、略誦(1)
慧遠	十地経疏(1)
基	法華疏(4)、法苑義林章(1)、弁中辺述記(1)、維摩経疏(1)
慧沼	最勝王経疏(3)、了義灯(1)
智周	法苑義林章決択記(1)

＊『十玄門』と『香象問答』は著者について、一応、智儼と法蔵の著作とした。

　『十玄義私記』においては、華厳宗以外の文献として法相宗の文献がいくつか引用されているが、それほど重視されていない。加えて、法相宗は法相宗・護法宗など呼ばれ、あくまでも一乗と区別された批判対象としての三乗にとどまる。しかし、『十玄義私記』が華厳宗における唯識説といえる種子義・三性義を詳述することや、『成唯識論』の用語であって日本の華厳宗の人はほとんど用いることのなかった「影略説」などの表現を用いることや、また、同じく法相宗の基が使って以来日本では法相宗の人しか用いることのない「約偏増」など、華厳の人がほとんど用いない概念が多くみえることから、撰者自身、法相の教理に詳しかったことが看取される。ちなみに経論については『華厳経』からの引用が最も多い。次に多いのは『涅槃経』であり（『華厳経』49、『涅槃経』12）、その他の経論は各々1～2回にとどまる。このように、『十玄義私記』は奈良時代以降の華厳宗における法相宗の教理の重視という基盤の上に立っ

て、法蔵や智儼などの中国華厳宗の教理を重視するものと見られる。

2) 新羅文献の引用の意味

　平安時代になると新羅の華厳思想の影響が薄れていく。そうした時代の中で、本文献においては奈良時代において引用されていなかった義相の『法界図』や『新羅記』、『青丘記』などの新羅系の諸論が引かれており注目される。そして実際には義相の講義録である『香象問答』が 法蔵の著作として引用されている。また元暁が1回引用されるが、これは出典明記なしに表員の『要決問答』から孫引きしたものである。

　『指事』が著された時期において元暁や表員はすでに引用されていた。義相の『法界図』は『指事』においては用いられないものの、奈良時代の744年から768年の間に15回筆写されており[3]、日本仏教において大きく知られていたと思われる。

　ところが『香象問答』、『新羅記』、『青丘記』からの引用は奈良時代の文献においては確認できず、日本で活動したと推定される新羅見登の『成仏妙義』において初めて確認される[4]。この中『香象問答』は、華厳の立場から三乗の廻心論を説く際に、日本華厳に多大な影響を及ぼしている[5]。『新羅記』、『青丘記』は『孔目章』の註釈であり、各経録の新羅珍嵩の『孔目章記』六巻と同一のものと見なされている[6]。

　ここで『十玄義私記』における義相学派文献の引用パターンを簡略に確認する。まず『十玄義私記』は、義相の数銭法のうち中門による説明において用いる「向上来・向下去」説を一つの説として認めている。その説は、『十玄義私記』の作者も読んでいたと推測される表員の『要決問答』においては批判されていた。そのような引用のパターンより『十玄義私記』に法蔵と義相を同一視する嫌いがあると判断される[7]。次に『孔目章』の解釈をめぐっては『新羅記』の説を正義とし、あるいはたとえ同説が批判されたとしても弁護する[8]。『香象問答』からは、義相学派文献の独特な概念である「五尺」の語を借用し、『香象問答』を引用した場合にもその内容について詳しく説明を加える。

このように、『十玄義私記』においては新羅の義相学派の影響が初めて明確に現れる。主として中国の法蔵と新羅の元暁との両方の思想に依存していた奈良時代の華厳宗は、平安時代に至って新羅側への依存を弱め、中国側のみに傾斜していく。そうした流れの中に、『十玄義私記』において引用された義相学派文献は、日本華厳宗における中国華厳宗への急激な傾斜を緩和し、多角的な視点を育てたという意味において重要である。

二　因分と果分の関係解明

ここでは因分と果分とをめぐる議論を中心として、『十玄義私記』の思想的基盤を明らかにしたい。因分・果分の問題は、この十玄義が一乗説として認識されるための論理的な構造を代表するからである。

『五教章』「義理分斉」は三性同異義・縁起因門六義法・十玄縁起無礙法門義・六相円融義によって構成されており、それぞれの視点から縁起のあり方が説明される。寿霊の『指事』は、第一門（三性同異義）と第二門（縁起因門六義法）とによって果門と因門との縁起を明かしたが、それが一相縁起なのか無尽縁起なのかをまだ述べていないので、第三門（十玄縁起無礙法門義）において華厳の縁起が一乗の無尽縁起であることを明らかにしたと解釈している[9]。『十玄義私記』も第三門（十玄縁起無礙法門義）は一乗の無尽縁起を表すと理解し、さらにこの第三門は果を顕して因を隠し、因果法の体が無自性であり円融していることを顕すために施設されたと解釈する[10]。

ところで『十玄義私記』によれば、十玄門は因門に基づいて説かれるものである。そして十玄門の十数は因位の人の領域であるので、果位の人の領域である果数を摂めることができないと理解する[11]。これは『十玄義私記』において引かれる『探玄記』「阿僧祇品釈」（T35、389c）の説による。引き続き、『十玄義私記』は次のように述べる。

　　問う。十玄は因数であって果数ではない。どうして十が無尽を顕すと説く

のか。
　答える。これには二つの意見がある。一つは、因数に対して有尽と説き、果数に対して無尽と説く。一つは、因果が無二であるという見地に基づいて[因数は]果数において含まれると言う、というものである。(問。十玄者。因数不果数。何説十顕無尽也。答云。此有二義。一云。望因数説有尽、望果数説無尽。一云。約因果無二門、言果数撮。云也)（上 5-オ）

　すなわち、因数である十玄によってどうして無尽を顕しうるのかと問うのに対して、二説を提示する。両方とも誰の説なのか知り得ないが、第二説は華厳宗的な説明においてはよく用いられるものである。しかし、因と果が無二の関係にあるとは何を意味するのか。『十玄義私記』ではこうした問題を、『探玄記』巻四(T35、170a)の文を引用し、「一味法界の義を二に分ける。一は能随の土海。二は所随の機縁である。この二は無二にして通融し無碍となる」（巻上、12-オ）として、因分と果分とが無二であることの教証としている。次いでそれが無二で通融無碍となる理由について問い、『探玄記』の文を引き続き引用する。

　疏にいう。若し縁を体に従わせる時ならば、即ち、そのままの相が円融し、別するものと別せられるものとがなくなり、とても言説の及ぶところではない。若し体を縁に従わせるならば、即ちまた差別の縁起を印成する。この殊形の縁起にもとづいて、返して土体の妙極にして難思なることを顕わす。これがその意である。云々。
　（疏云。若以縁従体時、而即当相円融無別可別、言説不及也。若以体従縁即復爾（爾は『探』では印）成差別縁起。約此殊形縁起、返顕土体妙極難思。是其意。云々）（上、12-ウ）

　これは経文の「不可思議」に対する法蔵の解釈であるが、この文から判断すると因分と果分とが無二となると同時に因分をもって果分をあらわす主な論理は、第二の説明から見出すことができる。すなわち、体が因縁に従って差別縁起を印刷するように一緒に出すが（因分）、その縁起

の世界を裏返せば土体(果分)の「妙極難思」の世界をあらわすことである。こうして『十玄義私記』では第二の説に基づいて理解している。これによって因とは果の展開の中に収められるものであり、その意味において因と果とに区別のないことが分かる。

また、『十玄義私記』では引き続き「どうして此の門が、果分に約して十を顕す道理なのか」と問う。答えは『探玄記』に対する『十玄義私記』の独自の解釈であり、機縁と土体との関係をもって説明を行う。その説明をまとめると、要するに土体は果分の土海、機縁は因分の土海となるが、一味としての土体は、機縁に乗じて果分の土体の十種類の差別化を現成する[12]ということである。しかし、土体そのものが十に差別化したわけではない。これが因分により果分の十を顕説する仕組みである[13]。ここで、注目に値することは、一即多とは果分としての土体そのものが差別化されていないという意味であって果分門に該当し、一が多の差別に即していることが因分に該当することである[14]。

こうして『十玄義私記』の作者は、因分と果分とを無二通融無碍の関係と理解し、そこから因分門において果分の世界をあらわす構造を説明している。すなわち、因分から果分をあらわすのはすでに因と果とが無二の状態にあるからこそ可能である。『十玄義私記』ではそうした状態を海における水と波の関係の譬喩により示す[15]。

このように因分・果分の関係はあくまでも因分の範囲における解釈である。本来の果分については不可説なので、凝然も『通路記』の中で、「果分の法体を因位の人は知らない。もし、機根のためにその法体を指すならば、ただ、強いて不可思議ということができるのみである」[16]と述べたと考えられる。

以上のように、因分から果分をあらわす見解について検討した。もしそうならば、それを可能にする基盤は何であろうか。それは一法界真如という概念である。以下においてはそれについて検討したい。

三 一法界真如の論理

　『十玄義私記』において、一法界真如という概念は、「十仏自境界」に対する註釈をする際に、万物を生起させる根源的な真理として用いられる。用語としては『大乗起信論』の一法界と真如とを結合させた造語と考えられるが、華厳宗の論疏類においては珍しい用語であるといえる[17]。
　『十玄義私記』は「十仏自境界」の十仏が二種十仏であり、その中で正しくは無着仏等の十仏、いわゆる行境の十仏を指していると規定する。そして、もし通義（普遍的理解）によって言うならば、衆生身等のいわゆる解境の十仏にあたるとも規定する。無着仏等の十仏が三種世間の円融に関わるため、衆生身は十仏と等しいと述べ、またそれを推し進めて、有情のみならず、山河・大地・虚空のような非情と、業・煩悩障のような心所までがすべて仏であるといっている[18]。そしてその意味について次のように説明している。

> 真如の理は縁に随って山河や大地を形成し、結局一切諸法と真如とは異ならない。譬えば、鏡の中は縁に随って一切の形を現すが、鏡を離れて見る時には[鏡と]別の体はないのと同じく、一法界真如という鏡は万法を現すが、真如を離れて見る時には[真如と]別の体はないと言うことである。
> 　（真如理随縁、成山河大地、乃至一切諸法与真如不異也。譬如鏡中、随縁現一切形。離鏡見時者、無別体。一法界真如鏡現万法。離真如見時者。無別体言也）（上、10-オ）

　これによると、一法界真如の理（無為法）によって山河大地などの一切有為法が成り立つので、その点において一切有為法は真如と異ならない。それを鏡の譬喩を用いて説明している。あたかも鏡の中のものは鏡を想定しないと存在することができないように、一切有為法は一法界真如の鏡を想定しないと存在することはない。ここで「離真如見時者。無別体言也」とは、『五教章』においていわれる「真如を離るれば自体無きが故に」（T45、479a）と同様の趣旨である。さらに『十玄義私記』によれ

ばこのように一切有為法は一法界真如の理によって形成されるので、両者は「即」の関係にあり、そのそれぞれの姿(状相)は円融の状態にある不可説の事態を表す[19]。

　以上のように、一法界真如は一切法を生起せしめる根源的な真理として理解されているのである。それはとりもなおさず縁起の根源のことである。よって一法界真如は一と多との縁起が成立する根源としても用いられる。すなわち、『十玄義私記』巻上では異体相入について述べるところで、無性の一多縁起は二つの義から成り立つとする。その二つとは次の通りである。「第一には真如法の実徳の縁起であるから、第二には普賢の境界は徳を具なうので、無性の一多法は、彼（縁起）の自性としての一多法ではないからである（一者。真如法、実徳縁起故。二者。普賢境界、具徳。無性一多法、而非彼自性一多法故）」（上、44-オ）ここで初意について「真如が縁に随い法を起こすことを成就するので、そうした縁から起こった法は法性（真如）の実徳を得て成就する（真如随縁成起法故、彼縁起法得法性家実徳成＊）（＊成は身30-ウによる）」と述べ、続いて次のような問答を起こしている。

　　問う。法界の実徳をもつ縁起と普賢の所知の境界とにおいてはどんな差別があるのか。
　　答える。異なることもあり、同じであることもある。なぜかというと、他者に依存し縁から起きる諸法に依拠して、一法界真如は法界の実徳を起こすことを成就する。この実徳は普賢所知の境界であるから同じであるというのである。真如が因となって万法が生起を成就するという面と、普賢の所知が万法を理解するという面とは別である。ゆえに異なるというのである。（問法界家実徳(6字は身30-ウによる)縁起、而普賢所知境界有何差別耶。答異同。何者。依依他縁起諸法、一法界真如成起故、法界家実徳也。此実徳普賢所知境界故云同也。真如為因、万法成起義。普賢所知解万法之義、別故云異也）（上、44-オ-ウ）

　すなわち一法界真如は諸法の因となる果分であり、その果分によって

成立したものは、因分の普賢が知る境となる。よって、一法界真如を因として成立し、法界の実徳をもつ一多縁起と、普賢の所知の境界とは、視点によって、異なるとも同じであるとも解釈できるという。同じであると解釈することは、上述の因果二分の関係から判断すると、因分（普賢の所知）によって果分（一法界真如）が理解されることであろう。

　そうすると果分が積極的にあらわれ認識されるのは、一法界真如によって成り立った万法においてである。これは果分ではあるが、二仏の中では解境の十仏にあたる。こうして解境が中心となるということは法蔵に則っているが[20]、山河大地などがすべて仏であると言う点は、自己の身（五尺身）から十仏が現成されるという義相学派の主張に近い[21]。

　以上のように因分・果分の問題から思想の基盤を検討してみたが、引用文献の傾向としてみれば法蔵を中心に据えていながら、義相学派の思想に影響された可能性もあるといえる。また一法界真如を諸法の真の根源として把捉しており、その点において日本華厳の独自性が窺える。

四　まとめ

　以上、『十玄義私記』の紹介と共にその思想的な特徴をまとめてみた。この文献は誤字が多いため注意を要する資料ではあるが、平安初期における日本華厳宗の展開がみられる極めて重要な文献といえる。『十玄義私記』の思想が中国華厳宗文献を中心として形成されたのは言うまでもないが、その中にあって、8世紀の新羅義相学派の華厳宗文献が利用され影響を与えている点と、後に述べるように草木成仏論を唱えることで日本仏教の流れを汲む議論がなされている点が特筆される。

　なお、『十玄義私記』の思想的基盤は一法界真如の論理である。そこでは一法界真如とは縁起の根源である真理のことである。その一法界真如から山河大地等の一切法が成立するので、それらは即ちみな仏である、といっている。

1 龍は筆者が龍谷大学で確認し、この文献に引用される新羅文献に関心を寄せていた崔鈆植氏の御厚意により入手した。また身は同氏が身延山大学の坂本幸男文庫で発見し、立正大学の福士慈稔助教授の御厚意で入手した。この場を借りて感謝の意を表したい。
2 尊玄の『孔目章抄』所引の『十玄義私記』の文には、現存の写本にはない第三「諸法相即自在門」の部分も含まれているので、本来は註釈が施されたことが分かる。
3 佐藤厚[1999]「『一乗法界図』のテキストについて」『仏教春秋』15、135-149頁。(韓国：韓国語)。
4 崔鈆植[2001]前掲論文。
5 本書第四章三節。
6 崔鈆植[2003]「新羅珍嵩の『孔目章記』逸文に関する研究」『韓国仏教学SEMINAR』9号、46-72頁。
7 詳しくは、前掲拙論[2010a]と前掲拙論[2014]、47-57頁を参照されたい。
8 内容の詳細は、崔鈆植[2003]前掲論文を参照されたい。
9 『指事』巻中之本「上已、雖明果門因門縁起義理分斉。而未知其縁起為一相縁起。為無尽縁起。今簡三乗一相縁起。将明一乗無尽縁起。是故第三此門也」(T72、238b)
10 『十玄義私記』巻上「問。何此門量第三耶。答。三性門縁起果門説故量第一等。此果因故、種子門量第二也。従此顕果隠因。因果法体無自性円融顕。故此門量第三也」(7-オ)
11 同上「問。十玄十、摂第十数耶。答。摂彼九、不摂大十也。(中略)答。初九因人分斉、第十果人分斉也。今。十玄門約因門説故、不摂第十」(4-ウ)
12 同上「答。疏云。縁者機縁、体者土体。雖土体一味、随彼機縁、差別土。故従土体性、彼機縁名因分土海。雖従機縁是差別法、帰従彼体、皆仏所知言説不及。故従土体名果分土海」(12-ウ)　下線の帰は身にはない。
13 同上「雖従縁体無差別。以従彼能縁、返顕果分土体差別。此義極深故、知随因分。約彼果分返説十種非謂当体十差別。是故明知於果顕説十種。是曰此文意。解果分門一即多因分門一即多差別耳」(13-オ)
14 同上「此文意、解果分門。一即多因分門、一即多差別耳」(13-オ)
15 同上「譬如海水、波云時全浪無水性、水云時全水無浪体、水与浪者不異云也」(14-オ)
16 『通路記』「果分法体、因人不知。若為根縁、指其法体。唯強得言不可思議」(T72、490a)
17 「一法界真如理」という同様の表現が増春の『一乗義私記』に3回使われ、そこでは一乗と三乗の共通の体とされている。この例からも本文献と増春の『私記』との関係が深いことが知られる。
18 『十玄義私記』巻上「問。何云衆生身等十仏、余亦爾耶。答。衆生即仏也。山河大地皆仏也。業・煩悩障皆仏也。乃至虚空仏也」(10-オ)
19 同上「問。章。十仏自境界。円融自在。一即一切。々々即一。不可説其状相。云々意何。答。一切有為無為諸法。一法界真如理形。是即彼、々即是。不可説其状相。譬如幻師、一巾上幻鬼(身：苨)馬等時、不可説其状相異。云也」(10-ウ)
20 亀谷聖馨[1925]『華厳聖典研究』、64-68頁。木村清孝[1984]「十仏説の展開―智儼と義湘・法蔵の間―」『印仏研』65号、84-89頁。
21 特に義相の十仏説については木村清孝[1984]前掲論文を参照されたい。ただ、これはあくまで「もの」をそのまま仏とみる発想を指し、『私記』の思想そのものが義相学派に近いというわけではない。例えば、義相学派は『起信論』の思想を三乗と

して批判しているが、『私記』にも引かれる五尺に対する義相学派の考え方は、心体そのままが仏となる性起の世界を顕したので起信論系の思想とは違う発想だったのである。これらに関しては佐藤厚氏の、次の一連の論文を参照されたい。佐藤厚[2000]「義湘系華厳学派の基本思想と『大乗起信論』批判—義湘と元暁の対論記事の背後にあるもの—」『東洋学研究』37、51-82頁。同[2001]「義相系華厳学派の思想と新羅仏教における位置づけ」『普照思想』16号、普照思想研究院、韓国：ソウル。

第六節 『華厳種性義私記』

一 文献の基礎的検討

(1) 書誌

『華厳宗種性義抄』(T72、No.2328)は 法蔵『五教章』の所詮差別第九のうち、第二種性差別の註釈であり、奥書によれば1019年に東大寺の親円が幾つかの先徳の伝承と多数の章疏とから要義を抽出して著したものである[1]。現在の大正蔵所収本は高野山宝亀院蔵の寛治4年(1090)写本を、高野山正智院蔵写本(甲)と 高野山宝亀院蔵写本(乙)によって校訂したものである。『日本大蔵経』華厳部所収本の底本になった竜谷大学所蔵本は建久9年(1198)に筆写されたものであるが[2]、これは『高野山経蔵典籍文書目録』第一に載っているものと符合しており[3]、字の出入からみると大正蔵の底本とまったく同様のもので、甲乙とは異なることが確認される。

これは次のように幾つかの文献に引かれているが、そうした文献においては「抄」あるいは「私記」と呼ばれているので、私記類のひとつであることが分かる。

審承 『華厳五教章問答鈔』(T72、696a28-b4) 引用名:私記

聖詮 『華厳五教章深意鈔』(T73、5c、7c、8bc、10b、10c)5回。引用名:私記

順高 『起信論聴集記』六巻 (日仏全92、282上) 引用名:種性義抄

順高 『五教章類集記』9巻 42丁オ 引用名:種性義抄

(2) 引用文献からみた思想の傾向

この『種性義抄』については常盤大定氏がすでに触れており、法蔵の議論の範囲にとどまり特に新説はないが、無性有情をめぐる解釈には見るべき所があると評している[4]。常盤氏の研究は法相宗の種性論を標準とする立場から『種性義抄』を解釈しているのが特徴である。しかし実際には、この文献は日本華厳宗において初めて種性論について詳説した文献であるのみならず、『五教章』に種性論が説かれているのは成仏不成仏を論じるためであると理解した上で、各教における成仏論を中心テーマに据えるなど、注目すべき点が幾つか挙げられ、日本の華厳宗の教理史から見ても重要な位置を占めている。以下、諸師の引用と、各教の種性論の所依の経論となるものを取り上げてみる。

図19 諸師の引用とその文献(T72、No.2328)

	諸師の引用	所依の経論	備考
総論：(46b)			六種性・二種性・一真如性・唯理性・如如性
所依経典：小乗(46c)		倶舎論	
始教(46c-47b)	慧沼 慧日論、寿霊 指事	善戒経・無性摂論・般若経・涅槃経・顕揚論・瑜伽論・荘厳論	二種性・五姓
終教(47b-48a)		智度論・涅槃経・密厳経・梁摂論・起信論・宝性論・地持論・仏性論・涅槃経	
頓教(48a)		諸法無行経	
円教(48a)	五教章種子章、探玄記	華厳経	
問答(48ab)			種子＝種性

詳釈： 小乗 (48b-51a)	智儼 孔目章	地持論・成唯識論	
始教 (51a-55c)	慧沼 慧日論、大抄（師か）、探玄記、五教章行位差別章、大賢（指事からの引用）、宝師疏（涅槃経疏）		章主御意、章家御意、香象大師御意
終教 (55c-60a)	元暁 涅槃経宗要 五教章 古今立教、二乗廻心章、基 法華玄賛		自宗青丘元暁大師
頓教 (60a-b)			
円教 (60b-61c)	五教章心識差別章、行位差別章、修行所依章、旨帰、探玄記 十重唯識義、義相 海印三昧論		
問答 (61c-62b)	神昉 種性差別集		批判されている

　以上のように『種性義抄』において引用される諸師の文献と、所依の経論とを示したが、所依の経論を別個にまとめたのは各教の種性説の根拠となる経論を把握するためである。このうち『涅槃経』は始教と終教とにまたがっている、それは『涅槃経』がもつ特質と関連する。すなわち、『涅槃経』「現病品」において、①大乗をそしるもの②五逆罪のもの③一闡提の三部類は成仏できないと説かれているので、それを始教における無性の存在の証拠として引いている。しかし、心のある有情はみな阿耨菩提を得るという、先と矛盾する説も『涅槃経』において説かれているので、それを終教における一切成仏の証拠として引いている。これについては、親円は『涅槃経』のテキストに問題があると見なすことによって、その矛盾を解決しようとしている。

　引用されている諸師をみると、終教から円教までの種性論の正しさを

証明するための諸師として、法蔵の他に、新羅の元暁と明晫とのみが引用されている。元暁については自宗の人と認識し、彼の『涅槃経宗要』を引いて一闡提の成仏を証明し、明晫については義相の『法界図』の偈を明晫の『海印三昧論』の偈と間違えて引き、円教の同時成仏を証明する[5]。また、新羅の神昉の『種性差別集』の説を長く引用してそれを否定することによって、終教以上の種性論の正しさを決定付けようとしている。

二　宗意としての種性論

　私記類において、一乗とは終教・頓教・円教を言い、宗意と明言される。この『種性義抄』にも同様である。これに対立するのが、三乗としての始教である。この『種性義抄』は全体的にこうした一乗と三乗との対立を背景として、一乗の立場から三乗を批判し、それによって一乗の種性論の特質と明かすために著されている。一乗と三乗との対立とは、詳しくは一切皆成対五姓各別を意味するが、一切皆成といっても終頓円の三つの教理は少しずつ異なる。『種性義抄』によると、終教・頓教・円教はそれぞれ、終教は一真如性、頓教は唯理性、円教は如如性というふうに種性を建立する。しかしながら、それぞれは名称だけ異なり、結局一真如性に他ならないというのが『種性義抄』の見方である。にもかかわらず三つの種性義に分けるのは、真如性の意味合いがそれぞれ別なるからである。すなわち、終教は無明の熏習をきっかけとして真如によって世界が作られることに焦点をおき、頓教はその真如性が成仏か不成仏かを議論する以前のものであることを明かし、円教はあらゆる存在が円融の状態であり、よって初めて発心した時に正覚を得ることを明かす[6]。

　終教の一真如性とは真如本覚ともいうし、性種性ともいう。法相宗の中で、性種性が真如本覚或いは真如と等値されることはない。その点に関して新円も認めている。例えば、『種性義抄』では、始教の性種性について、『瑜伽論』、『成唯識論』などを通じて、性種性は真如ではなく、法

爾無漏種子・真如所縁縁種子であるといっている[7]。それにも関わらず、終教の概念である真如本覚と始教の概念である性種性を等値させるのはなぜだろう。それには種性論において、ただ五教の種性論が終教に収められるという主張に止まらなく、終教によって始教の種性を解読していく姿勢が見え隠れている。後に詳しく述べるが、『種性義抄』では、法相宗に対して終教の立場によって批判するのみならず、法相宗の所依経典に対しても、法相宗そのものとは異なる解釈を示している。それは宗意の解釈が如何に仏意を正しく表しているのかを知らしめる方法でもある。

なお、種子と種性の関係については、『瑜伽論』「種性地」を引きながら、種子と種性とは同体別義であると解釈する。そうすると、『五教章』の中にはすでに種子説である「縁起因門六義法」が設けられているのに、どうしてさらに種性義を設けたのかという疑問が生じる。それに対しては「縁起因門六義法」は種子の六義を述べており、今はその種子を備える三乗五姓の成仏不成仏の道理を明かすのだと返答する[8]。この返答によって、『種性義抄』の中心テーマが成仏論であって、種性論はその入り口であることが分かる。

三 法相宗の種性論に対する批判

(1) 二種性説をめぐって

『五教章』の種性差別において、始教の段が法相宗の有する教義とやや異なることはすでに指摘されている[9]。その典型的な例として、『瑜伽論』の二種性説すなわち本性住種性・習所成種性の解釈について、次のように説かれている。

この中、本性とは、内の六処のうち、意処を殊勝とする。すなわち頼耶識のうち、本覚の解性を性種性とする。ゆえに梁の『摂大乗論』は、「聞熏習と阿頼耶識の中の解性と和合する。一切の聖人は此を以て因と為す」といっている。（此中本性、即内六処中、意処為殊勝。即摂頼耶識中本覚解性為

性種性。故梁摂論云。聞熏習与阿頼耶識中解性和合。一切聖人以此為因）(T45、485c)

このように、法蔵の二種性説は『梁摂論』において説かれる解性と『起信論』において説かれる本覚とを同一視し、さらに、『梁摂論』において説かれる聞熏習と解性の和合を二種性説の解釈に導入したものであるが、それは終教の立場から始教を解釈したものといえよう。しかしこのような解釈は法相宗本来の解釈と相違するので、『種性義抄』においては二種性説をめぐって問答が行われる。その問いの趣旨は二つである。一には本性住種性は無漏であり、習所性種性は有漏と無漏とに通ずるが、『成唯識論』を見る限り（聞熏習の個所）、有漏と無漏とは和合することがないというもの。二には本性住種性を性種性と称しているのに、いかにして性種性と習種性とが和合してもう一つの性種性を成ずるのかというものである[10]。

親円は初めの問いについて「本性住種性の上から三慧を起こすので、二性が和合して一性種性を成ずる」と答える[11]。しかし法相宗は同様の理由によって和合しないという見解を示している。もう一つの問いについては「今の性種性は本有と新熏との和合により、初発心住に至り種性を顕得するため、両方の意味合いが異なる」（T72、51c-52a）と答える。このように親円と法相宗との間には、本性住種性や有漏・無漏をめぐる解釈に根本的な相違が見られるが、『種性義抄』の答弁は和合義に比重を置くものであることが知られる。

二種性の和合をめぐり、法蔵はその典拠を法相宗の文献から出しているが、その典拠とは『瑜伽論』の文「具種姓者、方能発心」である。『五教章』ではこの文に対して性・習が和合し一種性となって堪任位に至って発心することと解釈する。『種性義抄』では「善趣位（三賢位前）から修行し初発心住に至り、性・習の二性が通融し一種性を顕得することが知られる」（T72、53b）として『五教章』と同様に解釈する。法蔵にせよ親円にせよ、二種性の和合が法相宗において認められていることの文証として提示しており、それによって華厳宗の始教解釈の妥当性を獲得しよう

としている。

　しかしこうした華厳宗側の解釈に対して法相宗側は異議を提起し、「具種姓とは、本性住種性を具するものが方に能く菩提心を発するという意味である」(T72, 53b)と解釈する。法相宗のこうした解釈は『瑜伽論』に照らし合わせれば正しいようであるが[12]、親円は、『瑜伽論』によれば善趣位において修行し発心住に至って種性を顕すことが知られるから、華厳宗に過失はないと弁論する。このように親円の答弁は「具種姓」の解釈の問題については解決を避け、あくまでも和合義に焦点を当てていることが分かる。

(2)　五種性説をめぐって

　法蔵は習(修行)の有無によって五種性の差別があると主張する。しかし法相宗では五種性の差別を法爾に定められたものと見、五種性の中には修行しても成仏できない無性がいると見るので、習の有無によって五種性の差別を説明することはない。そうした法蔵と法相宗との相違について親円は、法蔵が経論の意趣を深く読んだとして、『瑜伽論』の「法爾故等」[13]を、五種性が定まっているという意趣ではなく、堪任等の位に至って五性の差別が決定されるという意趣として理解したと弁明する。

　ここで法相宗では「始教とは法相宗の道理であるのに、どうして法相宗の意見とは違う解釈をするのか」と問い詰める。これに対し親円は次のように答える。

　　（法蔵は）たしかに『瑜伽論』、『唯識論』等の論と『般若経』、『解深密経』等の経によって始教を立てたのであるが、[それは]必ずしも法相宗が立てたのと同様ではない。その理由は、始教の所依の経論の中には終教などの内容もあるからである。故に自宗（終教以上）の意によってみると、一切衆生は本より法爾の仏性を有している。しかし修行しない時には無性と同様で、修行する時には三乗の種性が決定される。また一つの経論について意図をとらえることは人によってそれぞれ異なる。これが香象大師の趣旨

が法相宗の意見と異なる理由である。

　　（答。寔依瑜伽唯識等論、般若深密等経建立始教、而必非如法相立。其所以者、始教所依経論中有終教等義。故望自宗意、一切衆生本有法爾仏性。不修行時、無性也。若修行時三乗性決定、云也。又於一経論得意、人各別。所以香象大師御意、与法相意異）（T72、54a）

　このように、親円は始教の経論における終教の意を認め、それにより始教には法相宗の教理より広い範囲が含まれると理解していることが分かる。

　このほか、法爾無漏種子に関する解釈からも法相意への批判が見られる。『種性義抄』は、法蔵が始教所立の法爾無漏種子について二つの見解を持っていたと主張する。すなわち「種性の体は真如なので論破しないが、真如を離れて立てられた始教所立の無漏種子は論破する」（T72、52a）というものである。これに対し法相宗は『善戒経』と『瑜伽論』とを教証として反論するが、親円は『大品経』によって「法性を離れて外に別法はない」などとしてその反論を退ける。『種性義抄』において、『大品経』そのものは「無性人」という文章があることを理由として始教の種性を表す経典と見なされるが、ここで引用した「法性を離れて外に別法はない」という文章は終教的な内容であり、親円は始教の経典に含まれる終教の内容から法相宗を批判していることになろう。

　法爾無漏種子は真如所縁縁種子とも関連する。法相宗の側は『瑜伽論』を教証として「真如之所縁縁種子」を提示し、真如の所縁縁種子と法爾無漏種子とを同一視することによって、真如は法爾無漏種子ではないと華厳宗の種姓理解について反論する。これに対して、親円は『十地経論』巻一の文章とそれに対する『探玄記』巻九の釈を提示して、真如は所縁縁種子であり、法爾種子であるという。しかし法相宗の側からさらに、親円が文証として用いた『十地経論』、『探玄記』においては法爾とあるのみであって、法爾種子とのつながりはないとの反問がなされるが、親円は、その前後の文章の意義からみて法爾種子であると強引に決着つけて終える[14]。

(3) 無性種性をめぐって

　無性種性といえば、思い浮かぶのは一闡提である。中村元の『仏教語大辞典』によると一闡提は断善根、信不具足と漢訳され、一般的にはどんなに修行しても覚ることができないものと解釈される[15]。二乗種性が涅槃という神秘的な領域に行き得るのに対して、あくまで現実的な領域にとどまり続ける一闡提は、仏教が現実の人間をどう捉えるかという問題に関わってくる[16]。

　無性種性に関する『五教章』の解釈は、始教の段においては、①もし無性種性が存在するならば、仏の教化は尽きることがなくなってしまうという解釈と、②無性というのは、有性のものが未だ修習していない状態を指し、修習をすれば有性となるという解釈との、二つに要約される。親円は①に対しては、実は無性種性は仏の教化を受けて人天の勝妙楽を得るといい、②に対しては、反論を設定して、『涅槃経』「現病品」における、「一闡提は阿耨菩提を得られない」という意味の経文を提示している。しかし、親円はこの経文に対して、ある本には阿耨菩提を得るとなっていると述べてテキストの問題を取り上げ、その証拠として法蔵と、『指事』において引用されている大賢とがそのテキストを使っているとする。そして、そのテキストによって、「一闡提は阿耨菩提を得られない」というのは、善友に会えないことだと会通している。それによって、無性の種性が立てられても問題はないということを主張すると同時に、無性に関する法蔵の説②を後押ししている。

　終教段は①一切皆成というのにもかかわらず無性の存在を建立する理由について説明することと、②無性をめぐる始教の反論に対して答えることとによって構成されている。

　①に対して『五教章』は、了・不了を導入して解釈している。すなわち、『宝性論』を通じて、無性を論ずることは、大乗を誹謗する人を救うために設けられたと解釈している。そしてさらに、無性に執着することは外道の邪執と同様だと述べて厳しく法相宗を警戒し、またこうした視座から始教の経論は不了、あるいは方便説であるとみている。②は、始

教の側から一切皆成に対して四つの過失が提示されているのに対して、終教の側からも始教の無性説のもつ五つの難を提示して反論し、無性の建立が必要だったことを力説している。親円は二つの見解をそのまま踏襲しているが、それ以外にも涅槃の四句に対する元暁の解釈によって一切皆成を主張しており、そのことが一つの特徴となっている。

　元暁は『涅槃宗要』の中で一闡提と定性二乗について下の＜図20＞のようにいう[17]。この図20の中においてもっとも問題となるのは①である。一闡提における仏性の有は、法相宗の教理に反しているし、二乗に法爾がないというのは終教の道理に反しているからである。①に対してみると、「一闡提に仏性があることに対しては、不定性の人が善根を断じた時にも、猶お作仏の法爾種子があるからである」（元暁）→「闡提人が善根を断じると雖も、猶お作仏の法爾種子がある」（親円）、また「断善根による仏性の無に対しては、決定二乗に善根がある時、前説の如く作仏の種子がない」（元暁）→「決定二乗に、もし自乗に備わっている無漏種子があっても、彼に作仏の無漏種子がない」（親円）というように、親円が元暁の説明をわかりやすく補足していることが分かる。

図20　仏性の有無（T72、55c-56a）

種性 仏性の有無	元暁の説明	親円の説明	備考
①闡提　有	不定性人断善根時、猶有作仏法爾種子故。	闡提人雖断善根、猶有作仏法爾種子。	不定性人→闡提人
断善根　無	決定二乗有善根時、無如前説作仏種子。	決定二乗、雖有自乗無漏種子、無彼作仏無漏種子。	
②一闡提　無	無性衆生、断善根時、永無如前。菩薩種性。	大乗種性人、其性先具足。故云善根人有。	菩薩種性→大乗種性
断善根　有	菩薩種性、無断善根、本来具有。作仏種子故。	無性人本無菩提性故。云闡提無也。	

③一闡提 断善根	有 有	前二句内両重二人皆有。縁起門中因性、凡有心者当得菩提故。	二人皆有因性仏性。	因性→因性仏性
④闡提 断善根	無 無	第三句所説二人斉無。縁起門中果性、当時未得無上菩提故。	有性無性二人俱有因性仏性。無果性仏性。現前未得大菩提故也。	果性→果性仏性

しかし、二乗に作仏の無漏種子がないというのは、終教の二乗成仏の道理に反する。こうした疑問について親円は、終教の真如は法爾種子であるといい、それが善悪法に遍満するので、善を断ずる人の不善なる行動も報仏の因となるという[18]。それによって、二乗が成仏するのはおろか、一闡提においても仏性があるというのである。なお、二乗に対しては、定性二乗が善・不善なる因を断じている間には、因性としての仏性がないと説明している。こうした説明は元暁の解釈から一歩進んで理解しやすくなっている。しかし、備考にもあるように不定性人→闡提人に変えたのは、明確さを欠いている。元暁の意図は、闡提の中にも法爾種子のある種性があることを示しているように読み取れるが、新円によると、闡提に法爾種子のある理由が乏しいように読み取れる。また、因性→因性仏性、果性→果性仏性への変化からは、新円の種性論が種性としての仏性を強調していることがわかる。

(4) 法相宗に対する批判の問題点

『種性義抄』における法相宗への解釈あるいは批判について検討したが、その中心となるのは性種性と習種性とが和合するという説であり、それは始教の経論に内在する終教の内容であると理解されている。しかし実際に親円の始教観を検討すると、一貫性を欠いている点もみてとれるので、その問題を今改めて検討してみたい。

まず『五教章』は始教の二種性の説明において用いた『梁摂論』の文章を、終教の説明においても用いている。それについて『種性義抄』には次のような問答がみえる。

問う。これらの文を始教の生滅頼耶を立てる証拠としたのに、今度はどうして終教の真如種性を立てる証拠とするのか。

答える。両方の文章は同一であるが、頼耶は麁と細とに分けられる。ゆえに始教と終教の二教の証拠として用いても過失はない。つまり始教の中では生滅の一分八識を立て、終教の中では生滅不生滅の和合である具分八識を立てる。八識は即ち真如である故に性種性と名づける。これを離れて別に法爾無漏種子はない。

（問。爾。以此等文為始教立生滅頼耶証。何為終教立真如種性証拠耶。答。此雖同文於頼耶分麁細。故為始終二教証無失。始教立生滅一分八識、終教立生滅不生滅和合具分八識。八識即真如故名性種性。離此別無法爾無漏種子故也。具如心識差別章。可尋之耳）（T72、59c-60a）

こうした親円の答えを見る限り、始教の説は『梁摂論』が説く生滅不生滅の和合した具分八識のうち、一分によって説かれている説であり、終教の説は具分によって説かれている説である。両方とも生滅不生滅の和合した具分八識に基づくから、それによって性種性は始教においても終教においても真如と見なされ、真如の他に法爾無漏種子はないことになる。こうした理由から親円は、法蔵の解釈が法相宗の解釈とは異なると理解している。上に述べたように法相宗で真如を性種性としないことを一応認めながらも、ここでは終教の立場から始教の解釈を改めていることがわかる。

二種性の解釈の鍵となった生滅不生滅の和合は終教の論理に属している。また『種性義抄』では五教判の各教の所依の経論が提示されるが、生滅不生滅の和合の典拠となった『梁摂論』は始教の所依の経論には入っておらず、終教の経論として取り上げられている。よって二種性の解釈はあくまでも終教の論理からの解釈であることが知られる。

次に親円は、『瑜伽論』等の五性を説く論について、弥勒大士が浅機のために彼等を大乗に趣向させようとして方便をもって作ったものと理解する。よって法蔵が聖教の了義（終教）、不了義（始教：『瑜伽論』等）を

判断し、空有の教時論争を和合し道理に望んで判じたという[19]。
　こうなると始教に対する親円の解釈は、①始教に終教の存在を認める解釈、②始教を方便説（不了義：『瑜伽論』等）と見る解釈、といった二つに大別できる。ここで法相宗に対しては②によって批判される。生滅不生滅の和合の典拠となった『梁摂論』をもって①を説明するが、これは終教による始教の解釈に他ならない。しかし実際に和合は終教そのものの立場と変わらない。それにもかかわらず親円は、始教の解釈に『梁摂論』を引いたので、ここで『種性義抄』の始教に対する立場が齟齬が生じてしまっている。
　法蔵が始教について述べる際、法相宗の解釈とは異なる解釈を試みたのは事実である。『種性義抄』がそれを始教における終教の内容、あるいは終教における始教の内容と見て法相宗批判の論理として用いたのは、親円が華厳宗の立場から新たに試みたことといってよい。このように親円は、始教の意味を広くとることによって、法相宗批判の妥当性を保って華厳宗の種性論を証明しようとしている。但し、親円の答弁は必ずしも妥当とはいえない。あくまでも、始教の経典であれ、終教の経典であれ、可能な限り法相宗の意見を批判するものであれば、取るという姿勢に望んでいることがわかる。

四　まとめ

　以上のように、宗意の種性論と始教の仏性論とに対する親円の考え方を検討した。まず、宗意の種性論から見ると終教、頓教、円教とは同様の一乗でる。種性論とは成仏論のために説かれて、その入り口であるとことがわかる。始教の仏性論に対する『種性義抄』の解釈にはやや強引な点が見られたが、始教の段であるにもかかわらず終教の立場から法相宗の所依の文献を解釈しているのが特徴といえる。その終教の立場とは生滅不生滅の和合を説くことである。そうした解釈は、実際には法蔵の『五教章』の二種性解釈にすでに見られる。すなわち、法蔵は『起信論』

や『梁摂論』を終教の説として、それらの論を始教の解釈において利用していたのであるが、法蔵自身はそれを明瞭に言わなかったのである。

『種性義抄』は『五教章』のそうした姿勢を見極めていたと考えられる。よって二種性・五種性等の問題において法相宗批判を行いながら華厳宗の種性論を明らかにしたのである。そして経論に内在する複数の意味を見出して解釈することによって、法相宗の理解と異なる法蔵の理解の妥当性を跡付けたのである。

なお、法蔵が『解深密経』のうちに始教・終教の二面を認めていたことは、すでに寿霊の『指事』において指摘されていたが、それが『立宗義私記』、『一乗義私記』のような私記類においても継承されている。また、この『種性義抄』において使われる一部の表現や用語は後に成仏論で詳しく述べるように、『五教十宗大意略抄』と共通する（例えば具分八識）。よって始教に対する『種性義抄』の重層的な解釈は、それ以前の日本華厳の流れと深い関係があると推定される。

---

1 由木義文氏は『日本大蔵経解題』の中において、親円は東大寺の末寺派の観円(990-1063)とみている。この説には今のところ、決め手はなく、解題にもその証明を尽くしてないので、本稿では奥書の通りに親円の名を用いることにする。
2 龍谷大に『種性義抄』の写本が二つ所蔵されている。二つは同体裁を有しているが、その一つは「前田慧雲蔵」本であり、ここには奥書が記載されていない。
3 高野山聖教類第三部(高山寺典籍文書綜合調査團編[1973]『高山寺経蔵典籍文書目録』第一、東京大学出版会、345-6頁)
4 常盤大定[1930]『仏性の研究』第六章親円の「華厳宗種性義抄」。
5 『十玄義私記』、『一乗義私記』に新羅の義相や義相系の文献が引かれていたことを確認したが、『種性義抄』にも義相の『法界図』が『海印三昧論』という名称で引用されるのは、平安時代の私記類の流れにおいて、新しい思想傾向と言えることである。こうした文献は見登がもたらしたと推測されている。裏を返すと見登が日本へきた時には、新羅には義相系の華厳宗の教理が盛んであったということである。(崔鈆植[2003]「日本古代華厳と新羅仏教―奈良・平安時代華厳学文献に反映された新羅仏教学―」『韓国思想史学』21（韓国： 韓国思想史学会）、1-42頁
6 『種性義抄』(T72、46a)
7 金天鶴[2010b]「法蔵の『華厳教分記』種性論に対する均如の理解」『仏教学研究』25号（韓国： 仏教学研究会）63-65頁
8 『種性義抄』(T72、48a-b)
9 富貴原章信[1974]「五教章の種性義について」『南都仏教』32。

10 『種性義抄』(T72、51c)
11 同上(T72、52a)
12 大竹普[2000]「因の哲学―初期華厳教学の理論構造―」『南都仏教』79号の註5の中で、『瑜伽論』の「具種姓者、方能発心」文に対して解釈を試みている。それによると「種性具足」は性種性が発心以前から無始法爾に備わっていることであり、法蔵のいうように二種性が備わることではない。
13 実際には『顕揚論』の文を指す。
14 「問。爾。雖文誦真如名法爾種子。而論文正無真如一切法名法爾種子文。何任意云如此耶。答。論次上文云。此真如一切仏根本故云云。意法爾無漏種子是真如云也」(T72、52b)
15 しかし、親円が典拠とする『涅槃経』の一闡提の意味は、経典の中においてもかなり 不明瞭な概念になっており、仏性・如来蔵から除外されている程度の意味しかつかめないようである。こうした問題については、下田正弘[1989]「『大乗涅槃経』の思想構造――闡提の問題を中心として―」『仏教学』27、69-95頁に詳しく、一闡提の概念について持つ先入観が醸し出す固定観念によって見逃してしまいがちな、一闡提のコンテキストについて論究した。
16 木村清孝[2001]「初期華厳教学と元暁の闡提仏性論」・「華厳思想のおける人間観」『東アジア仏教思想の基礎構造』、春秋社、473-479頁。
17 この四句については、木村清孝[2001]「初期華厳教学と元暁の闡提仏性論」に詳しい分析がなされている。
18 『涅槃宗要』「一切断善根人所有不善五陰。亦作報仏之性」(T38、252a)
19 「答。弥勒大士引諸経作五性論。是為浅機衆生。以方便呵責懈怠者。為令趣向大乗直道。然宗大師作五教章段判断一代聖教了義不了義。及和会空有教時諍論。深探採義意趣任道理判也」(T72、57a)

第七節 『華厳宗一乗開心論』

一 文献の基礎的検討

(1) 書誌と撰述年代

　『開心論』は全六巻の中、現在一巻しか残っていない。刊本は三つある。第一は日仏全13 華厳小部集（1914年）本、第二は『日本大蔵経』華厳宗章疏4（1919年）、第三は大正蔵（T72、No2326、1930年）である。日仏全本は欠字や疑いのある字の場合、割注の形式で正しい字を当てているが、日本大蔵経本と大正蔵本は、それぞれを本文に入れてある。『仏書解説大辞典』の説明（今津洪嶽）には、巻末の識語には「普機奉勅撰一本釋普機撰に作る」とあるとするが、これは日仏全本によるものである 日本大蔵経本 には「普機奉勅撰」とあるのみであり、大正蔵本には「普機奉勅撰」の次の行に「一校了」という句が追加されている。だが大正蔵本には高山寺蔵本を原本とすると記すのみで校訂本は記載されておらず、内容を検討しても三つの刊本は異本ではない。このことから複数の写本があって識語が異なるだけと考えられる。

　『開心論』は確固たる証拠はないが、古くから天長年間（824-833）に勅により著述された天長六本宗書の一つと言われてきている。この六宗とは、いわゆる南都六宗から成実宗と倶舎宗とを除き、天台宗と真言宗とを加えたものをいう[1]。『開心論』は私記類ではないが、平安初期の華厳宗の教理思想を知る上で重要な文献である。著作年代は私記類より早いが、本論文の構成上、平安時代の華厳文献としては最後に取り扱うことにした。なぜなら、本書は勅撰であり平安時代の私記類とは性格を異にすること、また思想の面でも異なっている部分が見られるからである。よって、前項までに私記類の全体像を描いた上で本書を検討することが、平安時代の華厳宗の教理をより確実に把握できると考えたからである。

　さて、内容に入る前に、まず『開心論』が勅撰か否かの問題を検討す

る。ここで六本宗書にかかわる『伝通縁起』、『元亨釈書』、『諸宗章疏録』の記載を整理すると次のようになる。

図21　六本宗書に関連する記録

六宗書記録	華厳一乗開心論	大乗三論大意鈔	大乗法相研神章	戒律伝来記	天台宗宗義	十住心論
伝通縁起	記録無し	勅撰（823）	記録無し	勅撰（829）	勅撰	記録無し
元亨釈書	記録無し	記録無し	勅撰（弘仁年間）	記録無し	勅撰（弘仁年間）	勅撰（弘仁年間）
諸宗章疏録	書名あり	勅撰	書名あり	書名あり	書名あり	勅撰

これをみると『開心論』を勅撰とする記録は見られない。本書を勅撰とするのは華厳関連の著述においてである。凝然の『法界義鏡』「第十宗緒相承」（日仏全13、304a）には勅撰であると明記する。また湛睿の『演義鈔纂釈』一上には次のようにある。

> 花厳宗一乗開心論の序（沙門釈普機が詔を奉って撰述した）に云う。全て、助□経論、文殊（杜順）の五教、智儼、法蔵等の秘旨に憑って一乗心の宝を開く。（已上）
>
> （花厳宗一乗開心論序（沙門釈普機奉詔撰）云。全憑助□経論文殊五教儼蔵等秘旨開一乗心宝　已上）（T57、248c）

この中の「沙門釈普機奉詔撰」という句節から、釈者が普機であること、『開心論』が勅撰であることは明らかである。この序は恐らく彼の門人の作とみられる[2]。今津洪嶽によると、『三宗血脈』の華厳宗の条に長歳の下に道雄と普機とを列ねるといい、また凝然の『法界義鏡』に同様の記録があると伝える[3]。よって長歳の弟子ということは間違いないだろうが、なによりも確実な記録は『開心論』の次の記事である。

> 帰真大師華厳和尚という方がおり、法諱を長歳といった。〔彼は〕ただ自宗

において心肝を温めるだけでなく他家の主をも渉猟し、『唯識』・『因明正理』等の論及び彼の文句についても寸陰を惜しんで勉強した。これを私に授け、写瓶の楽があり、人に許すに普門の慈悲を以てした。これゆえ、追っては前師の遺風を恋い慕い、顧みて後学の迷道を歎く。よって総じて記して天皇の広智に聞す。(有帰真大師華厳和尚。法諱曰長歳。唯於自宗、非温心肝。亦渉猟他家主。若唯識因明正理等論及彼文句。寸陰是惜。是以授余有写瓶之楽。許人以普門之悲。是故追悲前師之遺風。顧歎後学之迷道。総記以聞天皇広智)(T72、4a)

すなわち長歳が華厳宗の僧侶でありながら唯識や因明に通じていたこと、そして普機が長歳の入室の弟子であることが述べられている。最後の「天皇の広智を承る」という表現からは、『開心論』が勅撰であることも分かる。また、長歳が法相と因明に勝れていたことは、凝然も『法界義鏡』(日仏全13、304a)に記載しているが、このことは『開心論』の中で因明がキーワードになっていることからも推測できる。

(2) 引用文献からみた思想の傾向

全六巻中下巻の一部しかない現存の『開心論』は、一乗の開心三昧門に入る方法を明かす段である。そこには証成道理という論理的証明と、聖言道理という経証や教証の方法があるとする。そして論理的証明をするため円印に60字を円に沿って配置する。そして真ん中には論曰として81量を表している。この中、60字については十句に分けて、それぞれ釈を施し、最後に経典を用いて経証を付している。中央の「論曰」の文は、智周の『成唯識論演秘』(T43、878b)からの引用である。次に聖言道理を述べる。これは『華厳経』の道理を明らかにする章である。ここでは10項目に分けて華厳の道理を説明している[4]。

図 22 諸師の引用

引用諸師＼内容	計	証成道理	聖言道理 三種世間	十種本経	引用者別合計
智周　成唯識論演秘	1	1			1
普機　中巻（開心論）	3	3			3
智儼　孔目章	1		1		1
法蔵　華厳経伝記	6		1	5	
五教章	5	3	2		
無差別論疏	1	1			33
旨帰	4		2	2	
文義綱目	5		3	2	
探玄記	22	1	16	5	
李通玄　華厳会釈	2	2			3
李通玄　華厳経疏	1		1		
慧苑　刊定記	11		6	5	19
慧苑　華厳音義	8		8		
空海　親伝	1			1	1
貞元録	1	1	1		1
付法師師次第	1			1	1
有迷者	1	1			1
起信論釈（釈摩訶衍論）	5	1	4		5

　図22は、引用文献を整理したものである。ここから引用の特徴をまとめると次のことが言える。第一には『開心論』自身への言及があることであり、中巻を3回指示している。第二に、華厳学についていえば、法蔵の引用が圧倒的に多く、次が静法寺慧苑である。ここから日本初期の華厳宗において法蔵と慧苑が重要な位置を占めていることが分かる。とくに法蔵『探玄記』と慧苑『刊定記』は「二師疏」という表現がされるほど同等に尊重されている。次に李通玄『新華厳経論』が「通玄華厳会釈」「通玄居士疏」という名で引用されている。その中、十句の釈の中に、第七句の「広大無尽」と第十句の「猶如大海」の釈に李通玄の『華厳会釈』[5]を2回長文にわたって引用している。それは『華厳経論』巻二にある十種の甚深広大な無比法と十種の徳に関連する内容である。ところで後者の引用では、九と十の内容を欠いている。

第三に経論としては密教系の経典である『守護国界主陀羅尼経』と、空海の言葉が親伝として引用され、さらに空海が密教経論として重んじていた『釈摩訶衍論』が引用されることも注目される。これらのことから、普機が奈良時代の法蔵と慧苑を重視する華厳学の伝統を継承しながら、因明と密教という三つの学問系統を背景としていたことが分かる。

二 華厳思想の特質

(1) 海印三昧の宣揚

『開心論』が証成道理を設けた理由は海印三昧の宣揚にあったと思われる。海印三昧とは一大法身毘盧遮那により説かれる華厳三昧門のことである。それは引用される経論のキーワードが「大海」と「印」とに絞られていることから分かる。本書では、さらにそれを因明という論理や論諍を通じて証明することにより華厳宗の優越性を表していることが特徴であるといえる。

最初の論諍は有迷者に対する論破である。『開心論』では、華厳の三昧門にあらゆることが収められるから論理的な過失を離れているということについて、次のように述べる。

> 論じていう。此量の有法は、「現れないことがない」という法である。故に一切法を摂める。一切法を摂めるということから、更に異喩は無い。異喩が無いから、相違決定となる喩を作ることは可能では無い。是の故に諸の過失を離れている。（論曰、此量有法、無不現之法。故摂一切法。摂一切法故、更無異喩。無異喩故、設[6]無可作違決之喩。是故離諸過）（T72、2c）

内容を解説すると、「此量」とは60字を指す。「有法」とは華厳三昧門である。この華厳三昧門は「現れないことがない」という教法であるから、一切法を包摂する。異喩がないとは、華厳三昧門が「現れないことがない」という教法であることと矛盾する実例がないことを意味する。

よってこの命題を否定することはできないだけでなく、60字で作られた論理があらゆる過失から離れている正しい認識となる。続いて、これに対する有迷者の反論がある。

> 有迷者がいう。「大海は死屍を受けない」〔という『華厳経』の言葉がある〕から、「万法が帰入する」と〔主張するのは〕因の不極成〔という過失〕である。喩も、主張命題が一分能立不成という誤謬を犯している。云云。（有迷者云。大海不受死屍故、万法帰入。因不極成。喩亦一分能立不成、云云）(T72、2c)

有迷者は、まず華厳三昧門があらゆるものを包摂することの理由（能証）を否定できる例として、『華厳経』「十地品」に出る「大海不受死屍」（大海は死屍を受けない）を抜き出して論駁している。『開心論』の中にも経証としてこの文を出しているので、その内容をみる。

> 『華厳経』「十地品」に云う。仏子よ。譬えば大海のようである。十種の相により大海の名を得るのであり、移奪することができない。どのようなものを十とするかいえば、一には次第にだんだんと深くなること。二には死屍を受けないこと。（略）（華厳十地品云。仏子。譬如大海。以十種相得大海名。不可移奪（六十華厳経：無有能壊）。何等為十。一次第漸深（六十華厳経：一漸次深）。二不受死屍）(T10、209a)

この中で有迷者は「受けない」という句に着目する。すなわち、何でも包摂すると言っているが、実際には受けないこともあるのではないかという反論である。すると、異喩が出せないと言うが、実際には出せるから反論の材料になり、論者の論理を論破できる因となる。その意味で「大海」の喩は全称命題を証明することに失敗していると有迷者は言っている。しかし問題は有迷者が経典の意味を誤解していることである。『華厳経』「十地品」の大海の「不受死屍」という意味は、その下に「離垢地は一切の戒を破した屍を受けない（離垢地。不受一切破戒屍故）」(T10、

209b) とあるように、本来の意味は破戒を警戒することである。『十地経論』には「浄功徳」（T26、202a）と解釈するように、これはあくまでも大海の清浄性を現すための譬喩であり、有迷者のような意味で書かれたのではない。『開心論』は、このことを証明するため、『華厳経』、『同性経』、『宝積経』、『守護国界主陀羅尼経』、『大集経』などの経と、『大乗起信論』、『法界無差別論』などの経論を出す。これらは「海」、「印」、「摂一切」をキーワードとしている点で共通し、60字からなる華厳三昧門の比量が正しい認識のもとに立てられたことを強調している。このように『開心論』は、論理を通じて華厳三昧、すなわち海印三昧を宣揚していることが分かる。

(2) 有迷者に対する批判の意味

　普機は、因明道でなければ二乗の魔業から抜け出すことができず、彼等を化導するのが仏業であるという六十巻『華厳経』（T9、663a、663c）を引用して、因明道こそ二乗を救う方法であると述べる。よって唯識系の慈氏などの菩薩から陳那・天主などの諸師と中観系の竜樹などの菩薩がこうした邪道の類を摧くため因明を用いたとする。そして日本における声明と因明に通じた人として長歳を紹介する[7]。こうしたことから普機が因明あるいは声明を二乗といわれる有迷者に対する方法として重んじたことがいえる。ただ、こうした二乗だけが有迷者ではない。普機は華厳三昧の全包括性を宣揚しているが、批判の的になるのは一乗論者の中の因明を無視する人々である。よって因明道を知らないか無視するものが邪道、二乗、有迷者と認識されていたことが分かる。

　このように普機が因明を重要視したのは、それが経論を解釈するための必須の方便とみていたからである。またそれが本当の菩薩道と理解していたのである[8]。

　　よって、不学の流は彼の宗喩因を主としても、その宗喩因は、互いの文句を綺しくするのみで、〔その振る舞いには〕舌を巻き、足が逗まるほどであ

る。さらには「学堂に因明がなく、大楽に大鼓がない」という諺があるに至っては、因明を以て指しても〔相手を〕壊すことはできない。
　（是以不学之流。主彼宗喩因。宗喩因、綺互文句。舌巻足逗。至有諺曰。学堂無因明。大楽無大鼓。因明指而不壊）（T72、4a）

　普機によると、このように因明を主としても、因明を修飾ほどにしか考えず、正規の因明には足が止まるほど実際に因明が無視され、ついに因明の力がなくなる。こうした時代状況の結果、「一乗の道は比量を須いず、世間の非学及び二乗の狭心は因量以て過ち来たし、経意に及ばないことを知らない。よってこのように迷うのである」[9]とする。それはその時代に宗派を問わず因明が経典を正しく解釈する重要な方便であったにもかかわらず、それを無視する一乗徒に対する警戒の意味を持つ。しかし、普機が時代の世態を批判するほど、当時において因明を無視した人は多くなかったと思われる。それは普機も述べているように、多くの人は比量を正しいと思っていたからである[10]。実際に普機の師匠で因明に勝れていた思われる長歳は843年に東大寺に住している[11]。彼は東大寺の法相宗僧の慚安から因明を受けて、薬師寺の真惠（797-870）と隆光（812-890）に伝える。なお、隆光が東大寺の恵昤（815？-900）と興福寺の空操に伝える[12]。これからも分かるように、普機の活動している時代には宗派を問わず相互の関係が深く、また因明に対する知識が充実していたといえる。そうした流れの中で因明を重んじていない流派がおり、その部類を強く警戒したのが、普機の有迷者に対する批判の意味とみられる。

(3)　『釈摩訶衍論』引用の意味

　『釈摩訶衍論』は証成道理の項目で1回の引用があるが、その意味は論理を証明する典拠になる経論の一つということで大きな意味をもつ。それはすでに指摘されたように『釈摩訶衍論』第十巻「摂不摂問答」の引用により、『華厳経』の華厳三昧門が他教説に包摂されないことを証明すると共に、空海の影響を受けながらも、『釈摩訶衍論』をもって密教の

真言宗と華厳宗を等値とする結果となった[13]。

聖言道理は三種世間を仏と命名する慧苑の『刊定記』による。また、器世間仏について、法蔵が三つに分類するのに対して、慧苑は四つに分類するが、普機は慧苑に従う。そして詳しい説明に当たっては法蔵と慧苑を交互に引用する。全体的には二疏と呼ばれ尊重される法蔵の『探玄記』と慧苑の『刊定記』からの引用が圧倒的で、『釈摩訶衍論』は巻十の同一個所が3回、巻三が1回引かれるにとどまる。しかし、内容的には『釈摩訶衍論』は三種世間が一大法身となる「三為一」の論理を支える典拠であるという点で重んじられていると言える。ここでは聖言道理の中の4回の引用例を検討し、『開心論』における『釈摩訶衍論』の位置づけを考える。

図22にあるように、『釈摩訶衍論』は三種世間が一大法身になることについて、三種世間仏を通じて明らかにする個所に4回引用されている。『開心論』には、『華厳経』の教説を聞く衆生身に無色天と地獄を除くという『探玄記』の説を引用し、そうならば一微塵の中に三悪道、天、人、阿修羅がそれぞれ報業を受けて現れるという経典の文句に反すると問い、普機は次のように答える。

> 答える。三世間の中に摂めない法はない。但し、〔『探玄記』には〕同じく聞く中に「何かの立場に寄らず」法を現しているので、連ねないだけである。〔その反面、〕経典の頌文は道理を尽くす説に拠る。よって〔『探玄記』の解釈と〕相違しない。竜猛菩薩の判を見よ。
>
> （答。三世間中、無法不摂。但同聞中、表非寄故、且不列耳。今此頌文、拠尽理説。故不相違。見竜猛菩薩判）（T72、8a）

このように普機は、『探玄記』説を支持するため『釈摩訶衍論』の関連個所を参考にするように指示するが、それは証成道理に引かれている『釈摩訶衍論』の次の箇所である。

①大本の『花厳契経』の中にこのように説いている。その円円海は諸仏を

得る。勝れているからである。その一切仏は円円海を能く成就することができない。劣っているからである。②もしそうならば、どうして分流の『花厳契経』中にはこのように"盧舎那仏は三種世間をその身心と成し、三種世間に法を余り無く摂する。彼の仏の身心にまた摂められないところはない"というのか。③盧舎那仏が三世間を摂めるといっても、[他の仏には]摂と不摂があるので、この故に過失はない。

（大本花厳契経中作如是説。其円円海得諸仏、勝故。其一切仏不能成就円円海、劣故。②若爾、何故分流花厳契経中作如是説。盧舎那仏三種世間為其身心。三種世間摂法無余。③彼仏身心、亦復無有所不摂焉。盧舎那仏、雖摂三世間、而摂不摂故。是故無過）（T32、668a12-17）（番号は筆者）

普機は証成道理においては①までを引用し、今の答えでは②③の文章を指す。上の答えに相違しないと言ったのは『釈摩訶衍論』における勝・劣と関係する。それは③の盧舎那仏と諸仏の摂・不摂の問題に他ならない。よって上の答えで相違なしと表現した背景には、円円海が諸仏を得ることができるが、諸仏はそうでないという問題を念頭に置き、道理を尽くした円円海と「非寄」により一部の衆生を除く法蔵の解釈を対比したのである。「非寄」とはつまり、何らかの立場に立つ場合、それから外れるという意味なのである。

上記の文の中、②は三種世間が一大法身となる論理を支える文句にもなる。『開心論』には三種世間が一大毘盧遮那仏となる理由について問い、それについて引文の中②を引用して答えている。もう一つは、『釈摩訶衍論』第三巻における次のような熏習鏡の譬喩の引用である。

性浄本覚は、三世間の中、まったくどちらからも離れない。彼の三に熏習して一覚となり、一大法身の果を荘厳する。この故に因熏習鏡と名づけるのである。（性浄本覚、三世間中、皆悉不離。熏習彼三、而為一覚。荘厳一大法身之果。是故名[14]為因熏習鏡）（T72、9a）（T32、622a）

『開心論』では『釈摩訶衍論』を『起信論』の註釈と見なしている。そ

の『起信論』によれば、因熏習鏡とは「如実不空」(T32、576c)を意味し、一切世間の境界がすべてそこに現れるのであるが[15]、これがその重要さを物語っている。また他の個所においては三種世間にあらゆる（多）ものが摂められることについて引文の③をもって証明し、他にも『釈摩訶衍論』の用語を用いるので、『開心論』において『釈摩訶衍論』は華厳三昧にすべてが包摂されることを証明する主な典拠として重んじられていることが分かる。

三　まとめ

以上、『開心論』を検討した。『開心論』は六巻の中、一巻しか残っておらず、その思想内容を完全に捉えるのは容易ではないが、次に述べる幾つかの知見が得られた。

第一に、『開心論』が勅撰であるという確実な記録はないが、本文の検討から普機が東大寺の長歳の弟子であることと勅撰であることが判明した。このことは湛睿の記録によっても補足された。

第二に、普機は因明を仏教の教えを理解するための必須の方便として理解し、実際に因明を用いることにより、華厳三昧にすべてが包摂されることや、『華厳経』の教理が他の教より勝れていることを証明していた。また、これを証明する教証として『釈摩訶衍論』を主な典拠としていた。さらに因明を重視する立場から、因明を無視する一乗の徒を批判していた。

第三に、華厳学の背景から見ると、『開心論』は法蔵の『探玄記』と慧苑の『刊定記』を二疏と呼ぶほど重視し、二人の著述からの引用が圧倒的に多い。これは奈良時代以来の日本華厳の流れに沿っていることを意味する。ところで、『開心論』は同時に空海の影響により、真言宗を重んじる表現が見られる。空海が東大寺に影響を与えるのは823年東大寺内に灌頂道場が創設されてからであるとされるが[16]、『開心論』はそのころの影響によるものであろう。また、真言宗系統の経論を取り入れている

ことから、平安時代の私記類とはやや異なった性格をもっている書物であることが分かる。しかしながら『開心論』→『大意略抄』→『種性義抄』とつながる系譜を想定できる文献である。

---

1 この天長本書については、島地大等[1931]「天長勅撰の六本宗書」(『教理と史論』、明治書院)に載っている。初出は1913年2月刊の『宗教界』9-2号である。
2 岡本一平[1997]「『華厳宗所立五教十宗大意略抄』の成立背景」(『駒沢大学大学院仏教学研究会年報』31、67-68頁)には、『開心論』を道雄撰とする杲宝口述・観宝記『アキシャ鈔』(T77、825b)(→大正蔵によれば、杲宝記『宝冊鈔』の間違いか?)を紹介し、また道雄が華厳三昧の修練に励んだとする『類聚三代格』の記録を挙げて、『開心論』を道雄が著した可能性を否定しない。また、勅撰を疑問視する意見もある(崔鈆植[2003]前掲論文、24-26頁)。勅撰を疑問視する見解については、金天鶴[2007]「『一乗開心論』の思想的特質」『仏教学研究』17号(韓国:仏教学研究会、55-81頁)で筆者の意見を述べている。ここではこうした問題には深く立ち入らないこととする。
3 『仏書解説大辞典』「一乗開心論」(今津洪嶽)
4 具体的な内容は、高原淳尚[1989]前掲論文37頁に科文があり便利である。
5 高峰了州[1963;1976復刻版]前掲書(201頁)の中で、『華厳経会釈論』14巻と2巻のものを紹介しながら、『華厳会釈』とは『新華厳経論』と同一のものと推測した。『新華厳経論』40巻であるが、李通玄は「如前七巻会釈中略已釈訖」といい、会釈という言葉を李通玄本人が使っていることが分かる。よって会釈とは現存する『新華厳経論』の七巻までと見てよいと思われる。『開心論』は李通玄を3回引用するが、その中で二巻の引用を「会釈」、九巻の引用を「疏」とする。最澄の『依憑天台集』(816年頃、日本大蔵経77)には初めて『会釈』十四巻とみえる。『会釈』と『疏』とはほぼ同時に入っており、それぞれ流通したとみられる。ちなみに、『東域伝灯録』にも十四巻となっている。
6 「設」字の意味は不明。
7 『開心論』(T72、4a)
8 同上
9 『開心論』「終言於一乗道不須比量。不知世間非学及二乗狭心因量求過、不及之経意。作如是迷」(T72、4a)
10 『開心論』「然世人多於得是。末学作非」(T72、4a)
11 斉藤唯心[1930]『仏教に於ける二大唯心論』、法文館、363頁。
12 武邑尚邦[1986]『因明学』、法蔵館、80-81頁。
13 土居夏樹[2004]前掲論文、46-49頁。最近の研究成果によると、空海が普機の影響を受けている証拠も提示されている。藤井淳[2008]『空海の思想的展開の研究』東京:トランスビュー、第三編第四章。
14 「名」は『開心論』に「不」となっているが、「名」と「不」の崩し字が似ていることからの誤字である。
15 金天鶴[2007]、前掲論文、55-81頁。
16 堀池春峰[1980]『南都仏教史の研究』上 「弘法大師空海と東大寺」、432-457頁。

小結　平安期華厳文献の特徴

一　相互関係

　これまで平安時代の私記類を取り上げて考察してきた。前にも言及したように、私記類の特徴として、相互に深い関係が見られることが挙げられる。これまでは『五教章』和本の各章に沿って考察してきたが、ここで私記類に共通する認識を具体的に考察するため、成立が早いと思われる文献を中心に対比し、それを明らかにする。

　まず、『立教義私記』を取り上げる。『立教義私記』の中には『指事』と関連が深い説と、『指事』への対抗意識さえ読み取れる説との、性格が相反する二説が含まれる。『立教義私記』では慈恩を「玄奘御弟子」(20-オ)と呼び、法蔵を「法蔵御意」(21-ウ)「此師御意」(21-オ)とし、二人だけに尊敬を込めた呼び方をする。一方、『一乗義私記』も「慈恩大師御心」「慈恩御意」(T72, 26c)、「慈恩御心」(同)、「五教師御意」（同、28c）、「五教師御意」　（同、42b)というように、慈恩と法蔵だけに尊敬を込めた呼び方をしている。こうした呼称の一致は単なる偶然でなく、両者の関係が深いことを意味すると思われる。

　次に始終二教をめぐる解釈をとりあげる。ここでは同じく『指事』の影響を受けながら、『立教義私記』と『一乗義私記』のみに共通する点が見出される。まず三つの文献の文章を比較する。

図23 『指事』と『立教義私記』と『一乗義私記』の関係

『指事』(T72、223a)	『立教義私記』(23-ウ)	『一乗義私記』(T72、22a)
問。経疏云。解深密経。以為始教。云何今説。為終教耶。	問。就始終二教。明空理名始教。明不空理名終教者。何章云。指深密経。明不空理。其経既名始教。豈非上下相違耶。	問。般若深密等経。未尽大乗至極理故、摂始教。法花涅槃等経。尽大乗至極理故、摂終教者。何章云。一切皆空宗。謂大乗始教、即般若経等。是云云。又云。説三性真如不空道理故。深密等経、摂終教云云。何共摂始教乎。
答。義門不同。若約成仏不成仏門者。解深密。以為始教。以許定性入実滅故。若約空不空門。以名終教。明不空故。義望不同。故不相違。	答。(中略)章家判始終二教有二意。即空不空門、成仏不成仏門。於章、約初門判。疏、約後門判。故深密経、約不空門、通終教、約不成仏門、通教、皆是辺々義。専不相違。	答。判始終二教、疏章義望小異也。謂、疏、於成仏不成仏門、分始終二教、所以般若経、摂終教、深密経、摂始教。章、於空不空、分始終二教。所以深密経、摂終教。般若経、摂始教。所以不相違。

これを見ると、法蔵の著作における『解深密経』の教判的な判断の相違を、空不空や成仏不成仏という立場から理解しようとする試みが『指事』から始まり、同じ試みを継承しつつ、教判基準の相違という観点から、法蔵の著作の『五教章』と『探玄記』とを確実に分ける『立教義私記』がそれに続くと思われる。それは『一乗義私記』も同様である。

図23『一乗義私記』の文のうち下線を付した「大乗至極理」という表現は、『探玄記』の「未尽大乗法理」、「尽大乗至極之説」(T35、115c)を合わせた造語のようである。『立教義私記』においても図23の答に引き続き次のように問答が行われる。

問。疏、約成仏不成仏門判始教者意何。(「答」字の脱落か?)凡諸仏出世、唯為一大事因縁。其一大事者、一切衆生悉成仏。**大乗至極理**。又無過於斯、**般若・深密**等経未説定性二気(気は乗の誤り)、無性闡提

皆成仏。故名始教。**法花・涅槃**等経、既明一切衆生悉有仏性、悉皆当得阿耨菩提。不限有性無性。<u>尽大乗至極理</u>。所以名終教言也。(23-ウ左)

　この引文の下線の「大乗至極理」という表現に加え、他の書物にはみられない『般若』・『深密』と『法華』・『涅槃』とをセットにして説明することも、図23『一乗義私記』の問から確認される。よって両私記がかなり深い関係にあることが分かる。しかし、『立教義私記』では『般若経』を定性二乗と無性闡提との皆成仏を説かないことから始教とするのに対し、『一乗義私記』では図23の答にあるように終教としている点は異なる。『一乗義私記』が『般若経』を成仏不成仏の観点から終教に据えることは、同書の他の箇所にもみられる[1]。

　このように『一乗義私記』において『般若経』は終教の経典となっている。ただ、『一乗義私記』の他の箇所では「般若・深密等経はいまだ大乗至極理を尽くしていない。故に始教と名づく。定性二乗、無性有情の不成仏を説くが故に」(T72、21b)として、『般若経』を定性二乗や無性有情の成仏を説かないという理由で始教と位置づけている。この発言は五教の中で、始教を解釈する個所であるので、増春自身の見解とみてよい。ここからみると増春の真意については問題が残されるものの、『一乗義私記』全体としては『立教義私記』との関連が深い関連があるのは間違いない。

　次に、『十玄義私記』の独特な概念として「一法界真如理」という言葉を挙げることができる。それは『十玄義私記』の造語であり、万物が生起する根源的な理として用いられている。ところで、この言葉は『一乗義私記』の中でも3回使われ、一乗と三乗の共通の体とされている[2]。この例から『十玄義私記』と『一乗義私記』との関係が深いことが知られる。

　『大意略抄』と関係が深い文献は『種性義抄』である。第四章で詳論するが、成仏論において、両私記には六位重条成仏が説かれており、円機凡夫という用語も共通する。また、頓教の成仏論を「不論成仏不成仏」

と評価するが、この解釈は、『一乗私記』と『種性義抄』に共通する。な
お、草木成仏に関しては、『十玄義私記』と『種性義抄』に説かれており、
平安時代の私記に成仏論が重要なテーマだったことがいえる。

　さて、華厳宗の教理において、「略頌」が引用されるのは、平安時代の
私記類に見られる特徴である。『立教義私記』にも引用されことは前に見
たとおりであるが、「略頌」とは華厳の教理を覚えやすくするため頭文字
を取ったものである。『十玄義私記』には「略頌」、「五教章略頌」という
文献が引用されている。『義聖私記』にも同様の「頌」と「私頌」が、「頌
曰。有句決定無句利那俱句果引俱非待恒」(27-ウ)「私頌曰。恒待不自刹
決不他果引不共合六非[無の脱落か]因生」(29-オ)のように確認される。
『一乗義私記』は「私略頌云、時処主衆依説位行法事也」(T72, 24a)の
ように1回現れる。このことから「略頌」の存在を平安時代の華厳文献
の特徴とすることも可能であろう。

　この他に、私記類に共通するものとして、「終教以上の宗意」という教
判観が挙げられる。これは、いわば慣用句のように私記類に頻繁に使わ
れている。さらに、すでに指摘したように『一乗義私記』と『十玄義私
記』との深い関係を含めて考えると、平安時代の私記類は『五教章』の
各章についての註釈であるだけに、ある作者が私記を著わす際には、他
の章に関する私記についても関心をもって読んでいたものと推測するこ
とができる。

二　平安期華厳宗の流派

　平安時代の華厳私記類は法蔵の『五教章』研究の一環として研究かつ
論議された成果であると考えられる。そこには東大寺系の華厳と薬師寺
系の華厳という二大流派が存在する。その二大勢力は『種子義私記』で
確認されるように思想的な対立を孕み互いに批判しながら展開したよう
である。また『大意略抄』は、海印寺の開祖道雄の門下によって著され
たとされる。すると、二大勢力の他に海印寺の華厳をも顧慮すべきであ

る。道雄は空海から真言を学んでおり、華厳と真言を兼ねるものとしての海印寺華厳宗を開創した人である。こうなると、空海との関係からみて、『開心論』も勅撰とはいえ、思想的には『大意略抄』に先立つ。『開心論』が道雄の作として伝承されてきたのも、道雄の作ということの可否はともかくとして、『開心論』が海印寺の流れにあることの表れであろう。

ここでもう一つ注目すべきことがある。『種性義抄』の解説を著した由木義文氏は、親円が観円であるとしたが、「親」字と「観」字とは見た目にも非常に似ている字であり、崩し字になるとさらに紛らわしくなる。ここで一応、同一人物とみて考えを進めると、由木氏は観円が東大寺末寺派であり、その後に景雅（1103-1189-？）、高弁が出るとする[3]。すなわち密教との関連が出てくることになる。後述するが景雅は『大意略抄』とも関連が深い。さらに『種性義抄』の『大意略抄』との関係を勘案すると、『開心論』→『大意略抄』→『種性義抄』→景雅→高弁という、華厳と密教を兼学する流派の流れがあったとみてもよいと考えられる。

以上から、平安初期から私記の時代が終わりを告げる鎌倉初期までには、おおよそ華厳宗に三つの流派が存在したとの仮説を提示できる。これらはそれぞれの流派ごとに、相互に批判しながらも深い関係をもっていた。また、真言宗や天台宗と関係も深く、因明や法相唯識をも尊重する。なお、こうした三つの流派を想定した場合、それらに共通する思想的分母は法蔵を華厳思想の正統として認識することである。

三　平安期華厳の特質

これまで平安時代の私記類と勅撰の『開心論』について検討してきた。平安時代の華厳思想は道雄や『開心論』から考えると、密教への深い共感から始まる。それは空海の影響が大きかったからであると想像できるかもしれないが、必ずしもそうではない。堀池氏の研究によると[4]、奈良時代には空海がもたらした曼荼羅、儀軌などといった密教の根幹となるものは欠けていたが、呪術的な密教が、菩提遷那をはじめ、行基、道慈

などに実践されたとする。こうした密教的な背景の上に空海の影響が理解されるべきである。そしてそうした流れが道雄の海印寺の創建につながったと考えられる。こうした華厳宗の一つの流れを認めることにより、平安時代における三つの流派を想定することができた。東大寺派、薬師寺派、そして真言を兼学する流派、限定すれば海印寺派の華厳宗である。

　本書では華厳宗の私記類を法蔵の『五教章』に限定されて検討したが、その中で奈良時代の華厳宗との連続性を指摘することができる。

　第一には、『指事』が頻繁に引用されることである。これは平安時代の華厳宗の教理を構築するに当たり、寿霊の『指事』は確実な踏み台でありながら、その基調は変わりなく受け継がれていくことを意味する。

　第二に、『法華経』と『起信論』とを重視する態度が継承されることである。『大意略抄』のように『起信論』を円教のものとして考えるのは、審祥→智憬→寿霊へとやや変化する『起信論』の理解において、『起信論』を天台宗と等値とし、円教そのものの境地まで念頭において取り扱おうとする流れがあったためである。そして法蔵の『義記』の存在により、『起信論』はもはや華厳思想そのものとなっていくのである。

　第三に、『法華経』や天台宗を華厳教判の枠組みの中に入れ、『華厳経』と同居させることである。これは審祥から始まった思想の傾向である。また寿霊も『法華経』を『華厳経』と価値的に同等とし、これらが日本的華厳思想の始まりとなる。『一乗義私記』にあったように、華厳宗から見て『法華経』と天台宗とをどう位置づけるかという細かい問題を論じていたとしても、日本華厳宗における『法華経』重視の態度は、崩されることもなく維持されてきた。

　こうして『法華経』、天台宗、『起信論』を重んじる思想形態は「終教以上の一乗宗」という表現を生み出し、私記の中では一般化され、また一面では法相宗と一線を画していったことが、平安時代の華厳仏教の特質であるといえる。また、『立教義私記』と『一乗義私記』の法蔵の教判理解からみられるように、各私記類が緊密な思想的な連結を保ちながら、少しずつ確実に変化をなしとげている。

　後の第四章で詳しく述べる『十玄義私記』と『種性義抄』の草木成仏

説もその一例である。天台の影響を受けながら説かれた華厳宗の草木成仏論は、原理は法蔵や『華厳経』におきながらも、非情の説法ないし草木成仏を明言するが、天台宗の草木成仏のように発心や修行までも認めるのではない。これは私記という流行の思想形態が、『五教章』の正統的な理解という一定の思想的な方向性に向かっていたということを意味する。即身成仏にしても、基本原理は「初発心時便成正覚」の一念あるいは初発心の事態としての時間に基づいている。それは表面的には法蔵を頂点に置く華厳宗の教理であるが、実際には日本華厳宗独自の一乗宗の構築といえるものになるのである。

しかし、平安時代の各華厳宗派は互いに認定しあう友好的な関係に終始したのではなかった。東大寺と薬師寺との対立は、本来の華厳宗における唯識観と、法相宗寄りの華厳師の唯識観との相違を表わしている。また、『一乗義私記』に見られたように、現在では義相学派の文献になった法蔵の『香象問答』の真偽をめぐる諍論は、自派の中でさえ正しい教理を留めるため懸命であったことを物語る。他宗に対する対応では、主に法相宗の教理が批判の対象になるが、それにもかかわらず『立教義私記』、『一乗義私記』において慈恩が重んじられることは矛盾ともいえる。

このように平安時代の華厳思想の様々な動きがある中で、その最大の共通点は、やはり法蔵を頂点とする華厳宗の教理である。平安時代に義相学派の典籍が紹介され重んじられたとしても、すでにそれは変わらぬ思想潮流となっていたのである[5]。

---

1 『一乗義私記』(T72、41a)
2 「所以章云。体無二同一法界也。意。一乗法、三乗法皆同、以一法界真如理為体」(T72、43b)
3 『日本大蔵経解題』巻九十七の、由木義文による『種性義抄』の解説。
4 堀池春峰[1982]「一　奈良時代仏教の密教的性格」『日本名僧全集』2　空海（*堀池氏論文の初出は1960年）、22-39頁。
5 このように平安時代に入ると、いわゆる「元暁・法蔵融合形態」は、もはや存在しない。

第四章　平安期華厳思想の展開
　　―東アジア華厳思想の視座より―

本章では、無碍説、二乗廻心、三乗廻心、成仏論、法華経観という五つのテーマについて、平安時代を中心に据え、前後期となる奈良時代と鎌倉時代まで念頭に入れながら日本華厳思想の展開の様相を検討する。また、その際には中国および韓（朝鮮）半島の華厳思想の流れを踏まえた上で、東アジアの視点から日本華厳を見ていくことを企図した。

第一節　無碍説

一　はじめに

華厳学は中国で創始され、独自の教判をもつ華厳一乗の哲学を構成してきた。この華厳一乗の思想を代表する概念として「事事無碍」という言葉がよく知られている。一般に事事無碍とは、「事」と「事」とが互いに遮ることなく調和していることであり、その根底には普遍的な理、すなわち存在しているものの多様性を統一する原理があるとされる。

この無碍説については西洋の論理学の立場からの研究がなされており[1]、また直観や修行があってこそ得られる境地であるという主張もなされている[2]。それらは東洋の思惟方法の特徴を探る意味深い研究である。これに対して本稿では、主に唐・新羅・日本の三国華厳思想史の流れに焦点を当て、その中で無碍説の展開を通してそれぞれの異同を明らかにすると共に、三国の華厳仏教の関連を把握することを目的とする。

このことを十全に明らかにするためには、華厳思想における十玄門義、六相義、法界論などのテーマに対する充分な理解が要求されるが、本稿では、主として理と事との関係を通して表される華厳一乗の無碍説が、智儼以後日本へ流れていく展開過程を検討するという方法を取ることとする[3]。

二　智儼と二人の弟子、義相と法蔵

(1)　智儼—因陀羅の存在世界

　中国の華厳学を実質的に創始した智儼は、摂論学と地論学を学び、後に慧光（468-537）の『華厳経疏』を読んで華厳一乗の教えに目覚めたという。そして27歳で『捜玄記』を作り、晩年には別教一乗を強調していたとされる[4]。智儼の著作中に事事無礙という表現は用いられていないが、それに相当する考え方を持っていたことは事実である。それは華厳一乗の存在世界を表現する際に用いる「因陀羅及び微細」という譬喩で表される。

　例として『孔目章』巻一「衆人問文殊処明入仏境界章」の中には次のようにある。

> 若し一乗に拠れば、一即一切、一切即一である。乃ち教義に至るまで皆な因陀羅及び微細等に応ずる。（若拠一乗、一即＊一切、一切即＊一。乃至教義皆応因陀羅及微細等也）（T45、548a）（＊'即'字は甲本による）

　また巻四「滅尽定章」（T45、576a）の中でにも同様の表現がみられる。このように華厳一乗の世界とは、帝釈天の宮殿にある因陀羅の網に掛かる無数の宝石が互いに照らし他の宝石の姿を映し合うような知り難い存在世界をいう。智儼によると、そうした存在世界は三乗教にはない普賢菩薩の境地であるとされる。それは『五十要問答』「菩薩因果通局義。盧舎那品後釈」にある次の問答により分かる。

> もし三乗に依れば、（中略）因陀羅及び微細世界のあらゆる境界を論じない。もし一乗に依れば、あらゆる成仏の因果の分斉の辺量は、すなわち因陀羅、秘密、微細の一切境界の領域に通じて三世間の領域の限界を尽す。〔これは〕『華厳経』の普賢門の如きに準ずる。（若依三乗、（中略）不論因陀羅及微細世界所有境界。若依一乗、所有成仏因果分斉辺量。則通因陀羅秘密微細

一切境界分斉、尽三世間分斉辺量。如華厳経普賢門準也)（T45、520c)

このことから、三乗では重重の因陀羅の世界を論ぜず、一乗の普賢門においてこそ語りえる世界であることが分かる。華厳思想において普賢菩薩は毘盧遮那仏の代わりに華厳一乗の世界を語る菩薩である。それゆえ普賢菩薩によって説かれる「因陀羅及び微細」の世界は、華厳一乗のみの存在世界をさすことになるのである。智儼はこうした存在世界を理と事とを用いて表現する。『孔目章』巻二「第八廻向真如章」では、別教としての一乗真如について、つまり、円通の理事、無尽の因陀羅及び微細等を統含する（謂円通理事、統含無尽因陀羅及微細等)（T45、558c)と述べている。これは華厳一乗の存在世界の中では理と事とが完全に通じ合い、尽きることのない因陀羅および微細のように相即相入し全ての世界を含んでいることを説くものである。つまり智儼にとって華厳一乗の因陀羅および微細の世界は、理と事との多様な組み合わせによって表現されるということが窺える[5]。

理と事の関係に関連して『捜玄記』世間浄眼品釈が注目に値する。智儼は普賢菩薩の偈を釈して、「此の中、普賢の分斉を釈するに八門を以て因陀羅を明かす。以て之を知るべし。一には理、二には土、三には身、四には教、五には法、六には行、七には時、八には事なり。事とは即ち塵等なり」(T35、19a)という。よって『孔目章』と『捜玄記』を見る限り、智儼が理と事の両方の因陀羅を認めたと考えられる。ところが、『捜玄記』には次のように補足する。

聖の中に二つ〔の法〕がある。それは理と量との二法である。此の二〔つの法〕に、それぞれ二つの法がある。因陀羅網境界とは理中の量であり、及び量中の一分のみである。(聖中有二。謂理量二法。此二各有二法。因陀羅網境界、即理中量也。及量中之一分耳)（T 35、19a)

この中の理と量とは、如理智と如量智であるが、それを敢えて理法と量法と表現することから、理と事との無碍関係を窺知することができよ

う。智儼によると理法に「理中理」と「理中量」とがあるのは、量法に「量中理」と「量中量」とがあるのと同様である。その中で、因陀羅網の境界は「理中量」と「量中の一分」の法で説かれるとされることから、智儼は理と理との相即のような表現は避けていることが窺われる。なお、法蔵は『探玄記』の中で、「円通諸事統含無尽、如因陀羅及微細等」(T35、270a)と述べている。それは智儼の『孔目章』の表現から「理」を除いたものである。ここから智儼に理因陀羅の発想はなかったという理解もあるが[6]、あくまでも法蔵の考えと見てよいであろう。むしろ、晩年の『孔目章』の文章には理因陀羅の発想が含まれているとも見て取れる[7]。

(2) 義相-陀羅尼の強調

　智儼の考えを忠実に継承した一人が新羅の義相である。義相は661年唐に留学して智儼の門下となり、智儼が入寂する三箇月前に『法界図』を作成する。以後、彼は671年に帰国し、新羅の華厳学を主導した[8]。義相華厳思想の特徴は華厳の存在世界を「陀羅尼」という用語で表すことであると指摘されている[9]。これは智儼においても、「『華厳経』の中には陀羅尼門を以て一切法門を顕わす」(T45、528c)とあるように重要な用語であったが[10]、義相はそれを縁起法の体用を説明するために用いた。短い『法界図』の中で、法性偈の第27句に「陀羅尼の無尽の宝を以て」という偈があるほか、自註の中で10回ほど「陀羅尼」という用語を用いており、義相がどれほど陀羅尼法を重視していたか推測できる。その陀羅尼法とは、例えば、「初の縁起の体とは一乗の陀羅尼法であり、一即一切、一切即一の無障碍法の法界である」(T45、712b)と述べるように、縁起する一乗の無碍の存在世界そのものである。

　こうした陀羅尼としての一乗の縁起法とは、法性偈の第19偈では「理事、冥然として分別が無い（理事冥然無分別）」と説かれる。それに対して義相は、「縁起法は、法として是の如し（縁起法、法如是故）」と註を施すように、縁起法そのもののあり方として理解している。そして、断惑を論ずる箇所では、一乗如実教門よれば「理事は冥然として一無分別で

ある。体用は円融であり常に中道に在る。事以外、どこから理を得るのか（理事冥然、一無分別。体用円融、常在中道。自事以外、何処得理）」（T45、714b）とあるように、義相は、真っ暗で分別のない状態（冥然）にある理と事との関係が根底にあり、一乗の如実教としての縁起の体と用とが円融したまま中道の状態にあるとみている。そして「事以外に何処で理を得るのか」というような事の強調は、義相や義相の系統に受け継がれる。この事の強調は、六朝時代からの中国仏教の特質とも言えるが、智儼の『孔目章』には「即事会理」や「即事備真」などの事を重んじる表現が見受けられることから、義相は智儼の影響を受けているとみるべきであろう。

また義相は、別教一乗においては「理理相即」・「事事相即」・「理事相即」という事態を含むほかに「互いの不相即」ということまでが成立するという。華厳の相即について論じる際に、「事事」・「理理」のように並べて表現するのは智儼には見られず、義相を嚆矢とする。また「理理相即」や「不相即」などの発想は地論学派からの影響であると指摘されているが[11]、用語は義相独特のものである。義相が「不相即」をあえて別教一乗の存在世界に入れた理由は不明であるが、それは後述するように法蔵に影響を与えている。理理相即に関しては、義相の弟子から現代の学者に至るまで様々な解釈が出された。筆者も義相が理の複数性を認めたという石井公成氏の説を受けながら[12]、理理相即とは一如と多如との相即であると提示したことがあるが[13]、それは義相にとって理の実体化さえもが否定された結果であると考えられる。この「理理相即」・「事事相即」とを別の言い方で表現すると「理因陀羅」・「事理因陀羅」である。

(3) 法蔵- 縁起相由

義相と同様に智儼の弟子である法蔵は、智儼の在俗の信者であり結婚もしていたとされる。法蔵は智儼の入寂した2年後の670年に剃髪する。彼は智儼の学問をより明確にするために努め、新羅に帰還した兄弟子の義相に自分の著述を送って検討を要請したのは有名な話である。法蔵の

無碍説の特徴は、その根底に「縁起因門六義」を提示することである[14]。これは縁起し合う存在世界の全てが、因と縁との関係によって成立することを意味する。この因の六義説を基盤として形成された無碍説が法界縁起説である。法蔵は『探玄記』の中でこうした無碍の縁起世界が形成する原因として十の項目を立て、縁起相由を最初に挙げる。ここから縁起する事法により無碍の世界を捉えようとする法蔵の一面を見ることができ、事を重んじる点では智儼、義相と同様であるといえる。

ところで法蔵は、『玄義章』「二諦無碍門第七」(T45、625b) の中で、理事が相即不相即にして無碍融通すると述べる。そして「不即」については「二事」・「二事の理」・「理事」・「事理」の四句不相即を説き、次に「相即」については「事即理」・「理即事」・「二事の理の相即」・「二事の相即」の四句相即を説く。すでに指摘されているように、ここで論じられる相即と不相即とは義相の説と同様の発想であり[15]、法蔵が義相の説に影響を受けたものと考えられる。その中で、法蔵は不相即について次のようにいう。

　　一には二事の不相即である。縁相の事は碍げあうからである。二には二事の理の不相即である。無二だからである。三には理事の不相即である。理は静であり動ではないからである。四には事理の不相即である。事は動であり、静ではないからである。(一。二事不相即。以縁相事碍故。二。二事之理不相即。以無二故。三。理事不相即。以理静非動故。四。事理不相即。以事動非静故）(T45、625b)

このようにそれぞれの不相即について理由が挙げられている。それをみると、事と事とは相即しない。縁によって生じた外形から見た事は碍げあうからである。しかし、事と事との根底の理から見れば違いは無く、あらためて相即する必要がないため不相即である。また、理と事とは、それぞれ静と動とを本質とするので相即しないという。また、相即の中で、理理相即と事事相即に類似する「二事之理相即」と「二事相即」については、それぞれ「詮（＝事の真実態）に約して実を会する故に」と「即

理之事は〔理と異なる〕別の事ではない」という。このように法蔵は「理理」・「事事」とまでは言わないが、義相とほぼ同様の表現を用いる。

さて、法蔵のこの説は『探玄記』(T35、385ab)では四句相即の説のみが用いられ、不相即説は外される。そこでは二事の相即を二つに分けて五つの相即説とし、それに経典を当てることによって教判的な配分を行う。さらにそれらを巾と兎の譬喩により説明していく。それを簡単にまとめると次のようである。

図 24　相即のありかた

相即のありかた	内容	経証
①事相即	謂巾兎無二。	般若心経
②二理相即	謂兎頭即巾。兎足亦即巾。二巾無別故名即。	維摩経
③以理従事名説事相即	如兎頭巾不異足巾。故説頭即足。	無行経
④以理融事二事相即（約法性融通力）	如兎頭無別有。即以巾為頭。巾体円融故。全頭即是足。	華厳経
⑤縁起相由力令二事亦相即	如幻師幻術力、令多則一一則多等。	華厳経

この中で法蔵は最後の二つの二事相即のみを華厳一乗の世界とする。その中、④は理をもって事を融合することである。巾で作られた兎の頭や足などはすべて巾を体とするため、頭と足には即の関係が成立することと説明される。これは法性の融通力のため成立する事と事との相即説である。次に⑤は縁起の相由力によって成立する事と事との相即説である。これは幻術師がその力によって多則一、一則多の世界を成立させることと同様であるという。ここで確認できるのは、第一には教判の立場から二事の相即以外を華厳一乗の世界から外すこと、第二には理と事の不相即の事態については語らないことである。

三　元暁―因陀羅網の世界

　新羅には、義相より8年歳上で、義相と一緒に唐への留学を試みたことのある元暁がいた。彼の『大乗起信論疏』などの著述が中国や日本の仏教に広く知られ、影響を及ぼしたことは周知の通りである。元暁には『華厳経疏』などの華厳関係の著述があり、それらには義相の帰国後に智儼の華厳学に接し著したものも挙げられる[16]。

　しかしそれらは断片しか残っておらず、彼の華厳思想を具体的に窺わせるものはなく、ここで問題としている理と事との関係についての論及も見当たらない。よって、ここでは彼の無碍説が説かれる法界論について検討する。元暁は四法界を説き、その最後は「非有為非無為法界」である[17]。表員によれば、法蔵はこれに無障無碍法界を追加して五法界としたという[18]。ところが元暁の「華厳経疏序」（韓仏全1、495a）には「無障無碍法界の法門」との表現が見られ、「非有為非無為法界」の内容が「無障無碍法界」だった可能性が残る[19]。

　元暁は、法界の混融無碍なることについて十種類の原因を挙げるが、その中の第一因として「一切の存在が因陀羅網のように互いに鏡に映るような事態にあるゆえに（一与一切互為鏡影、如帝網故）」を取り上げるが、その詳しい説明は寿霊の『指事』に引かれる元暁説から知られる。

　　元暁師は次のように述べた。「帝釈天の宮殿を宝珠網で覆うとき、一つの明
　　珠の内に〔他の〕全ての像が一斉に現われるようなものである。一の明珠
　　がそうであるように、諸の珠もみな同様である。すなわち、万珠の影像は
　　みな一珠に入り、一珠の影像は遍ねく万珠に入る。一切は相入して相い障
　　碍することはないのである。普法も同様である」と。
　　（元暁師云。如帝釈宮、覆宝珠網、一明珠内、万像倶現。如一明珠、諸珠
　　皆爾。斯則万珠影像、皆入一珠。一珠影像、遍入万珠。一切相入、不相障
　　碍。普法亦爾）（T72、226c）

ここから分かるように因陀羅に比される存在の無碍なる事態は普法そのもののあり方と同様のものである。このような因陀羅の強調には智儼や義相の影響があると予想される。

また、新羅の表員の引用によれば、元暁は無碍の根拠として大と小の関係を最も重んじているが[20]、具体的には次のようになる。

> 至大というのは、いわゆる外が無いということである。もし外があれば至大ではないからである。至小も同様である。いわゆる内が無いということである。もし内があれば至小ではないからである。
> （言至大者、所謂無外、如有其外、非至大故。至小亦爾、所謂無内、設有内者、非至小故）（韓仏全2、367b）

このことにより元暁は「至小と至大とは等しい（至小斉於至大）」という。また、元暁はこうした大小が相即相入する関係について、次のように述べる。

> 須弥は大きいと言っても「外が無いもの」よりは小さい。芥子は小さいと言っても「内が無いもの」よりは大きい。そこで次のように知るべきである。大虚は「外が無いもの」であるが芥子に入ってしかも遺さない。至小と同じだからである。隣虚は「内が無いもの」であるが須弥を含んでしかも余りが有る。至大に同ずるからである。（須弥雖大、而猶小於無外。芥子雖小、而猶大於無内。当知大虚無外、入芥子而無遺、同於至小故。隣虚無内、含須弥而有余、同於至大故）（韓仏全2、367b）

ここには修辞法的な技法を用いて表現されているが[21]、結局、大と小との同一性が無碍の原理となっている。この関係により、元暁のいうように一法は一切法となり、一切法は一法となるといえるし、さらにそのように相即相入し妨げのないのは、一法と一切法とがそれぞれ実体として存在することなく生じているからであるという[22]。

四 義相と法蔵の以後

(1) 義相の系統—真性としての理と事

　新羅・高麗時代において義相を継承する人々は多い。特に義相の『法界図』の註釈が多く現れる点は特徴的である。こうした中、無碍説に関しては「理事冥然」に対する解釈と義相の独特な用語である理理相即に関連する解釈が重要である。これらについては『法界図』の註釈書を集め、その中から抜粋して編集した『法界図記叢髄録』と高麗時代の均如の文献から多くを知ることができる。

　まず、「理事冥然」の註釈について検討する。「法記」では古人の説を引いて、「縁起無性とは理であり、無性縁起とは事である。理は亦た真性の理であり、事は亦た真性の事である。故に冥然無分別と云う。此は十仏と普賢の境界である」（T45、727a）といい、一乗の縁起法における理と事とが共に真性であることを示し、それを十仏と普賢の境とに当てはめている。「大記」では、十仏とは理、普賢とは事との解釈もあり、理事を共に教分の立場から普賢と見る解釈もあると紹介されているが、いずれの場合にも理と事とは真性の理と事である。このように義相学派において、一乗縁起法における理と事とを共に真性と捉えるのは、新羅華厳の独特の解釈であると考えられる。

　次に理理相即に対する解釈は、『法界図記叢髄録』の中では「法記」（T45、760a）にのみ記され、そこでは理理相即を「二空が並ばないこと」と解釈しているが、詳細はわかりにくい。なお、均如の著作の中では、すでに述べた法蔵の四句相即を解釈する中で、「二事之理相即」を「理理相即」と同様の概念と見ている。

　まず、義相の直弟子と言われる表訓[23]は理理相即を終教と頓教とに配当する。また孫弟子である神林は四句相即のすべてを円教であると理解する[24]。これらは両方とも可能な解釈である。すなわち各々の相即を見る観点から教判的な位置づけとなるが、別教の立場ではすべてが円教となるからである。ただし、ここで理理相即そのものが終教と頓教として理解

されたことは問題である。智儼は因陀羅を一乗だけの世界と見ており、これが義相では「理因陀羅」と「事因陀羅」、すなわち理理相即、事事相即となる。つまり義相は理理相即を一乗と理解したと考えられる[25]。それにもかかわらず理理相即が一乗から外されたのは、新羅では早い段階から法蔵の影響を受けていた証拠となる。

次に均如自身の解釈を見る。その基本的な考えは『法界図円通記』に見ることができる。

> 三乗の中では、ただ理理相即・理事相即・事理相即等の三句だけを論じ、事事相即を論ずることができないが、一乗の中ではすべて論ずることができるから、〔三乗と一乗とは〕別なのである。(三乗中、但論理理相即、理事相即、事理相即等三句、不得論事事相即、一乗中、具論故、別也)(韓仏全4、23b)

このように均如は理理相即までは三乗でも説かれると述べる。ここから均如は表訓と同様、理理相即を三乗と理解したことが分かる。すなわち理理相即は三乗でも可能な視点ということである。ただし一乗の立場から見ると四句すべてが論じられるので、その意味では神林と同様である。また、均如は理理相即と事事相即とを法性融通門、縁起相由門の考え方により説明する。まず、法性融通門は次のように説明される。

> 法性門の中では、所依の理が融通することにより能依の事も理に随って融通する。それゆえ一塵が所依の理を摂め尽すとき、能依の諸法が所依の理に随って一塵に即する、というのは事事相即である。能依の諸法が所依の理に随って融通する時、彼此の理が相即するというのは理理相即である。
> (法性門中、以所依之理融通故、能依之事、亦随理融通。是故一塵摂所依理、無不尽時、能依諸法、随所依理、即於一塵者、事事相即也。能依諸法、随所依理、融通之時、彼此之理相即者、理理相即也)(韓仏全4、23c)

この場合、所依の理によって融通することが前提となり、一塵と一切

法が即するのはその所依の理による。それにより理理相即と事事相即が成立するので、両方は同じ事態の別の表現に過ぎないことが分かる。次に縁起相由門をみる。

> 縁起相由門の中では、一が無ければ多もまた無い。多が無ければ一もまた無い。一と多とが相由して成立することを得るというのは事事相即である。事が差別するから理も差別する。事事の中の差別する理が相即するというのは理理相即である。（縁起相由門中、一無則多亦無、多無則一亦無。一多相由而得成立者、事事相即也。以事差別故、理亦差別。以事事中差別之理相即者、理理相即也）（韓仏全 4、23c）

ここでは一と多とが相由関係にあることから事事相即とし、事の差別を前提として、事ごとに存在する理が相即するのを理理相即とする。この場合には理の差別が認められる。ところで、これらの表現における理理相即の理とは複数なのであろうか。均如は前に掲げた『捜玄記』の理と量について引用しながら次のように述べる。

> 私の見解（今釈）では、「理量二法」とは理因陀羅及び事因陀羅である。「理中量」とは理事因陀羅である。「量中の一分」とは事理因陀羅である。それゆえ、これは四句の因陀羅の処である。（今釈。理量二法者、理因陀羅及事因陀羅。理中量者、理事因陀羅。量中之一分者、事理因陀羅。是故、此是四句、因陀羅処也）（韓仏全 4、24b-c）

ここで均如が「四句の因陀羅」といっていることから、智儼の「理中理」と「量中量」とを含む四句それぞれを理因陀羅と事因陀羅と見ているようである。この解釈は智儼の本意とはいえないであろうが、これによって均如が理の複数性を認めていたということはできよう。

以上のように義相の系統における無碍説は、理と事とを一乗の縁起法の立場から真性の理と事に捉えたものであり、義相の理理相即説の理解をめぐってはさらに深く踏み込んで理論化を試みた跡を窺うことができ

る。

(2) 慧苑―理重視の事事無碍

「事事無碍」という用語は、法蔵の弟子である慧苑が初めて用いる。慧苑は師の学問を継承して『華厳経』を註釈するが、師の五教判を継承していないことからも分かるように、かなり異なる説を出している。無碍説についてみると、法蔵が三乗とした理事無碍説が、事事無碍説と価値的に等しいものとして位置づけられている。慧苑にとって理と事の無碍の根底は、『華厳経文義要決問答』に引用されている法性の融通力によるものである。

> 問う。前に事事無碍法界を説明した中では、なぜ法性融通及び三昧等の業用だけに依って弁じ、縁起相由を顕わすことができないのか。
> 答える。法性融通とは、理によって事を会すことである。事とは理の事である。縁起相由とは、事に従って理を会すことである。理とは事の理である。理事と事理は一門である。もし法性融通を離れて別に縁起相由を説くのであれば、それは権小等の説である。それはなぜか。縁起は法性を離れることがないからである。(問 前明事事無碍法界中、何故、但依法性融通、及三昧等業用以弁、而不得縁起相由顕耶。答。法性融通、以理会事、事是理事。縁起相由、従事会理、理是事理。理事事理、唯是一門。若離法性融通、別説縁起相由。当知。彼是権小等説。何以故。無有縁起、離法性故)
> 　(韓仏全2、376a)

この説は早くから慧苑の法界思想を理解するために用いられ、法蔵との相違にも注目された[26]。法蔵は『探玄記』において「縁起相由」を重視していたが、第二に「法性融通力」を置いていた。これに対して慧苑は、「法性融通力」を無碍説の中心論理と理解し、「縁起相由」を外したのである。そして法性融通を離れて縁起相由を説くのは権教と小乗のための説と低く評価している。

慧苑は『刊定記』において宗趣を論ずる中、因果縁起を会して理実法界に帰する理由を説明するところで、「五対因果。莫不皆以無碍法性而為自性。是故不碍即相、即性也」（新纂 3、590a）と述べ、華厳の五周（対）因果は無碍の法性を自性としないものがないので、相に即したり性に即したりすることを碍げないといっている。さらに「顕義分斉」の「徳相」を表すところでは、次のように述べている。

　　相は差別するが性は一つである。いわゆる無性である。無性であるから、性と相とは無碍である。彼此の相は既に同一の性であって、性に随って融通する。それゆえ、彼此の事の即・在等の無障碍が成立するのである。
　　（相雖差別、其性是一。所謂無性。以無性故、性相無碍。此相彼相、既同一性、随性而融通。是故此事彼事、成即在等無障碍也）（新纂 3、591a）

　諸法が無碍となる理由は諸法の同一性にあり、それは無性である。その無性により相を融会するので相即相入となり無障碍が成立するのである。これによって一つ一つは余の一切を具すという。それを詳しく言えば、「互いに望めて重重〔の関係〕であり、因陀羅網のような徳がある（互望重重、有如因陀羅網徳也）」（新纂 3、591b）である。このように諸法の無性の道理によって重重無尽の無碍が成立するということが分かる。こうした慧苑の態度は理を重視したものである。

五　日本華厳における無碍説

(1)　奈良期：智憬と寿霊

　奈良時代の華厳学には元暁と法蔵の影響が大きい。また、無碍説に対しては慧苑の説も重視される。まず、智憬の『同異略集』は、法蔵や元暁の註釈書を二つの柱として、唯識の宗より起信論の宗が優れていることを明かす著作であり、華厳に関して自身の見解を詳しく述べることはあまりなかった。それは著述の目的が『起信論』の思想を宣揚することに

あったからだと考えられる。その中で「理事混融無碍」、「事理混融無碍」などの表現を用いることはあるが、それはあくまでも『起信論』の無碍説として終教の無碍説である。別教一乗の無碍説は、法蔵『探玄記』の所謂「十門唯識章」の中、八から十までの唯識義である。こうした智憬の無碍説には慧苑との思想的な関連は見られない。

　智憬より少し後で活躍したと考えられる寿霊の『指事』の無碍説は、元暁、法蔵の影響を受けている。法蔵の説の中では『三宝章』の影響が多く、元暁の説の中では六相や帝釈の譬喩を用いている。さらに寿霊も「事理無碍」という表現を用いるが終教の説に留まるとしており[27]、この面では智憬との類似性がある。一方では慧苑の『権実義』を引用し、「理事無碍」や「事理無碍」を慧苑の具分満教と理解している。そこから見ると、事理無碍を必ず終教と理解しているとは限らないので智憬と異なってくる。

　寿霊は十仏の説明の中、第六仏である法界仏が他ならぬ無碍法界であると言う。それは無碍法界が仏の本体であるからであり、法界仏の智慧光明が隅々まで届かないところがなく、法界と同一であるからである[28]。これで寿霊が法界そのものを無碍なる仏として見たことがわかる。さらにまた、華厳円教は円通無碍自在であると明言することによって、彼が『華厳経』の教説そのものを無碍説と理解していることがわかる[29]。華厳思想を論じる際に、この『華厳経』の教説を無碍と捉える寿霊の説は当然であろうが、それを明確にしたことに意味があり、また、無碍法界を仏の本体と理解するのは寿霊独自の説である。ところが、寿霊は慧苑の『刊定記』を多く引用しても、慧苑が使っていたの事事無碍という用語は導入しなかった。それは寿霊の無碍説が『探玄記』の思惟や概念に応じているからであろう。寿霊の後、830年に著された普機の『開心論』になると慧苑に由来する事事無碍という表現が初めて取り入れられる。しかし無碍説において特徴的な説は見当たらず、慧苑の『刊定記』をそのまま引くに留まる。

(2) 平安期:『大意略抄』から景雅まで

1) 『華厳五教十宗大意略抄』

日本華厳の独特な用語は、851年以後に著されたと考えられる『大意略抄』において見られる。『大意略抄』には一乗円融無碍法界の成仏の道理を直接説く経論として『華厳経』、『華厳論』の外に『起信論』が挙げられている。『起信論』が華厳円教の無碍道理を直接に示すという教判的な規定は『大義略抄』で初めて見られる。これは日本華厳宗において、審祥の活動時代から智憬等により『起信論』が重視されて来た結果である。そして、無碍の別名として見ることができる一乗の円融道理について説いている。

『大意略抄』には円融と方便とで一乗と三乗とを分けているが、この中、円融とは無碍法界を意味する。具体的には、「事理円融」・「理理円融」・「事事円融」という三種の円融説が一乗の円融として紹介されている[30]。一乗には事事円融、即ち事事無碍のみ含まれるのではなく、事理円融、理理円融がすべて含まれるという意味となるが、これは華厳の包容性を表すものといえる。そして構造より判断した場合、新羅義相の思想に似ており、何らかの形で義相の文献から影響を受けていると見て取れる。

2) 義聖

義聖の『種子義私記』においては種子概念を通じて無碍説が説かれる。円教の種子は一切法となるが、それは華厳円教に立てられた階位について、因門の見地よりみると法の全体が因となり、果門の見地よりみると法の全体が果となるからである。このような種子説は理事無碍を説くものではなく事事無碍を説くものであるという[31]。このように華厳教理においてようやく事事無碍説が説かれるということから、義聖が両無碍を教判的に区別していたことが窺える。普機は『開心論』において、慧

苑の事事無碍宗に関する文章をそのまま引用することによって、日本華厳宗において初めて事事無碍説を導入した。一方の義聖は薬師寺華厳宗の人物として事事無碍説を初めて導入し、独自の事事無碍に対する認識を示す点で重要である。義聖が理事無碍説と事事無碍説を区分し、日本華厳宗史において初めて独自の事事無碍説を説いたことから見て、両無碍を同等の次元から見た慧苑とは異なって教判的意識を持っていたことがわかる。

3) 『華厳十玄義私記』

『十玄義私記』では広狭門を説明しながら、事象は真理と異ならないから事事相融であり、それによって真理と事象が融通することを表すという[32]。すなわち、事事相融と理事融通とが互いに根拠になっている。さらに一つ注目すべきことは一乗の法界縁起を世俗諦と見ることである。縁起法には別なる本体があるのではなく、真如によって成り立つからである。よって真理と事象が相融無碍であると言う。そして、このような説明が法性融通門によることを明らかにしている[33]。しかし、「真理と事象が融通」するという表現からわかるように事理無碍的な発想に基づいて事事相融を説明することから、結果的に両無碍に対して明確に区別する認識はなかったことが知られる。裏を返せば、『十玄義私記』には両無碍を教判的に区別する意図はなく、慧苑のように両無碍を価値的に同等と見たと考えられる。

4) 親円

親円の『種姓義抄』には、円教の依報国土と正報衆生の無碍道理によって草木成仏が可能であると主張する[34]。さらには、その成仏の結果、十身の中では国土身仏となり、十仏の中では法界仏となるという[35]。華厳教理においては、無碍の道理によってあらゆる環境世界が成仏できると主

張することは華厳教学の常識かもしれないが、具体的に草木成仏を論ずることは親円が初めてである[36]。また即身成仏も主張することで注目に値する。この二の成仏論については後に詳論するが、日本天台宗の影響により主張されたものである。しかし、ここでは無碍そのものの論理についてはこれ以上、追究していない。

5) 景雅

平安時代から活動した景雅(1101-1174)の『華厳論抄』には『大意略抄』で名目だけが見られたの三種の円融説が再び取り上げられる。

> 答える。凡そ花厳円宗の心とは、三種の円融を説いて法性円通の旨を顕わす。一には事理円融であり、理と事とが互いに融けあって相入相即する。二には理理円融であり、法界は一味にして、唯だ理であって妄が無い。三には事事円融であり、相に当って円融し、縁起を待つことはない。この三種の円融は専ら『花厳止観釈』に出る。これは終教・頓教・円教の三教の順に配当する。(答。凡花厳円宗心者、説三種円融、顕法性円通旨。一者、事理円融。理事互融、相入相即。二、理理円融。法界一味、唯理無妄。三、事事円融。当相円融、不待縁起。今此三種円融、専出花厳止観釈。如次配終頓円三教)(T72、67b)

この中、景雅が参照した『五教止観釈』[37]という文献には、それぞれの円融が華厳の五教判の終教、頓教、円教に当てられていたとする。また理理円融は「唯理の円融」と見ていることから、理の差別や複数性を認めていないことが解される。この点で義相や義相学派の理理相即の理解とは異なり、法蔵の「理理」の解釈に出ていた「不即」と同様に理解されていることが窺える。また、事事円融は'縁起を待たない'というが、しかし、教判の立場から見ると『大意略抄』が三つの円融を一乗と考えたこととは異なる。『大意略抄』が参考にした文献と景雅の見た文献が異なった可能性もあるが、それについては資料の補充が要求される。

ところで、真言宗の文献では、この三種の円融が華厳宗の説としてしばしば紹介される[38]。それは空海が『十住心論』の中の華厳宗段で三種の円融に言及し、後の註釈者たちはそれを継承したからである。三種の円融と空海とを関係付けることには強引さが見られるが、それによって真言宗で三種の円融について言及することになったと考えられる。なお天台宗の文献でも三種の円融が華厳の説として紹介される。ここで詳しく論じるのは避けるが、理理円融を水と水との円融として解釈している文献もあることから[39]、理の差別を認めるような解釈はなかったと考えられる。また、このような三種の円融説に似ている議論が法相宗にも確認されるが、それもやはり理は一つであることには変わりない[40]。

華厳宗以外の宗派で、三種の円融説が華厳宗の説と紹介されているにもかかわらず、華厳宗内部において理理円融説は景雅以後には言及されなかった。ただし、理理円融説は日本独特の論義の項目に必ずといっていいほど入っており、これを論題とする論義の写本も幾つか残っている。その一つの写本の中では、理理円融という概念は智儼から始まっているとするが[41]、引用している文章は義相の『法界図』となっていることに注意を要する[42]。こうした問題を含め日本華厳における無碍説についてはその意味合いに関して検討の余地があるが、今後の課題としたい。

六　まとめ

本節では、無碍説を通じて中国・韓国・日本、三国による思想の関連を確認した。智儼から始まった華厳の無碍説は、弟子の義相と法蔵に継承された。そして義相の理理相即や不相即説などは法蔵に影響を与えるが、法蔵の著述が義相のもとに届いてからはむしろ法蔵の無碍説が義相や義相の系統に大きく影響を与えたと見られる。元暁の無碍説は法界説で見たように法蔵に影響を与えるが、元暁自身の法界観は智儼、義相から一定の影響を受けている。法蔵の弟子である慧苑の説は、この節では述べていないが澄観に多くの影響を与えている。日本における無碍説は、

中国や新羅の華厳思想を吸収して展開してゆき、『大意略抄』に初めて紹介される理理円融説をめぐっては、独自の解釈と展開を見ることができる。また、義聖の『種子義私記』から確認されるように、事事無碍と理事無碍とを教判上で区別する解釈もあり、『十玄義私記』のように、両無碍説の区別を明確につけない解釈も見られる。まさに平安時代の華厳思想が多様化していくことが窺える。

1　末木剛博[1970]　『東洋の合理思想』、講談社。
2　井筒俊彦[1985]　「事事無碍法界・理理無碍法界(上)」『思想』733 号、1-31 頁。同[1985]「事事無碍法界・理理無碍法界(下)」『思想』735 号、17-37 頁。鈴木大拙[1955]『華厳の研究』、法蔵館。
3　華厳教学における「理」と「事」の概念およびその仏教思想史上の背景に関しては斎藤明[1990]「事と理、覚え書き－仏教のダルマ(法)理論－」(『論集』6 号、三重大学哲学思想学系、91-110 頁) を参照。
4　石井公成[1996]前掲書、第 2 章 「智儼の華厳教学」。
5　石井公成[1996] 前掲書、585 頁。
6　大竹 普[1999]「「理理相即」と「理理円融」―『花厳止観』論攷―」『哲学・思想論叢』17 号 (筑波大学哲学・思想学会)、30 頁。これは修正・拡大して[2007]『唯識を中心とした 初期華厳教学の研究―智儼・義湘から法蔵へ―』、大蔵出版社、441-460 頁に再録した。
7　地論学派において理の複数性を認めていたとする学説があることや (石井公成[1989]前掲論文、85-99 頁)、初期の智儼と地論学派との関連が深いことに鑑みると、『捜玄記』の中でも理因陀羅の世界を考えていたと見てよいであろう。
8　鄭炳三[1998]『義相華厳思想研究』、ソウル大学校出版部、第 2 章 「義相の生涯」。義相の講義録である伝法蔵『華厳経問答』は、後期思想を著しているという。
9　高翊晋[1989]『韓国古代仏教思想史』、東国大学校出版部、283-292 頁。
10　石井公成[1989] 前掲論文、123 頁。
11　石井公成[1989] 前掲論文。同[1996] 前掲論文、89-94 頁。
12　石井公成[1989] 前掲論文、85-99 頁。同[1994] 前掲論文、85-136 頁。
13　拙稿[2002] 前掲論文、29-31 頁。
14　坂本幸男[1954a] 「同体縁起思想の成立過程について」『印度学仏教思想論集』(宮元正尊教授還暦記念論文集)、三省堂、405-417 頁。同[1954b]「同体縁起の構造とその意義」『印仏研』3-1 号、1-10 頁。大竹晋[2001]前掲論文(同[2007]『唯識を中心とした初期華厳教学の研究―智儼・義湘から法蔵へ―』(大蔵出版社) の三章・四章に再録した)。
15　石井公成 [1996] 前掲書、93-94 頁。
16　福士慈稔[2004] 前掲書、第三章 元暁著述の再検討には『華厳経疏』を後期の著述とする。『華厳宗要』・『普法記』には数銭法が述べられるので、義相の帰国後のものと見て大過ないであろう。

17 『華厳経文義要決問答』巻三「元暁師云。通論法界、不出四句。一有為法界。二者無為法界。三者有為無為法界。四者非有為非無為法界」（韓仏全 2、372b）
18 『華厳経文義要決問答』巻三「法蔵師云。法界有二。先所入法界義、有五門。初四法界、同暁所列。釈義不同有耳。五無障碍法界」（同上）。
19 元暁と法蔵との法界論は「釈義の不同なるところがある」と述べたことからも窺える。
20 「問。以何因縁故、令比諸法得有如是混融無碍。答。法蔵師云因縁無量難可具陳、提十類釈此無碍。一大小無定故。（中略）九縁起相由故。十法性融通故。元暁師云。略而言之有十種因。一者一与一切互為鏡影、如帝網故。（中略）六者至大至小、斉一量故。（中略）九者無碍法界、無辺無中故。十者法界法爾、無障無碍故。上来二師各有十門。雖繁広述、今取蔵師初門暁公第六、示其綱要」『華厳経文義要決問答』（韓仏全 2、366b）
21 こうした元暁の表現に『荘子』の影響があることはすでに指摘されている。石井公成[1996]前掲書、第三章第二節元暁の教学。
22 「光明覚品疏」「一切法入一法故、一中解無量。一法入一切法故、無量中解一也。所以能得互相入者、展転互為鏡影而生。非実而生故、無障碍」（韓仏全 1、496b）
23 表訓を義相の直弟子とみるのが一般的であるが、記録に開きがかなりある。こうした点に着目し義相の孫弟子とみる説も出ている（金福順[1994]「表訓」『伽山学法』3 号、53-70 頁）。
24 「相即四句中、訓徳云。初二句是初教、第三句是終頓教、第四句円教也。林徳云。四句並是円教也」『三宝章円通記』巻下、韓仏全 236c-237a。
25 金天鶴[2002]前掲論文を参照。
26 坂本幸男[1956]前掲書、891-932 頁。
27 「言三理事無碍門等者。終教中具説不生不與生滅和合。事理無無碍阿頼識故」（T72、256c）
28 『五教章指事』（T72、203a）
29 『五教章指事』（T72、230bc）
30 「問。円融幾種乎。答。有三種。謂事理円融、理理円融、事事円融也。云云」（T72、199c）
31 『五教章中巻種子義私記』「円教中以何為種子。 答以一切法為種子。 問何故云爾。答此教中因位之果、乃至仏立 因門見時 皆唯因故。若立果見時、 依之法皆唯果也。非半因半果是即全因全果。前教之中説理事無碍、此教之中説事々無碍」（22-ウ）
32 『華厳十玄義私記』「問。此文説広狭事々相融文。何云証理事融。答。事不異理故、事事相融。故顕理事融通也」（龍 93-ウ）「文何云証理事融」は（愛 59-ウ）からの補足。
33 『華厳十玄義私記』「問就一乗門以法界縁起為世体云意何。答無別体、仮立縁起法無別体、於真如立、所以理与事相融無碍也。所以時亦随無碍也。所以云以法界縁起為世体。此就法界融通門云九世法相由」（下、38 ウ - 39 オ）
34 『華厳種姓義抄』（T72、61c）
35 同上
36 『華厳種姓義抄』（T72、61c）
37 この文献については大竹晋[1999]前掲論文では法蔵の作とされている。杜順が『華厳五教止観』を著し理理・事事という造語を使うのは疑問である。そうした用語は義相まで遡れない。また、法蔵がその釈を作ったのであれば、彼の著作に反映してもおかしくないが、まったくない。これは恐らく法蔵に仮託したものと考えられる。
38 大竹晋[1999]前掲論文。
39 『古事類苑』宗教部六、「華厳宗」、「理々円融者、水々如相即」、513 頁。

40 太田久紀[2001]前掲書に「事事不即不離、理理不即不離、事理不即不離」について論じられている。
41 蓑輪顕量[2003]「日本における華厳思想の受容-理理相即・理理円融・理理無碍を中心に」『論集 東大寺の歴史と教学』1号、東大寺、38-46頁。
42「其至相大師 若依別教一乘 理々無礙亦得 事々無礙亦得 事理無礙亦得、列得理々無礙」(金天鶴[2009]「東大寺写本、理理円融について」『印仏研』57-2、615-621頁)

第二節　二乗廻心説

一　はじめに

　中国仏教史における「五姓各別」対「一切皆成」という仏性論争は、玄奘がインドから帰還し新しく経論が漢訳されてから始まる。玄奘はインドで戒賢に師事することによって五姓各別＝一分不成仏という仏性観を確立したといわれる[1]。玄奘の五姓各別説に最初に反発した人物は彼の訳場に参加した霊潤（？～650頃）である。この論争は二つの系統でまとめられるが、一つ目は、霊潤と神泰の論争であり、二つ目は、法宝と慧沼の論争である[2]。そして、法蔵が霊潤と法宝の学説を取り入れることによって終結をみることになったと言える[3]。しかし、こうした中国における仏性論争は、日本の天台宗と法相宗との間で行われた一乗三乗論争までにも縺れている面もある。

二　唐・新羅華厳宗における定性二乗廻心説

　中国唯識学における仏性論争は、二乗と無性有情の成仏問題に重点がおかれていたことが、既に指摘されているが[4]、華厳宗においてもそれは同様である。こうした二乗廻心に対する中国、新羅、日本華厳の考え方に関しては別冊で述べたので[5]、ここでは詳論しないが、そのポイントは『華厳経』「入法界品」の声聞大衆にある[6]。
　例えば、智儼の『孔目章』「第八会入法界品初弁廻心章」（T45、583b-4a）は、華厳宗の立場から舎利弗の廻心を論じている。法蔵の『五教章』所詮差別には'二乗廻心章'がおかれ、解決口を探って、『探玄記』玄談の中、「三立教差別」の「第五明現伝」と「第六権実差別」でも声聞の廻心についても述べている[7]。特に法蔵の『五教章』説には元暁の『二障義』

からの影響も確認される[8]。

なお、新羅元暁の二乗廻心説は散見されるが、『法華宗要』と『金剛三昧経論』の説をまとめると、『法華宗要』の中では、定性二乗の「起心」が強調され、『金剛三昧経論』においては、その起心が仏の同体大悲により可能になることをいっている[9]。それに対して義相の『華厳経問答』では、『華厳経』「性起品」の薬王樹の比喩をめぐって議論されるが、智儼の影響が強く残っている[10]。高麗時代の均如は義相の直弟子の道身を重んじる一方、860年代の決言を批判しながら別教の二乗廻心説を確立している[11]。

三　日本華厳宗における定性二乗廻心説

日本華厳における定性二乗成仏に関しては、寿霊と増春の例を通して既に詳しく述べたが[12]、以下その趣旨をまとめる。まず、寿霊は法宝の『一乗仏性究竟論』「増寿変易章第九」の説を多く取り入れているのが特徴とされる。『一乗仏性究竟論』は、日本の華厳宗や三論宗のような一切皆成家に重視された書物であり、後の最澄と徳一の三一論争においても、最澄が依拠した学説として大きな役割を果たす。

なお、平安時代の増春は『一乗義私記』から見る限り、第二章で検討したように法相宗の異義に対応し、また、主に「終教以上の一乗」に立ちながら、定性二乗が仏菩薩の縁に遇って成仏できると主張しているが、定性二乗が成仏するのは法相宗の立場からは許容することができない。そのため、定性二乗は、第八識が滅すると身も共に滅するはずなのに、どうして成仏できるのかという次の質問が出される。

　　問う。無余に入れば二乗は灰身滅智するので唯だ清浄があるだけである。〔それなのに〕真如法界に何物があって廻心向大して成仏するというのか。もし無余に入ると二乗の分段の麁身智は滅しても変易の細身智は消滅しないというのであれば、能持の第八識が消滅すれば即ち所持の身も倶に消滅

するはずなのに、何物があって変易を持つことができるのか。
（問。入無余二乗灰身滅智故、唯有清浄。真如法界有何物廻心向大可云成仏乎。若入無余二乗滅分段龜身智、不滅変易細身智云物者。能持第八識滅即、所持身俱滅。有何物可持変）(T72、32b)

唯識学において、そもそも定性二乗は変易身を受けることができないとされるので[13]、上のような疑問が生じたわけである。しかし、『一乗義私記』では、

二乗は無余涅槃に入る時、現識の龜い阿羅耶識が滅しても、業識と転識二の細い阿羅耶識は滅しない。（二乗入無余時、現識龜阿羅耶識滅、業転二細阿羅耶識不滅）(T72、32b)

といい、『起信論』の五意説をもって二乗が無余涅槃に入っても変易身を持つとするのである。こうした対応は、寿霊の時代とは異なり華厳宗が仏性論争に積極的であったことを意味するのであろう。

なお、ここで親円の二乗成仏説を加えてみる。親円の『種性義抄』では了義・不了義の方法を用いて、定性二乗の成仏が終教以上の意によるものとし、始教の不成仏説を方便に滞る説と解釈して、終教以上の説こそ真の了義とする[14]。続いて終教以上の意に従うと、無性有性は心があるので成仏し得るといっても、定性二乗の場合、身と智が永遠に滅するから還生の不可能な状態であるのに、どうして成仏するのかと問いを設定する[15]。これは法相宗からの質問としては相応しくないが、定性二乗の不廻心説を法相宗の最後の砦として設定し、それを破ることにより法相宗の理論を崩すのが狙いと考えられる。親円は『五教章』「二乗廻心章」を引きながら、終教の了義によると、内には本覚性を具え、外には諸仏の大悲が催して、必ず還生して後に変易身を得て、大菩提に趣くと述べる[16]。

これに対して『優婆塞戒経』を引きながら、終教以上の主張を外道と批判する意見が提示される。その経典の文句は「もし衆生に菩薩性があ

るとすれば、それを外道という」[17]である。しかし、これに対して定性があるとするのを外道であると規定する『善生経』[18]を引用し、『優婆塞戒経』のいうところは、方便であり執着を防ぐための説と解釈する。そして最後には定性二乗も内外の因縁の力により菩提を証得するという。このように、終教と始教が、経典に依拠しながら相互に相手を外道と名指しし、定性二乗の成仏不成仏に対して諍論を行うのは『種性義抄』の特徴である[19]。

四　まとめ

　以上、東アジアの三国の華厳思想における定性二乗廻心説について検討した。それにより、同じ華厳思想といっても地域や時代を反映した特色がある。それをまとめると以下のようにいえる。

　第一に、智儼と法蔵は中国の仏性論争に加わってはいないが、それを熟知したうえで、『孔目章』、『五教章』、『探玄記』などを通して、一切皆成の立場に立っている。しかし、唯識学派を正面から批判するのを控えており[20]、批判は匿名の唯識人に向けられている。それは法蔵の活動した時代に唯識学派の権威が国から認められていたからではないだろうか。

　なお、新羅元暁の二乗廻心に関する教説は法蔵に影響を及ぼし、それを通して東アジアの華厳教学に影響していた。元暁は『法華宗要』や『金剛三昧経論』からわかるように、定性二乗の'起信'と'慈悲'を強調する。これによって元暁が定性二乗に指し伸ばす仏の教化を強調する。

　義相の『華厳経問答』にも定性二乗の廻心説が見出された。義相は定性二乗の廻心において性起の薬王のめぐって論じている。ここは智儼の『捜玄記』を趣意した議論であるが、唯識説に対する批判的な態度は見られない。均如の定性二乗の廻心説は別教一乗の立場に沿って、二乗廻心説の展開する。

　日本においては、寿霊が涅槃師法宝の説を定性二乗の廻心の重要な典拠として引用する。それは日本の法相宗を含め、唯識説を乗り越える上

で頼りになる論証であった。ところが、それにより唯識説との思想的な対立を強調することはなかった。寿霊の時代は日本の一乗三乗の論争が表面化する前だったことが一つの原因であろう。

　増春の時代になると、最澄と徳一との間から始まった一乗三乗の論争が応和年間(961-963)まで続くこともあり、華厳宗と法相宗との論争の形として定性二乗の廻心・不廻心の問題が取りあげられている。

　増春の説の中では、変易身と『起信論』の阿羅耶識の五意とを関連させて、また廻心した定性二乗が華厳一乗に入ると見ているなど日本華厳宗の独得の説が見出せる。以上、華厳宗の定性二乗の廻心説は、唯識説を乗り越える過程あるいは『華厳経』を理解する上で出され、時代や思想的背景によって特色のある思想の誕生につながるということが分かった。

1　吉村　誠［2004b］「唯識学派の五姓各別説について」、『駒沢大学仏教学部研究紀要』第62号、234頁。
2　吉村誠［2013］『中国唯識思想史研究-玄奘と唯識学派』、大蔵出版、489-503頁。
3　同上
4　常盤大定［1944］『仏性の研究』(修正版)緒論、明治書院。常盤氏のこの著述は「無性」に絞って論じられている。「定性二乗」に関連しては、寺井良宣［1989］「無余界における回心をめぐる一乗・三乗の論争」『天台真盛宗宗学研究所紀要』第4号、天台真盛宗宗学研究所、16-100頁を参照。なお、霊潤の十四項目の中で三番目までは「一。衆生界内。立有一分無仏性衆生。二。二乗之人入無余涅槃。永不入大。三。不定性声聞向大乗者。延分段生行菩薩道」とある。この中で「三」は不定性二乗に関する相違であるが、涅槃師の法宝はここに力を入れて異議を唱える。霊潤が新訳について違和感を覚えていた主な項目が、後に論争の主要な論点になった。
5　金天鶴［2006］『均如華厳思想研究―機根論を中心として―』、海潮音(韓国語)、V章3.定性二乗の廻心説、197-234頁。
6　金京南［2005］「中国華厳における「入法界品」の声聞衆理解」、『韓国仏教学SEMINAR』第10号、韓国留学生印度学仏教学会、236-247頁。
7　金天鶴［2006］前掲書、200-206頁。
8　『五教章』(T45、496b)の経の趣意から、『二障義』(韓仏全1、812b-c)とほぼ一致する。表の比較から確認できる。

元暁『二障義』	法蔵『五教章』
如経言。須陀洹人。亦復不定。以不定故。径八万劫。即能得到阿耨菩提心。乃至独覚。径十千劫。得到阿耨菩提之心。此明何義。如最能根須陀洹人受七生已。方入涅槃。滅心心法。如入滅定。経八万劫乃得生心。生心之時受仏教化。即発阿耨菩提之心。若其一心。得第二果。受二生已入於涅槃。径六万劫。即能発心。若其一身得那含果。不還欲界入涅槃者。径四万劫能得発心。若其一身。得第四果。即於現身入涅槃者。径二万劫即能発心。若諸独覚根性最利。径一万劫便得発心。此為彼経所説意也。如是五人発心之時。方与十信菩薩位等。	経八万劫。即能得到阿耨菩提心。乃至云独覚　経十千劫。得到阿耨菩提之心。解云。此明最鈍須陀洹人受七生已。方入涅槃。滅心心法。如入滅定。復経八万劫乃得生心。　　　　受仏教化。即発菩提心。若於一身。得第二果。　　受二生已即入涅槃。経六万劫。即能発心。若於一身得第三果。不還欲界即入涅槃。経四万劫即得発心。若於一身。得阿羅漢。即現入滅定。　　　経二万劫即能発心。若独覚根利。経一万劫便能発心。此五人発心之時。即入十信菩薩位。方名発阿耨菩提心。

9　金天鶴［2006］前掲書、206-212頁。
10　金天鶴［2006］前掲書、208-210頁。
11　金天鶴［2006］前掲書、211-212頁。
12　金天鶴［2006］前掲書、208-218頁。
13　深浦正文[1954]『唯識学研究下巻』、永田文昌堂、514頁。
14　『種性義抄』(T72、59a)
15　同上
16　『種性義抄』(T72、59b)
17　『優婆塞戒経』(T24、1035a)
18　典拠未詳。→『善生経』は『優婆塞戒経』の別名のひとつで、『優婆塞戒経』では「若有説言定有性者。是名外道」とある。慧沼『慧日論』(T45、446c)に『種性義抄』と同様の議論があるが、『優婆塞戒経』の引用は、もともとはすべて五性各別への批判に使われたようである。『優婆塞戒経』の文が執着を防ぐためというのは、『慧日論』では慧沼の解釈である（細い理論は『種性義抄』と異なる）。
19　『種性義抄』(T72、59b-c)
20　富貴原章信[1974]「五教章の種性義について」(『南都仏教』第32号、南都仏教研究会、1-12頁)では論文末に「始教の種性のところに、唯識説の文は一回も引かれていない。これは一体なぜであろうか」と疑問を抱いている。

第三節　三乗仏果廻心説

一　はじめに

　三乗廻心説とは、三乗菩薩が修行して仏になる段階で、『華厳経』の世界に進入するのかという説である。その極端な説が三乗で仏になって『華厳経』に廻心すると言う三乗仏果廻心説である。まず、三乗廻心説が具体的に説かれているのは法蔵の『探玄記』である。『探玄記』巻一「守権非器」文と「引為」文によれば、時間的に遅い場合、初阿僧祇劫を過ぎて華厳の所為となるとし[1]、また、「性起品疏」ではその時に初地の位を得るという[2]。
　しかし新羅の華厳宗においては「引為」文を通じて三乗仏果廻心を認めたる。　三乗仏果廻心の概念をめぐっては、すでに石井公成氏の研究がある。そこでは地論学派系統の行位説の影響が見られること、新羅の義相学派の門流で強調されること、日本の寿霊が『指事』において激しく非難している概念でもあることが指摘されている[3]。このテーマは主として新羅と日本華厳宗において問題となったものである。ここでは、その詳しい展開を考察することにより、日本華厳の特質を明らかにしたい。

二　唐・新羅華厳における三乗廻心説

　東アジア華厳思想における　三乗廻心説に関してはすでに別冊で論じたことがあるため、ここでは重複を避けて検討する[4]。
　まず、法蔵の三乗廻心説では速い者と遅い者を分けて考えており、それぞれ三賢位と初地に至って一乗に進入すると説いていることが分かる。なお、法蔵の弟子の文超の『華厳自防遺妄集』は、『円宗文類』第二十巻所収のものであり、審乗『五教章問答抄』巻一に引用されている。そこ

では、このような法蔵の三乗廻心説を受け継ぎ、次のように三つの段階を通じて説明している。

> 問う。三乗差別の教えに拠る中、この一乗に入るのは、ほぼ三つの階位から可能である。第一には十住の初心で入る。位の不退を得るからである。第二には廻向の終心で入る。初阿僧祇において諸の修行が純熟するからである。第三には最も遅い場合は初地で入る。法界が融通し遍満し自在なることを証得するからである。
> （問。拠三乗差別教中、入此一乗、略有三処入。一、十住初心入。以得位不退故。二、廻向終心入。於一阿僧祇諸行純熟故、三、極遅至初地入。以証得法界融遍自在故）（T72、623b）

と述べている。これらのことにより、文超は、三乗が一乗に入る可能性を三つに分けて提示していることがわかる。即ち、十住初、廻向終心、初地である。よって、中国華厳において三乗仏果廻心が主張されていなかったことが分かる。

なお、新羅では、義相学派は三乗の仏果廻心は伝統の説と認識しおり、高麗均如までこのような伝統の説が受け継がれるが、『華厳経問答』、『道身章』、崇業の『観釈』などから確認できる。ここでは、崇業の『観釈』の三乗仏果廻心説を紹介する。崇業は少なくとも９世紀初の人物と推測されるが、『探玄記』教所被機の「守権非器」の文と「引為」の文を、それぞれ速い機根・極遅の機根に対して説明した文とみている（然観釈云。非器之文、約其疾者。所為之文 約其極遅）5。ここで「所為之文」とは、『探玄記』の次の文章を指している。

> 答える。その教（三乗教法）の中で、具に段階的な十地があり、漸次に仏果にいたる。その根器を長養し成熟させるためである。最も遅いものは、この劫数に至って必ず信入する。（答於彼教中具有行布十地、漸次乃至仏果。長養彼根器務令成熟。極遅之者至此劫数定當信入）（T35、117b）

均如によれば、新羅で仏果廻心を主張する場合、この引為文を用いるが、『観釈』でもそうした新羅の伝統的な解釈に沿っている。『均如伝』の「第四立義定宗分」に出てくる先公鈔「三十余義記」の項目中に「廻心」が入っている。この項目から、均如以前にも、「廻心」に関する議論が行われ、その中で、仏果廻心に関する議論も義相学派の華厳の中で重要な概念だったことが推測される。これは裏を返すと、これに対する反論も強かったということであろう。均如は仏果廻心説に強く反対する一群から論争を通じて自分の説を立てている。例えば、彼は『五教章』の権実差別の文「自位（均如；位＝宗）究竟処故、後皆進入別教」を証拠として、熟頓仏果の人を仮名菩薩と名づけているほどである[6]。

三 寿霊の三乗廻心説

寿霊の三乗廻心説は法蔵に従いながらも、教判的な配慮を加え、始教は初地、終教は十住で分段生死の執（分段宅）を離れて不退の益を得るという[7]。このように不退を得た後に一乗に入るということが三乗廻心説に対する寿霊の基本的な立場である[8]。寿霊によれば、ここでの不退とは三乗菩薩が得ようとした結果（所求果）であり、それは出世の利益であり、三乗教の利益がすでに究竟に達したという意味で自位究竟である[9]。そして不退として得る境地は部分的な見聞であることを主張している[10]。ただ部分的な見聞から完全な一乗に進入する経路に対しては明確に説いてはいない。むしろ信初と信満を次元が異なる境地と理解することにより、法蔵の意図とは遠くなる結果を招来したのである[11]。

寿霊は、慈訓と推測される古徳に依拠することにより、それ以前の正統説を継承する立場に立っており、この中、十住以上を不退と見ることに対しては、『大乗起信論』と梁の『摂論』、新羅の義寂法師説をその教証として論じている。引用文を通して見る時、寿霊は『大乗起信論』の説を継承し、三乗が一乗に入るのは完全な一乗に入るのではなく部分的な見聞であるという説として発展させ[12]、梁の『摂論』と義寂の説とを継

承して十住に不退を得、三界を超越することが自位究竟であるという説に発展させている。そして三乗の教説の中に十地や仏地などが論じられることに対しては、法蔵の弟子、慧苑の『刊定記』を引用して権教の階位は実在ではないと主張している[13]。したがって寿霊の三乗廻心説を構成する要素には、古徳説、『大乗起信論』、義寂説、そして慧苑説が思想的背景となっていることが分かる。

(1) 批判対象としての三乗仏果廻心説

　寿霊は自説に違背する三乗廻心説を批判しながら一乗義の確立を企てたが、特に三乗仏果廻心説を批判の標的として、三乗と同時にそのような批判を通して法華思想と華厳思想とを同時に重視した一乗義の確立に至った。寿霊が批判する三乗廻心説は、具体的には二つの類型にまとめられる。

　a類型[14]は、三乗菩薩が地前位にありながら、分段を捨てないままで第七地の出世間の自位法を得るための究竟とする説である。それは五乗に喩えて十地の相を現す時、第七地法が三乗菩薩に従うためであるという。ここからこの説が『五教章』「建立乗」の第五寄位差別（T45、477c-478a）と「所詮差別」の第五「修行所依身」における終教不退説（T45、491c）に依拠した説であることが分かる。すなわち、七地は「菩薩法に従う」という言葉に依拠して、三乗菩薩が七地に至り、はじめて自位究竟となるという説である。寿霊はこの説に対して四種類の過失を挙げて批判している。ところで、このa類型の三乗廻心説は、以後思想的な影響力がほとんど無かったものと判断される。

　b類型は『五教章』の自位究竟を仏果と見る、いわば三乗仏果廻心説を主張する学派であり、以後、日本の華厳思想において継続的に問題視される主張である。

　具体的な批判対象は、b-①『五教章』と『法華論』とを通して三乗菩薩が権教（『法華経』）に依拠して十地を修行し、仏果を証得（自位究竟）した後、機根が成熟して一乗に進入するという主張と[15]、b-②三阿僧祇劫間

に修行して仏果を得るのが仮名菩薩という主張である[16]。b類型は「愚かな者（有迷者）」という表現を用いるほど寿霊に徹底的に批判される説である。ここではb-①とb-②をめぐる諍論を通じて、寿霊の考え方と、寿霊の批判対象の考え方を考察する。まず、b-①の具体的な主張は次のようである。

> 愚かな人がいう。三乗の菩薩はその権教に依り修行して十地を満たし、仏果を証得する。その後、根機が熟していよいよ一乗に入る。このゆえに仏果位を自位究竟処とする。
> （有迷者云。三乗菩薩、依彼権教。修満十地、証得仏果。後根機熟、方入一乗。是故仏果位、以為自位究竟処）（T72、209b）

このように三乗の仏果の後に一乗に入るとするので、明らかに仏果廻心を主張していることが分かる。その後、b-①は『法華論』を教証として同じ説を繰り返して主張する。論者の主張をより確実に捉えるため、それぞれの例を取り上げる。

① 『法華論』にいう。「七種の増上慢の中に第一は勢力を求める人である。[その人のために]世間中に種種の善根三昧功徳を方便として示し、喜ばせる」と。三乗仏果とは一乗に対比して世間善根三昧と名づける[17]。
② 『論』にいう。「四とは実にないのに有るという増上慢心である。すでに世間の有漏三昧と三摩跋提があり、実に涅槃がない。しかも涅槃の思を生ずる」と。これは即ち三乗の仏をもって一乗を望むから、世間の有漏等と名づける[18]。
③ 『論』にいう「第六人とは、大乗法を説いて、この法門をもって同じく十地の修行を満たす。諸仏如来は密に授記を与えるゆえに」とは、二乗人等が三乗の第十地の満位に至り仏を受けるからである。このゆえに同じく十地の修行を満たすという。この理由で三乗の仏が一乗に廻心することを明知せよ[19]。
④ またいう。三乗仏果は一乗から見れば有漏の愚痴凡夫になるから、更に

一乗に廻入する。一乗に入ったゆえ一乗の見聞位に預かり、見聞位に預かる故に悪趣に退いて堕ちることはない[20]。

　寿霊は割注の中で、こうした説はさらに存在するが、これ以上記さないと表明しているので、他にも『法華論』による三乗廻心説が存在したようである。ここでまとめると、b-①の要点は、三乗によって得た仏果とは一乗の世界からみると、実体がなく、世間の凡夫の境地であるが、そうした修行の末に一乗の見聞位に入ることができるというものである。また、この部類は『法華論』を習得し、『法華経』が『華厳経』に入る前段階と認識していたものと考えられる。しかし、『法華経』を重んじる寿霊にとっては、こうした仏果廻心説は妄義に過ぎない。寿霊はこうした仏果廻心の主張を激しく批判する。さらに、こうした主張に対して、聖教を験し古迹を勘えても、そのような説が仏の教えではなく、群典にも背いていると評価する。

　当時日本ではこのような三乗仏果廻心説が広く知られていたようであるが、寿霊は、そうした説を愚情の妄義であるといい、論破することもなく、直ちに禁止してやめさせるべきだと述べている。そこでは『四分律』の文を長文にわたり引用し、仏の教えにないことを説く場合、それを正すべきであるといっているほどである[21]。ここにも寿霊の激しい感情が読み取れる。

　次にb-②の主張は以下のようである。

　　愚かな人がいう。無量億那由他劫の時間を三阿僧祇劫という。この三祇劫
　　を経て仏果を得た人を仮名菩薩と名づける。（有迷者云。無量億那由他劫。
　　名為三阿僧祇劫也。経三祇劫。得仏果人。名仮名菩薩）（T72、212b）

　前に述べたのは修行の位であったが、今度は修行の時間や仮名菩薩の名称と関わる。この説に対しても寿霊は厳しく批判する。その内容を順に沿って整理する[22]。

① 仮名菩薩というが、仮名仏とするべきである。
② 上古の哲人が諸聖典を探って、階位を決め末代に流通させたにも関わらず、信じない。
③ 経典にこの不信者に対する正しい判断がないから迷い、妄説するなら、その不信者が三乗仏果という経典を提示して見よ。もし『宝積経』によるのなら、その経典を験してもそのような文はない。もし『法華経』によるのなら、なお存在しない。諸経文を験しても、やはり存在しない。
④ 思禅師・智者禅師の章疏の中にも、そのような説はない。
⑤ 日本の古徳、訓僧都等が受けている一乗宗にもそのような説はない。
⑥ もし『五教章』の自位究竟が仏果を得ることを意味するとすれば、どうして『探玄記』の中において、三賢位から一乗位に信入すると明確に述べているのか。

寿霊はひたすら反対の立場を表明しているが、三乗仏果廻心説を主張する部類の特徴を①～⑥の表現から予想できる。それは、『法華経』と『宝積経』に詳しい部類であることと、『法華経』と『華厳経』の両方に関係しながらも、『華厳経』を『法華経』より重んじている部類であろう。寿霊はb類型に対して「有迷者」という表現を使うので、主な論敵は仏果廻心説であることは容易に看取できる。

(2) 批判対象の推定

寿霊の批判対象が当時活躍していた僧侶であることは、その文意から判断できるが、具体的に誰を指しているのであろうか。石井氏は、寿霊が三乗廻心説を論駁する内容と態度に対して、これが三乗と一乗との間の議論というよりも一乗の内部の論争であり、具体的には『五教章』をめぐる解釈と理解している。とりわけ仮名菩薩に対する議論を例に挙げ、新羅義相の門流の三乗仏果廻心説に関連すると指摘し、具体的には大安寺慶俊の系統が批判対象であると提案している[23]。

実際にb類型の三乗仏果廻心説と義相学派の説とは、自位究竟の解釈で一致する面があることが指摘できる。ただ、新羅華厳において仏果廻心説の証拠とする『探玄記』「引為」文が『指事』では挙げられていないこともあり、新羅義相学派とは系統を異にしていた可能性も念頭におきながら石井氏の説を二点から再検討する。一つは義相学派との関連性であり、二つは慶俊との関連性である。

1) 義相学派との関連性

まず、義相学派との関連において最も否定的な要素は、現存する義相学派文献には『法華論』を取り上げて三乗仏果廻心を主張した例がみえず、『法華論』の引用もほとんど確認されないことである。肯定的な要素は『華厳経問答』との関連性であり、そこで三乗仏果廻心を主張する例が一致することである。

ここで有迷者ではなく、有説に目を向いてみよう。三乗仏果廻心説が論駁されているところは自位究竟をめぐるさまざまな議論がなされている個所であるが、ここで「唯だ三乗教に依拠してのみ、一乗根機が成熟することを究竟となす」[24]という有説が出され批判されている。一見、何の問題もないように見えるが、寿霊は「究竟」というのは、熟・未熟ではなく、出世益を得るかどうかに関わるのが法蔵の本意だと正している。ところで、この結論に持っていくために寿霊は難を起こすが、その最初の難で次のように述べる。

> もし、ただ機根が成熟することを究竟とするならば、退位の凡夫も一乗根がやはり成熟したことになる。自位究竟といえるのか。
> （若為唯根熟、名究竟者。退位凡夫、一乗根亦熟。亦可言、為自位究竟）
> （T72、209a）

ここで退位凡夫は仏の教えに依拠して十信位で一乗を見聞するのは確かであるが、修行する前に悪い因縁に遇い地獄に堕する部類を指してい

る[25]。
　ところでこの「有説」と「難」とに似た組み合わせが『華厳経問答』に見える。『華厳経問答』には三乗の教にしたがい自位究竟果に入る場合、利根なら三乗教が方便であることを知って一乗に即入するが、方便教の通り修行する人が自位究竟果に入る時期は決められていないとする。そしてその部類の中に最も鈍感な機根について次のように説明する。

　　根熟処に随って一乗の位に入る。最鈍根の人は聞いた教の如く［修行して］自究竟果に至り、いよいよ一乗の見聞位に廻入する。（随根熟処入一乗位。最鈍根人如所聞教至自究竟果。方廻入一乗見聞位）（T45、601a）

これに続いて次のように述べる。

　　問う。見聞位が不定［の対象が入る］位であるならば、その退相は何であるか。
　　答える。大法を聞いても、聞いたとおりの自在を得ず、細かく言えば教えと違うことがあり、また三途に堕する人がある。
　　（問。見聞位、不定位者。其退相云何。答。聞大法、而即不得如聞自在故。細有違教。有堕三途人也）（T45、601a）

　こうした問答が続いた後に、議論を総合する形で行われた問答の問いに「何知三乗極為仏、而還入一乗」という有名な文句が出る。『指事』にみえた、三乗教により一乗根熟を自位究竟とすることと、引き続き「退位凡夫」をもって反論する構造は、全くと言っていいほど『華厳経問答』と同様である。よって『指事』が批判する「有説」と新羅華厳との関連性は充分に考えることができる。とすると、日本の中に義相学派の華厳宗の教理を重んじた部類の人がいたと想定すべきである。そしてその人達が『法華論』にも詳しかったということである。

2) 大安寺慶俊と関連性

次に、大安寺の慶俊を批判対象とする説に対して検討する。石井氏は、東大寺や興福寺は慈訓の門下が中心であり、「愚かな者（華厳を至上とするもの）」が出難い状況であったため、三論と華厳に精通した慶俊と推定した。新羅成立の『釈摩訶衍論』を将来した戒明が大安寺の僧だったことも推定を傍証する[26]。

慶俊は三論の道慈のもとで出家し、730年代にすでに大安寺でかなり高い地位に至った。よって736年に大安寺に来朝した道璿と740年に華厳講師を歴任した大安寺審詳との影響関係も推定することができる。慶俊は東大寺あるいは大安寺の華厳講師であったこともあった。また慈訓のように道鏡から追放されるという困難におかれたこともある[27]。このことから彼は審詳と慈訓とに親近感があったはずである。また、当時の大安寺は外国僧や帰国僧の中心的な受け入れ先で、様々な系統があったはずではあるが、その中で慶俊のみ異様に着目され、批判されるのもいささか疑問である。

3) 法進の可能性

義相学派との関連性は充分に示したと考えられるが、そうするとその当時に、義相の華厳宗の教理に関係している人がいたのか。寿霊は、『宝積経』と『法華経』とを検討し、智者や法蔵の章疏にもそのようなことは書いていないと仏果廻心説者を批判している。それは相手が重視する経論ないし学派であろう。『宝積経』は菩薩の階位を説いた経典群を指し、奈良時代の学派との関係については知られていないが、『法華経』は日本の華厳系統で重視された経典であることはすでに指摘されている[28]。それは、日本の華厳の草創期に活躍していた標璟が法華関連の書籍を多数所持していたことからも立証が可能である[29]。このことはそれだけ法華を研究していた華厳家が存在していたことを意味する。寿霊は『法華経』の位相を低く見る人々に対して『指事』の随所で厳しく批判する。

すると、寿霊の批判は華厳・法華の両方に通じた部類の中、法華を低く見る学派に対する批判と見るのが妥当であろう。

鑑真の弟子思託は『上宮皇太子菩薩伝』を造り、聖徳太子が慧思の後身であるという主張を行ったが、このような動きは彼が日本の仏教界に適応するための手段であったと見られる[30]。それだけに彼等は批判の対象となり易かった状況を反映してもいるのである。

このような中で筆者が提示したいのは、東大寺戒壇院の第二代の和尚となった法進の著述の中、『沙弥十戒威経疏』五巻（『日本大蔵経』小乗律章疏1）である。これは鑑真およびその門下の思想内容がよくわからない現在の状況において、唯一、その内容が窺える文献でもある[31]。その内容の中に天台止観法を明らかにする文章があり[32]、そこでは順次に境地が高くなることを長文にわたり説明している。それは「初心凡夫菩薩因修止観証果之相」という修行の次第である。その文章の中、境地の順番だけを整理すると次のようになる。

> 若住止観、（略）即是安住大乗。（略）其疾如風。若行疾如風、即自然流入薩婆若海（略）即是坐如来座。若坐如来座、即是以如来荘厳而自荘厳（略）若得六根清浄、即是入仏境界。（略）若於一切法無所染着、即一切仏地現在前（略）若具一切波羅蜜即入頓悟大菩薩位（略）若能究竟一切仏事、即具足真応二身、具足真応二身者、即初発心住菩薩也。故華厳経云初発心時便正正覚（略）亦云初発心即其仏也。（以下略）

以上のように観法が説かれているが、修行の境地について、前の段階を経てから次の段階に上がる過程がつづられている。そしてこの止観行法をもって修行して上がれる最高の段階が「初発心住菩薩」である。これについては『華厳経』、『涅槃経』を経証としており、したがってこの止観法はおおむね「法華→華厳」という方向で整理できる。天台に根本をおいた法進が天台より華厳を積極的に解釈した理由は明確ではないが、彼が住した東大寺の唐院には、『大意略抄』で見たように、天台寄りの律師、華厳師が存在していた。彼等は天台寄りといっても『法華経』が『華

厳経』より勝れているとみているわけではない。『華厳経』を中心として『法華経』をみるのである。そうなると寿霊の非難は、同じ東大寺の唐院に住する天台寄りの華厳宗に向けたものである可能性が出てくる。また、義相学派の華厳思想は、『種子義私記』の部分で言及したように、薬師寺の華厳宗の教理に何らかの影響を与えている。こうした状況からみると、寿霊の批判対象は、義相学派の流れを汲む日本の学僧、あるいは、天台に詳しかった華厳学僧であると想定される。

四　寿霊以後

(1)　『華厳経問答』と教道の論理

　日本の華厳では寿霊以後、仏果廻心説を否定する方向に固まっていく。その主張には『探玄記』や『五教章』の他にも幾つかの教証が用いられている。例えば、文超の『自防遺忘集』、見登の『成仏妙義』、宗密の『円覚経大鈔』である。また、澄観の証道・教道の論理も用いられるが、この中で教道の論理は後ほど検討するように仏果廻心を主張する教証でも使われる。

　仏果廻心を肯定する材料としては『両巻指帰』と『華厳経問答』と澄観の教道の論理が用いられる。特に『華厳経問答』の出現によって、仏果廻心説を否定する日本華厳の流れは大きく変動することになった。本書は新羅の文献でありなから、法蔵の著述として現在まで伝来し、近年になって新羅の文献であることが証明された。そこには次のようにある。

> 問う。三乗が極まって仏となり、また一乗に入ることは、どのように知られるますか。
> 　答える。『法華経』に述べている。三車の処に至った後に、はじめて車を索すから。仏は一車を与えるから。彼の三車の処は即ち三乗果の喩であるからである。(問。何知三乗極為仏、而還入一乗也。答。如法華経云。既至三車処、方又索車故。仏乃与一車故。彼三車処、即三乗果喩故)（T45、601b）

ここでは『法華経』の三車の譬喩に基づいて仏果廻心説を説いていることが分かる。しかし、この『華厳経問答』は10世紀初期から真偽の問題があった。増春はそうした背景の中で、上述した文の中で「三乗極為仏而還入一乗」を強引に読んで仏果廻心説を否定する方向に持っていく。そして彼の解釈は審乗の時代まで続く。

ところで、湛睿の活動する時期になると、澄観の説が加わることにより『華厳経問答』の仏果廻心説を認めることになる。この澄観の説とは教道・証道の二道説である。澄観は『華厳経疏』において「若約教道、三祇亦未入玄」(T35、886c)として、これに関して『演義鈔』では、教道の立場から、成仏を認めず、証道に基づいて修行することを強調している[33]。澄観は『華厳経疏』の「引為」文で権教の仏果が事実ではないというが[34]、これも教道の修行を否定して証道を進めることと理解すべきである。こうした観点はすでに法蔵にも窺えるが[35]、弟子慧苑から明確に主張され[36]、寿霊も仏果廻心を否定するために引いている[37]。この澄観の二道の論理を初めて引用して仏果廻心義を否定したのは凝然であるが、その後、湛睿は、三乗廻心に関する四つの説を紹介しながら、『華厳経問答』と教道の論理を用いて仏果廻心説を認める。以後、澄観の教道の論理は、仏果廻心を証明する教証として使われる嫌いがあり、澄観の本来の意図とは違う方向に行ったといえる。

こうした流れから見ると、『華厳経問答』の出現によって、仏果廻心の全面的否定が弱くなり、その流れの上で、最初は仏果廻心を否定するために用いられた澄観の証道・教道の論理の中で、教道の論理が後に仏果廻心の肯定の材料として使われたことが分かる。

(2) 増春：否定的立場

1) 自位究竟廻心説

　寿霊の『指事』では三乗の別教への廻心をめぐり激論が繰り広げられている。それは同じ華厳学派の中で、三乗の菩薩がどの位で別教一乗に入るかをめぐる諍論である。その中で寿霊の主な批判対象となる主張は、三乗の権教菩薩が仏果を得た後に一乗に入るという考えである。同様の議論は増春の『一乗義私記』においてもなされている。しかし、増春が活動する時期には、批判された側の見方として『香象問答』が現れ論争を深めていく。

　三乗廻心に関する論争は自位究竟処に対する解釈から始まる。まず『五教章』には「自位究竟処に至る故に、後に皆別教一乗に進入する」(T45、477b)とある。この自位究竟について増春は、『探玄記』十六巻の「問う。これらの不信の者は何位の菩薩であるか。答える。文に明証はないが、劫数を基準とすれば、既に十千を経過したが、僧祇は満たしていない三賢位人である」(T35、417b) との文を典拠に「三の中の菩薩の立場から言えば、三賢位を自位究竟処と云う」(T72、34c)と断言する。そして『探玄記』の修行の時間を説く個所については、「文の意は、千劫の中に十信行を修して満たすと十住位に到る。この三賢の中で初阿僧祇行を修して満たすと初地に到る」(T72、34c)と解釈している。

　もう一つの証拠として『華厳経』「性起品」の「三乗菩薩は、無量億那由他劫に六波羅蜜を修行して、道品の善根を修習しても、この経典を聞くことも、信じることもできない」(T9、630a)との文をもって「既に無量億那由他劫と言って、十千とは云わず。それが ［『探玄記』に］十千既過と云った理由である。復た阿僧祇劫とは言わず。それが僧祇にいまだ満たしてないといった理由である」(T72、34c)と解釈している。「性起品」の文は決め手にならないので、法蔵も「（経）文によっては正しい判断をすることはできない」といっているが、増春は法蔵の説を補うため強引に解釈したように見られる。しかし、こうした増春の主張は、三乗

の自位究竟に対する論争の中で、相手の主張を破るための策であったと考えられる。こうした解釈に基づいて増春は「三中の菩薩は、三賢位に到って極めると別教に廻入する。「性起品疏」に云く。"三の中の菩薩は三賢位に到って極めると必ず定んでこの一乗法に進入する。終に地を証してこの経を信じないものはいない"と言っているからである」(T72、34c)という。

しかし、これに対して反論する側からは『探玄記』巻一の「引為」の文、「共教菩薩は彼の教中に於いて多時に深解を長養し、行布の教源を窮徹して即ちこの普賢法界を当に得る」[38]を根拠に、「三乗教によって三無数劫行の修し満ちて、三乗の中で成仏したものは、更に三外別教一乗に廻入し一乗仏を成す」(T72、34c)と述べ、いわゆる三乗仏果廻心説を主張する。

しかし『一乗義私記』では、それは「三乗菩薩が自位究竟処に到って、根機が熟し、三乗の教源が権であることを解し、還って[39]三外別教一乗に廻入することをいうことである」(T72、34c)と反論する。ここで反論側から登場するのが『香象問答』の「三乗極為仏而還入一乗」という文である。反論側は『香象問答』が法蔵のものである限り、それは三乗仏果廻心の紛れもない証拠であると考えて提示する。しかし、それに対する回答として、その文献そのものがすでに真偽論争に巻き込まれたことを挙げる。増春はその中で、それを法蔵のものと認める古徳の説を取る。古徳説とは「但し、文を破り、意で読む」ことである。その読意とは、三乗菩薩が仏果位に至る前に、一乗の行解を起こし、三乗教が権であることを悟り、別教一乗に廻入するというものである[40]。

増春はこうして自位究竟とは、三賢位であると断言したのである。また、それによって三乗仏果廻心説を批判することが可能になった。その自位究竟処とは別の観点からさまざまな説明がつく。

すなわち、三乗の自位究竟処において別教一乗に入るのだが、別教一乗に入ると初発心住となり、それは一乗の立場から見ると成仏と等しい。このように言えるのは、自位究竟処に三つの義があるからとされている。それは、「①三乗教に依て繋業三界を出て、出世益を得る、②三乗の益が

既に究竟である、③大乗の自位究竟に住し不退する」(T72、35b)である。

2) 自位究竟廻心説の矛盾点

　以上のように増春は寿霊を継承し、寿霊以後日本に出現する『香象問答』説と『探玄記』「引為」文を典拠とする三乗仏果廻心説を退けて、自位究竟廻心説を立てることを確認した。しかし、こうした増春の三乗廻心説を曖昧にさせる側面もある。それは摩醯首羅智処をめぐる解釈から生じる。まず、摩醯首羅智処をもって三乗仏果廻心説を否定する論理は次の問答からも窺知される。

> 問。(中略)菩薩の立場から、未だ摩醯首羅智処城の仏果を得ない。なぜ自宗を望んで並に皆な果を得ると云うのか
> 答。菩薩は未だ彼の果を得ずといえども、初発心已上位において無漏智を起こし分段生死を出で、出世益を得るから、少分において法身を見ることができるから、分けて八相に成道するから、三乗の出世益が既に究竟であるからそういうのである。(T72、33a)

　これは三乗人が成仏してから別教一乗に入るのは有り得ないと見ている増春の立場を表す。初発心において出世の益を得ることや、出世の益がすでに究竟に達したとみるのは、三乗菩薩における自位究竟の属性といえる。よって自らの自位究竟廻心説とは一致する主張である。
　しかし、こうした三乗の廻心説に関する主張には疑問が残る。遮三一乗の中ですでに述べたように、三乗菩薩は摩醯首羅智処での成仏を目指して地前地上位の中で三無数劫を修行し、法華会に入る。そして彼等が別教一乗を得るように導くのが法華会の役割である。遮三一乗の一乗とは『法華経』を所依とする一乗であり、実教の世界である。すると、先ほどのように「未だ摩醯首羅智処城の仏果を得ず」との表現と矛盾するわけである。
　増春は、「三乗菩薩は三賢十地位の中で三無数劫を行じ、行布次第に修

して摩醯首羅智処仏果を満証するが、これは権である。一乗は初発心位中において後後の諸余行を兼摂し、初発心位の中で十身盧舎那果を証する」(T72、19a)と言っている。これは遮三之一乗の中でいうことなので、三乗菩薩とは存三の一乗における権教菩薩であり、一乗が『法華経』の中で説かれる一乗とみてよいであろう。このように権教菩薩が仏果を得て一乗に入ることを認めるにもかかわらず、三乗において仏果を得るのではないという論理は理解しにくい。

『一乗義私記』によると、摩醯首羅智処とは「色頂」である。摩醯首羅とは大自在天を言い、「色界頂」に存在するからである。また、智処とは、四釈あるとし、『探玄記』に譲っている。『探玄記』をみると、その中で、「三には、この処に十地菩薩があって報果を摂する。彼の菩薩は十度行を摂し別に智度を成ずるので、彼の処を名づけて智処となす。四には、此の処に報身仏を成じ、一切智一切種智を得るので、彼の処を名づけて智処となす」(T35、284b)との二つの釈が重要である。それによると摩醯首羅智処は菩薩十地の最後の段階であることが分かる。増春はこの段階に上ると三外一乗円果に帰るという。ただし、増春は『探玄記』の四のような解釈に関して、実相仏とみる理解については、始教分斉によるものと否定する。そして「終教已上の宗意によると、摩醯首羅智処仏身は化相身で実身仏ではない。よって三外一乗因(円?)果に帰るのである」(T72、34a)という。それは『深密』等の経と『瑜伽論』のような共教大乗によるものなので、十地を満了して成仏しても実身仏ではないからである。

このような増春の説明によると、四の解釈は始教の説として否定されている。また、三の解釈についても、第十地の菩薩は仏の報身を得るというが、その報身は終教以上の一乗から見ると実報身ではなく、その最後に化身としての仏果を得て別教一乗に廻入することになる。よって増春の三乗の自位究竟廻心説には矛盾が生じることになる。

日本の華厳においてこの議論をめぐる論争は寿霊の『指事』に見られる。彼は特に仏果廻心説を激しく批判している。彼の主張は『指事』に繰り返して述べられる自位究竟処に対する解釈から窺える。彼は、ここ

での究竟とは仏果を意味するものではなく不退位を指すとする。寿霊はこうした立場から三乗教の利益がすでに究竟に達したことが自位究竟であるとし、それを十住あるいは初地の位とみている。こうして寿霊は三乗の人が極果に至る前に必ず一乗に入ると主張する。

しかし、仏果廻心に対する寿霊の批判にもかかわらず、増春は『一乗義私記』の中で再び三乗廻心説を問題としている。彼は寿霊と同じ立場から仏果廻心説を否定するが、当時、仏果廻心説を主張するために二つの教証が用いられたことが分かる。

一には、『探玄記』「引為」の文である。しかし、増春は、「引為」文の趣旨を三乗の菩薩が自位究竟処に至り機根が熟して三乗教の源を理解して別教一乗へ廻入することと解釈し、仏果廻心が説かれていないと論破する[41]。

二には『華厳経問答』の文章である。この書物の中では、「三乗極為仏而還入一乗」(T45、601b)とし、明確に仏果廻心を説いていた。しかし、増春はこれに対して「文を破り、意を以て読む」という立場から、「三乗極まりて、仏となるために還って一乗に入る」と読み、ここに仏果廻心は説かれていないと解釈するのである。

一方、凝然は『通路記』において澄観の証道・教道の論理を用いて三乗仏果廻心説を否定する。すなわち、彼は証道の論理を用いて三乗の初地の段階で一乗に入ると主張し、教道の論理を用いて三乗の仏果は無実なので仏果廻心説は有り得ないという。また、『華厳経問答』に関しては増春の用いた「破文」の方法を受容している[42]。こうした流れは審乗の『華厳五教章問答抄』に受け継がれる[43]。

(3) 肯定的立場

寿霊と増春とによって仏果廻心論が論破されたことは、逆に言えば日本の華厳宗の中で仏果廻心を主張する人々が存在したという証拠である。日本において仏果廻心を肯定する最も早い例は『大意略抄』にみえ、そこでは五教の菩薩の優劣を説明する際、小乗の菩薩の極位から始教の初

心位に入り、こうして終教菩薩の極位から円教の初心に入るとする[44]。これは『法鏡論』などに見える極端な仏果廻心説である。

その後、増春の『華厳一乗義私記』でみたように、再び否定されているが、審乗以後になると、日本華厳宗の中で、仏果廻心が肯定的に受容される。このことに関しては別冊で出したことがあるので[45]、それを簡略にまとめると、以下の通りである。

湛睿の『五教章纂釈』では仏果廻心が認められるが、上に触れた『華厳経問答』の文章等と澄観の教道論理が教証として提示されるのが特徴である[46]。これが転換点となり、盛誉の『華厳手鏡』「廻心同教」や芳英は教道の論理を以て肯定する。ここでさらに一つ付け加えると、芳英より前の普寂は、『華厳経問答』を偽書としながらも、仏果廻心に対しては肯定的である[47]。

五 まとめ

以上、三乗仏果廻心説について検討した。これは一乗義の確立過程で作り出された説であった。新羅の義相学派では『華厳経問答』から均如に至るまで三乗仏果廻心が定説化したが、その際に、法蔵の『五教章』自位究境や『探玄記』性起品釈が用いられる。

日本の華厳の中で最初にこの問題をとりあげたのは寿霊である。彼の華厳思想は、元暁など新羅と唐の法華思想の影響を濃厚に受けたものであり、新羅義相学派の華厳独尊的な思想形態とは反対の立場を取っていた。彼は仏果廻心説を批判するが、その批判対象を考察すると、義相学派、法華-華厳の部類などが明らかになり、寿霊が活動していた時期にすでに華厳に関する理解が多様、かつ豊富であったことがわかった。寿霊以後、仏果廻心を否定する議論は増春に継承され、凝然、審乗に至るまで強い影響を与えた。そして、その論点は自位究境の解釈に絞られた。しかし、湛睿の時代を境にして仏果廻心説が認められるようになった。それは伝法蔵『華厳経問答』と澄観『華厳経疏』の教道の論理に対する

新しい解釈に依っていた。このように日本華厳における三乗仏果廻心説にこの二つの書物が与えた影響は大きい。

これ以後も三乗仏果廻心説は批判と肯定を通して継続的に議論され、特に東大寺で繰り広げられた論議においても重要な論題の一つであった[48]。これは三乗廻心論が日本華厳思想史において重要な問題であったことを意味する。

---

1 『探玄記』巻一（T35、116a-117b）
2 『探玄記』巻十六（T35、417b）
3 石井公成[1987]前掲論文、65-103頁。同[1996]前掲書、405-441頁。
4 金天鶴[2006]前掲書、234-258頁。
5 『釈華厳教分記円通鈔』巻第一(韓仏全4, 257b)
6 『釈華厳教分記円通鈔』巻第一(韓仏全4, 257c)
7 『指事』「今依章意爾、一若依初教、初地以上、出分段繫、得不退位。若依終教、十住以上、出分段宅、得不退益」(T72、207b) このように始教と終教とに分けて説明するのは『五教章』「所詮差別」の中、行為差別で論ずる不退位と関連しているためである (T45、488a-489b)。
8 『指事』「由此明知。三乗菩薩、亦得不退、信入一乗」(T72、213a)
9 『指事』「三乗権教、引分段界内機、令得出世益即以為究竟。（中略）若大乗者、十住以上、皆共初得出世益、自位不退益故、永超三途故、三乗権教益、究竟故、故云究竟、上自位究竟。准此可知」(T72、219b)
10 『指事』「案云。若依此義、明章主意。三乗始覚（学=甲本）菩薩。不能聴一乗無尽仏法故。彼権教中。且示乗行布一相。智正覚之一分仏身。令仰求故、喩為牛車。為求彼車故。出三界之外、分見此仏身故」(T72、205a)
11 『指事』「問。何以故。唯説信位終心摂諸位即成仏。不説信初心摂諸位成仏。答。信位初心。未得不退位。未出三界故。未得般若故。未見平等界理故。由不見此理不能解普法。是故不（甲本に不と作ることによる）説初心成仏。到信満位得不退心出三界外成就般若分見平等法界理故」(T72、213a)
12 三乗が進入する一乗は完全な一乗ではないことは随所に表現されているが、これは元暁の影響が大きい。例として、三乗中の大乗が一乗に入ることに対して、元暁の『法華宗要』を援用して一乗の原因に回帰すると見るところから分かる。(T72、208b)
13 『指事』(T72、210a)
14 『指事』(T72、209a-b)
15 『指事』(T72、209b-c)
16 『指事』(T72、212b)
17 『指事』「法華論云。七種増上慢中。第一求勢力人者。示世間中種種善根三昧功徳方便。令喜者。三乗仏果。望一乗。名為世間善根三昧」(T72、209b)
18 「又論云。四者実無、謂有、増上慢心。已有世間有漏三昧、三摩跋提。実無涅槃。而生涅槃思者。是即為以三乗仏果望一乗故。名世間有漏等也」(T72、209c)

19 『指事』「又論云。第六人者。説大乗法。以此法門。同十地行満。諸仏如来。密与授説＊故者。二乗人等。到三乗第十地満位。受仏故。是故云同十地行満。由此明知。三乗之仏。廻一乗也」(T72、209c) ＊「説」字は「記」の誤り。
20 「又云。三乗仏果望於一(「一」字は甲本による)乗。更為有漏愚痴凡夫故。更廻一乗。以入一乗故。預一乗見聞位、由預見聞位故。退＊堕悪趣」(T72、209c) 一乗の見聞位に入ってもまた、悪趣に堕ちるとは理解し難いため、＊「退」は「不退」に直す。
21 『指事』(T72、209c)
22 『指事』(T72、212b-c)
23 石井公成[1996]前掲書、424-434 頁。
24 『指事』「唯依三乗教。一乗根機熟。以為究竟」(T72、209a)
25 『指事』(T72、209a、219c)
26 石井公成[1987]前掲論文、96 頁。同論文 103 頁の脚注 73 を参照。
27 佐久間竜[1983]『日本古代僧伝の研究』、吉川弘文館、五 慶俊。
28 仲尾俊博[1971]前掲論文。
29 石田茂作[1930]前掲書、142 頁。
30 藤井由紀子[1999]『聖徳太子の伝承―イメージ再生と信仰―』、吉川弘文館、172 頁。
31 島地大等[1924]前掲論文。
32 島地大等[1931]前掲書、267-277 頁。
33 巻八十一「若約教道、三祇未実入玄者。即古十玄意。然歴三祇、設未究竟、亦已入位、何以得言未入玄耶。是故上云若約教道。施設三祇教既未真。則成仏義亦非真也。教不実故。若約証道、三祇修行必已剋証。修権既深則入実也」(T36、636c-637a)
34 『華厳経疏』巻三「三引為。即前権教菩薩。不受円融之法故。十地之中寄位顕勝。借其三乗行布之名。彼謂同於我法。後因熏習方信入円融。以離此普法無所帰故。権教極果無実事故」(T35、518a)
35 『探玄記』巻一「問。若彼地前過後劫数必信受者。即知地上二宗不別。豈彼所信無十地耶」(T35、117b) この質問から、法蔵の立場が窺える。
36 『刊定記』巻一の「問。 若権教菩薩畢竟須入実教者。権教所説。十地仏地。豈虚設耶 答。権教所設。因果行相非実非虚者。為摂引故。長養根器故。 無実十地故、非是実也」(新纂 3、584b)
37 『五教章指事』上巻本(T72、210a)
38 ほぼ『探玄記』(T35、117a) のそのままである。
39 「還って」の原文は「過」となっているが、「還」の誤りであるとみて直した。
40 「問。爾読意何。答。三乗菩薩起一乗行解、悟三乗教権、往至于仏果位而廻入別教一乗云事也。非謂依三乗教成仏更亦廻入別教一乗成仏也」(T72、35a) ここで「往」は意味不明である。文勢からみると「仏果位」に至るのを否定する文字が置かれるだろう。それは「問。三乗菩薩起一乗行解、悟三乗教権、已廻入別教一乗、何位成仏」という次の問いからみると分かる。筆者の解釈は、こうした状況に基づいている。
41 『一乗義私記』「三乗菩薩到自位究竟処、以機根熟解三乗教源権過、廻入三外別教一乗云也。非謂由三乗教成三乗仏人、更廻入別教成一乗仏也」(T 72、34c-35a)
42 巻六、T72、332c-334a、335a。
43 T72、622c-623c。
44 金天鶴[2006]前掲書、256-258 頁 。『大意略抄』(T72、199c)
45 金天鶴[2006]前掲書、257 頁。
46 日仏全 11、45b-46a。

47 『華厳五教章衍秘録』巻二、T73、643a-b。
48 東大寺所蔵写本目録の中には 121-347 三乗進入（玄周、1377）、 349 三乗進入（1385）、 471 証果廻心（延識）、 473 三乗進入（栄賀）、 475 三乗進入論議（継玉）、 571 三乗進入、 など三乗廻心に関する論議が数多く残っている。

第四節　成仏論

一　はじめに

　ある宗教を信仰する真の目標は、それぞれの宗教において要求される最高の理想的な存在となることと言っても過言ではない。仏教においてはその意味で仏と成ることが入信の最上の目標であろう。それは仏教の中でもとりわけ哲学的であるとして知られている華厳宗においても変わりはない。これまで二乗、三乗の廻心について詳論したが、その次の段階は成仏することである。

　中国華厳宗の礎を築いた智儼(602-668)は、一念成仏や疾得成仏、無念成仏などを一乗の成仏論として提示している[1]。義相(625-702)は旧来成仏を、法蔵(643-712)は信満成仏を打ち出してそれぞれ師匠智儼を継承する[2]。以降、両成仏論は表裏関係を保ちながら華厳学の根幹となる成仏論として根を下ろしていく。この節ではその一つの信満成仏論に注目し、東アジアにおける信満成仏の理解と受容、そして変容について検討して、特に日本華厳思想史における成仏論の意味について考えたい。

二　法蔵の信満成仏論

(1)　「初発心時便成正覚」の解釈をめぐって

　信満成仏論は、法蔵に重んじられて以来華厳宗の典型的な成仏論と理解されている。その成仏論の特色を顕すもっとも象徴的な経文が『梵行品』の最後に出てくる「初発心時便成正覚」(T9、449c)という宣言である。この文に対しては従来各学派のさまざまの解釈がなされているが、ここでは法蔵以前の主な解釈をまとめる。

　まず、隨代の慧遠は、『大乗義章』(T44、591c)で経文について「習種」

にあると解釈する。要するに真果を生じる準備（因）を整ったという意味である[3]。これは因中において果を説くことであり、証得したことをいうのではない[4]。

二には、天台智顗の六即の行位によると十住は分証即といわれる[5]。その位では仏性を正しく見ることができる[6]。弟子灌頂は、経文について「果の分証」と位置づけ、それを妙覚（完全な覚）とみるのを警戒しているので、経文についての天台宗の伝統的な解釈とみなして差し支えないと考えられる[7]。

三には、基は経文について、種性発心としての菩提の因であると解釈している[8]。即ち、菩薩の果を得る道に入ったことを意味する。

四には、元暁は、経文について、言葉を切って菩提を即得することと理解する。それは発心に即して法性を知ることであり、無上菩提を即得することである[9]。元暁は、このように経文の正覚を完全な覚として理解している。

なお、華厳学者の智儼は、「梵行品釈」中で、経文について、初発心は真発心を意味し、未来と契合するという[10]。初発心が後々の位と等しいということである。また、自体発の中の果として分別によらない実践（無戯論行）のみであるといっている[11]。こうした智儼の解釈からみると、その発心は、後の五位の境地と等しいし、果は本性として備わっていることと理解していることがわかる。

六には、義相は、経文について信地の菩薩と仏地が六相説によって成立することを意味するとし、それこそ一乗陀羅尼法の大縁起といっている[12]。このように義相は経文について信位と関わりから解釈し、実践の体の見地から信地と仏地とは即の関係にあるという[13]。

以上のように、法蔵以前の諸師の理解は、華厳師なのか否かによって大きく分かれる。即ち、華厳師でない場合は、自宗との相違を明らかにする方向に経文を解釈することに対して、華厳師の場合、経文の表現とおりに受け止め、それが言葉や分別とは遠い境地であることを明言する。

最後に法蔵の経文解釈は次節と重なる内容となるので、ここでは簡単に見る。法蔵は『探玄記』「梵行品釈」（T35、202c）の中で、「初発心時」

は因、「便成正覚」は果となり、この時に仏果を「疾得」するという。これは一乗の普賢行位は、因果円融にし、相即無碍なるからである。智儼・元暁・義相において、その経文は言葉や分別では届かない境地のことであった。無碍によって経文を説明する法蔵にも同様の理解だっただろう。しかし、法蔵は、「これに準じて思うことが必要である」（宜須思準之）と締めくくり、敢えて思惟の必要性を力説するような感が否めないし、そこに法蔵説の特徴がある。

(2) 信満成仏論の確立

　法蔵の信満成仏論は、彼の初期著作である『五教章』「義理分斉」の第三「十玄縁起無碍法」の第三諸法相即自在門と「所詮差別」の第三行位分斉に詳しい。その経証となるものは言うまでもなく『華厳経』である。それも第二会と第三会の盧舎那仏品から明法品までである。そこでここでは『五教章』と、今まで研究でそれほど注意を払わなかった『探玄記』にも注目し、法蔵の信満成仏論について理解してみる。それは図25のように法蔵の文章から抜き出すことができる。

図25　法蔵の信満成仏の特徴

	『五教章』(T45)：諸法相即自在門(505a-506a)，行位分斉(488a-490b)
①	得一即、得一切→旧来如此(505b)
②	菩薩初発心、究竟＝初発心時、便成正覚(505c)
③	因果同体成一縁(505c)
④	竜女・普荘厳童子・善財童子・兜率天子等、於三生中即、克彼果義等(505c)
⑤	一念即、与一切衆生同時（無尽の同時）作仏。後皆新新断惑(506a)
⑥	約寄位、六位不同、得一位、得一切位、由以六相収故(489b)→後諸位、即是初中之一切(490a)
⑦	欲方便顕此一乗、信満成仏令易信受(490a)
⑧	初心即得(490a)
⑨	是行仏、非位仏(490b)

	『探玄記』（T35）：如来名号品（169c）、明難品（176b-84c）、賢首菩薩品（187a-189a）　梵行品（201b-202c）
⑩	仏同名智者。表信中最初始覚、従本覚起故。（169c）
⑪	若約寄法則同終教。然通摂一切、後諸位皆在此中。此則約行摂位故也（176a）
⑫	総滅百障等（云云）。並是満心時、滅（176b）
⑬	若約因得普賢、三業遍周法界。約果遍塵世界、成等正覚。如賢首説（176bc, 189a）
⑭	若一乗、十信満後是仏境也。一乗因果同故。亦是普賢境界。余義如性起説（184a）
⑮	起信論三種発心中、当最初信成就発心。故云初也。此約信終、彼就住初故、無二也（187a）
⑯	得不退故、云不壊。依此信、発心。故知此心已入住。然約能入方便故、属信終（187c）
⑰	以信満、成此賢首位故。同普賢等界大用（188c）
⑱	今釈。発心時、即得疾得仏果（202c）
⑲	本覚内薫、大心創起故、云発心（202c）

　以上が法蔵の信満成仏論の特徴的な主張である。＜図26＞を素材として信満成仏について説明すれば、信満の際に一切衆生が無尽の同時に作仏し、後にも絶えず断惑し（⑤）、普賢の大用（⑰）と同様にあらゆるところに遍満し（⑬）、障碍もなくなる（⑫）、それにも拘らず因果は同体であるので、一つの縁起であり（③）、それは六相によって相即が成立するからである（⑥）。信満の不退位に成仏するのは終教にもあるが、それは華厳の信満成仏説を理解しやすくするための方便であった（⑦、⑪、⑯）。

　「性起品」（⑭）との関連は、信満成仏論の性起門の性格を現している。また、旧来如此（①）は義相の旧来成仏を連想させる。法蔵は『五教章』の段階では旧来成仏に注意を払わなかったが、『旨帰』→『探玄記』に至る時期に旧来成仏を強調し、それも信満成仏の自然な展開として出てきた評価される[14]。そしてそれぞれの成仏論は、信満成仏論によって貫かれている[15]。それらの成仏論の中で特に信満成仏と旧来成仏とは表裏関係を成している。

　法蔵は信満と十住と異ならない（⑮）としながらも、十住成仏という

用語を使わない。信によって成したのは行仏で位仏ではない（⑨）からである。これによって成仏において「信」を強調することと理解できる[16]。また、『五教章』では用いなかった、始覚、本覚という『起信論』の用語を取り入れる（⑩、⑲）ことによって、信満成仏論を一乗始覚門の成仏論でとして位置づけたと考えられる[17]。

法蔵の信満成仏が師匠智儼を継承したことは事実であるが、智儼は信満成仏について法蔵ほど高く評価していない[18]。しかし、智儼とって信一言は、後の修行階位を決定しうる非常に重要な概念となることは間違いない[19]。法蔵の信満成仏論は、智儼の華厳思想における'信'の重要性を見極め、その根源を徹底的に推し進めたものと考えられる。

中国の華厳宗では法蔵の意図とは裏腹に、澄観、宗密が'初住成仏'という用語を使い、李通玄は'初住成仏'こそ使わないが、信を重視しながらも成仏論においては住位の成仏に重みを置く[20]。それではこうした法蔵の成仏論は新羅と日本にどのように受け入れて、変容されたのか。以下、その点について検討する。

三　見登の成仏論

見登の著述として『華厳一乗成仏妙義』が現存する。見登は義相の『法界図』を引用している『新羅記』、『青丘記』と義相の講義録である『華厳経問答』を引用しており、義相学派の人である可能性が高いとされている[21]。『成仏妙義』には新羅人著述としては珍しく寿霊の『指事』が引用されており、彼が日本で活動したと推定されているほどである[22]。

見登は『探玄記』「盧舎那仏品釈」（T35, 166b）に出てくる三つの成仏論、即ち約位、約行、約理の成仏論について詳細な解説を施している。しかし、必ずしも法蔵の本意を正しく伝えたとは言い切れない。見登は、信満行の見地から行成仏とし、住等の位に見地からは位成仏として、それこそ理解の要だと強調している[23]。この考えに基づいて「疾得成仏」に関わる『経』「梵行品」文を位成仏の証文の一つとして提示する[24]。

こうして信満と十住等とをわけて、それぞれを行成仏、位成仏とするのは、法蔵の本意の誤解を招きかねない分け方である。法蔵は、信満成仏を住位成仏と呼ばない理由として、信によって成したのは行仏で位仏ではないといっているからである[25]。

華厳一乗において信を六位の中の一つとしながら、成仏の際には、信の行によって成就されるとする法蔵の考えは、信の解釈上の揺れを招きやすいものであった。法蔵の信満成仏とは三乗に合わせた名称ではなるが、内容からはまったく異なる[26]。彼はあくまでも住位成仏を認める三乗とけじめをつけるために信満成仏を主張したが、円融なる無碍説をもってその内容を示し、その上に信一字に貫く姿勢を確実にした。しかし、見登のように解釈して位成仏という用語まで出すと、見登自ら行・位の両成仏が異ならないと示し[27]、『五教章』を引用しながら住位成仏という名称を否定してはいるにもかかわらず、位成仏は住位成仏と呼んでもおかしくない形になる。そうなると、法蔵の最初の意図に反する結果を招くことになると言わざるを得ない[28]。

他に『成仏妙義』の特質として二つほど上げられる。一には、一生成仏という用語を用いて位成仏と同様に位置づける『青丘記』[29]説を批判して、法蔵の三生成仏説を擁護することである[30]。

二には、理成仏、位成仏、そして行成仏の関係を図ったことである。彼は理成仏が他の二成仏に通じるが、逆はできないと明言している[31]。理成仏の最後の部分では、理成仏は信満以前にも一切凡夫にも通ずるが、他の二つの成仏はそうでないとする[32]。見登によると、理の見地からみると、一切衆生は総体的な仏である。この仏によって衆生が現れるので、衆生も成仏した状態である。このような仏は理に限られず、本質と現像に共通する[33]。このように理成仏の意味は他の二つの成仏とは包摂範囲が異なる。

見登によると、理成仏は位成仏と行成仏の証得によって現実化されるが、それは十住以後菩薩の三昧力に結果である[34]。また、疾得成仏も初発心位成仏論の枠内で論じているが、成仏の体現が情見をなくすのみで疾

得されるからである[35]。ここでの理成仏とは、義相のいう旧来成仏に他ならないし、他の二成仏は信満成仏によって実現させる。よって二成仏の裏に理成仏、即ち旧来成仏があるといえる。

『成仏妙義』によると、已成仏という語を何回が用いる。例えば、『孔目章』を引用して、一切衆生は、已成仏し終わり、また、衆生のため毎度新しく成仏するとしている[36]が、これは旧来成仏と同定されている。已成仏と旧来成仏の関係は次のような問答より伺うことができる。

問う。一切衆生は皆成仏するならば、どうして現に衆生ありて、仏に即していないか。答える。これは権教の機根に見るところとは同じでない。円教の機において旧来成仏となる。(問。一切衆生皆成佛者、何現有衆生不即佛耶。答。此権所見不同、於円教機、旧来成仏)(『成仏妙義』T45、778c)

質問は一切衆生がすべて已成仏しているとことを想定してるが、答えは、その成仏理論が華厳円教の機根になってようやくわかる旧来成仏と同定されている。よって 初発心位成仏。他面に已成仏、旧来成仏であるといえよう。ところで、後に義相学派を組んでいる『叢髄録』「真記」では、已成仏或いは旧来成仏に関して、『起信論』のいう始覚にも本覚にも当たらないという。この点は、新羅華厳における旧来成仏を理解する注意しておくべきであることと付言しておきたい[37]。

四 『華厳宗五教十宗大意略抄』における成仏論

円教については成仏論が主に説かれている。一乗円教においては一念の間に成仏ができるとの説が出されているが、それは法界成仏を直示するという『五教章』の別教一乗の立場からの成仏論である[38]。

問う。仏道を成ずるには必ず三祇を経るはずである。どうして初位は後位を摂し、後諸位においても[同時に]成仏するのか。

答える。初位に在る時は六相の方便を以て十玄の円融道理を顕す。よって一念の初心に断じて、究竟位に円満す。(中略)三乗は教えが方便に滞る門なので立て方が異なる。

(問。成仏道必経三祇者也。何初位摂後。後諸位成仏耶。答。在初位時。以六相方便顕十玄円融道理。一念初心断、究竟位円満也。(中略)三乗者教滞方便門立異也)(T72、199b)

こうして別教一乗としての円教の成仏論が三乗とは異なると主張する。中略している部分は『華厳経』をもって経証とする個所であり、その経証とは、一地に一切諸地を普く摂することと、「初発心時便成正覚」の文句とである。ところでこの後 "どうして初発心から若干劫を経て成仏するのか"との質問が続くが、それについては"この一乗円融の教えは、理と事とが円融することを覚り、生死と涅槃を分離しない。円機の凡夫心が、凡に即し聖に即する理由は、心を離れて別の仏はないからである"と答える[39]。

ここで円教といいながら初発心後若干劫を経るというのは奇妙であるが、それは次に紹介する問答のように行布門による解釈である。

問う。此教の三僧祇と三乗教の三僧祇は何の差別があるのか。
答える。三乗始教は一大僧祇を一数とし、十を数えて第二とする。このように祇を展転して成仏する。よって円教の速疾成仏は道理に合わない。
答える。そうなるといえども、須臾を経るので速疾である。但し次第行布門を顕すので、そうである。

(問。此教三僧祇与三乗教三僧祇。有何差別乎。答。以三乗始教一大僧祇為一数。数十為第二。如此展転祇成仏。円教速疾成仏不道理。答。雖然須臾経故速疾也。但顕次第行布門故之爾耶)(T72、199c)

原文の最初の答えに脱文があるようだが、ともあれこの問答により、次第行布門において三僧祇の時間を要するが、円教なら須臾の時間しかかからないのでを早いということであろう。よって『大意略抄』は「初

発心時便成正覚」について円融門と行布門の二つの観点から理解していると言える。それを六相について論じる個所で割注として明かすが、それによると次第行布門の六位の差別は有名無実である[40]。

ところで、『大意略抄』の成仏論の特徴と言えるのは、一念間において六位重作成仏が論じられている。この成仏論は後に『種性義抄』にも影響を与えるが、法蔵の信満成仏の変形であり[41]、華厳教学とのずれはそれほどない。しかし、『大意略抄』にいう六位とは資糧・加行・見道・修道・等覚・妙覚の六つであり[42]、当然十信より仏地に至る華厳本来の六位ではなく、これは法相教理との調和を図ったと考えられる。

以上のように『大意略抄』は、日本の法相宗、天台宗との相違を述べながらも、それらとの共通点を提示することによって教理的な融和を図っていると理解される。それは、教判を立てる際に、始教から終教までを単純に区分するよりも、始教から終教までの関連性を保っていることからもそういえる。よって、『大意略抄』の華厳教学は東アジア華厳伝統の解釈ではないことを確認しておきたい。

五　『華厳十玄義私記』における成仏論

(1)　已成仏と未来仏

『十玄義私記』は、諸法相即自在門を註釈する際に、「初発心時便成正覚」という初心成仏によって已成仏が未来仏に即していることを、どうして知ることができるかを問う。最初に述べたように、諸法相即自在門は途中から始まっており、已成仏と未来仏とをめぐっては、『十玄義私記』の散逸箇所においてすでに議論があったと思われる。その問いに対し、『十玄義私記』下巻では『涅槃経』と『般若経』を引用して次のように答える。

『涅槃経』は「等正覚を成したと雖も、一念を捨てず」云々と言っている。『大品般若』は「初にもあらず、初を離れず、後にあらず、後を離れずし

て、菩薩を明かす」云々と言っている。(涅槃経云、離*成等正覚、不捨一念、云々。大品般若云、非初不離初、非後不離後、而明菩薩、云々)(下、1-オ)
＊「離」は「雖」の誤り

　『涅槃経』の文は同経の中にみあたらず、『般若経』も取意である。これは『一乗十玄門』の文「経云。雖成等正覚、不捨初発心。又如大品経云。非初不離初。非後不離後。而明菩提也」(T45、516a)からの引用である。これによって、『経』にいうように、正覚を得るとしても、初発心の一念を捨てることがない。また、『般若経』にいうように、初を離れず、後でないにせよ後を離れないと解釈できる。すなわち、最後の正覚は最初の一念と離れないという場合、初と後とはそれぞれ已成仏と未来仏とに当てられ、已成仏と未来仏とが「即」の関係にあると説かれる。
　華厳宗の立場から已成仏と未来仏との相即をいうことは当然のように思われがちである。しかし、実際にこうした問題に関心を寄せ、独特の議論を行なったのは、新羅華厳宗の義相の講義録である『華厳経問答』、義相の『法界図』に対する新羅・高麗時代の註釈を集め編集した『法界図記叢髄録』、そして義相の影響の多い見登の『成仏妙義』であった。『十玄義私記』においては『華厳経問答』や『新羅記』が引かれており、この両文献を日本にもたらしたと目される見登が『十玄義私記』の議論に影響を与えた可能性も否定できない。例えば『成仏妙義』においては、「問う。未来仏がこの現在や過去の人と相即するのなら、その現在や過去の人は已成仏なのか未成なのか。答える。已成である。未来仏と同一縁起法だからである」(T45、791c)との問答が行われている。この例から分かるように、『十玄義私記』の答えは『一乗十玄門』の語法を踏襲しているが、発想そのものは新羅の華厳文献によって影響されていると考えられる。

(2) 草木成仏

『十玄義私記』が草木成仏論を主張していることは、次の問答から知られる。

> 問う。「諸法相即」という時には色と心とが互いに縁として遍満する。色という事は、色に縁として遍満する性質がある。[すると、]徳でない草木も成仏するのか。答える。そうである。(問。諸法相即云時、色心互縁遍。色事者、以色有縁遍義、非徳草木成仏。答云爾)(下、2-ウ)

ここでは問いの発言を肯定しているので、『十玄義私記』の作者も草木成仏を認めていることが分かる。後述のように、色に縁として遍満する性質があることは、無情物が成仏する前提である。ここで「非徳」の意味は、無情とも読み取れるが、『十玄義私記』の文「華葉は[個々の法の]徳法ではなく、縁起法である(答華葉者。非徳法也。而縁起法)」(下、1-オ)という文から分かるように、個々の実徳法ではなく、縁起法であることが内容として包み込まれていると考えられる。つまり諸法の相即(縁起)する時には、色と心とが互いに縁として遍満する。色に縁として遍満する性質があることによって、[個々の法の実]徳によらずに、草木が成仏するのかと問い、これに対しそうであると肯定した問答である。

末木文美士氏により紹介された平安時代の文献である安然の『斟定私記』によれば、平安時代の華厳宗においては草木の成仏が主張されていたらしいが、その『斟定私記』によれば、平安時代の華厳宗は基本的に仏を主体として、その仏に従属する形で草木の成仏を主張し、それを縁起相由門と法性融通門とによって説明している[43]。『十玄義私記』の説も縁起(諸法の相即)を強調する点においてその範囲を超えないものである。『十玄義私記』は引き続き次のように述べる。

> 問う。これは実の成仏であるのか、仮の成仏であるのか。
> 答える。これは実の成仏である。仮の成仏ではない。

[問う。] また、縁として遍満する性質があることによって、山河・大地などの一切法が皆な成仏するというならば、なぜ、『涅槃経』(T12、581a)は「仏性でないものとは、すなわち墻や壁や瓦や石のような無徳(経：情)の物である」と言うのか。
答える。三乗の終教門に約して云えば、それである。今、一乗の見地の考えによれば、一人の釈迦[如]来が成[道]する時に、三種世間に遍満する十身を得る。ゆえに、三種世間の一切法が皆な成仏すると言うのである。
（問。此実成仏仮成仏。答。此実成仏也。非仮成仏也。[問。] 又以有縁遍義、山河大地等一切法皆成仏者、何涅槃経云非仏性者謂墻壁瓦石無徳(経：情)之物。答。彼約三乗終教門云爾。今一乗門意而一釈迦来成時得遍三種世間十身。所以云三種世間一切法皆成仏）（下、1-ウ）

さて、問答にあるように、『十玄義私記』は、草木成仏が仮の成仏ではなく、実の成仏であると主張し、それは縁の遍満によって成り立つと説明する。よって「山河・大地などの一切諸法が皆な成仏する」のである。それに対し『涅槃経』を証拠にした反論が設定されるが、それは三乗終教の経典だからといって退け、一乗の見地においては草木の成仏が成立すると主張する。

こうした『十玄義私記』の考え方は、法蔵による。すなわち法蔵は、草木などの非仏性を説く『涅槃経』の説を三乗とし、円教の仏性と性起とは依報と正報とに共通するので、成仏も三種の世間に共通し非情にも遍満しているという[44]。法蔵も『十玄義私記』も如来の成仏が三種世間に遍満しているからといっているので、（非情を含む）三種世間の成仏はあくまでも仏が中心となることが分かる。

ところが、「山河大地」というふうに、具体的に自然物をとりあげて、その成仏をいうことは華厳宗においては珍しい。また法蔵は草木の成仏というような言い方はせず、中国や新羅の初期華厳宗文献や日本の寿霊の『指事』にもみえないことから、この『十玄義私記』の草木成仏論が平安時代の日本仏教の草木成仏論の流れを背景にしていることが推測される。

安然(841-902)の『斟定草木成仏私記』は、『起信論』の熏習説と華厳宗の六相説とを用いて草木自ら発心すると主張する。そのうち六相説については「六相円融故、縁起相同故矣」と述べており、末木文美士氏の指摘のとおり、これだけでは草木自ら発心する理由にならない[45]。なお、『十玄義私記』は、「約仏門」と「約衆生門」とを分け、そのうち「約衆生門」において、衆生が主体になって成仏することを、六相を用いて主張する。

> 一衆生は是れ総相である。[一衆生]以外の三世間法は別相である。総相が別相に即するので、一衆生は三世一切法に即する。ゆえに一衆生が成仏する時に三世間の一切が皆な成仏するというのである。(一衆生是総相也、余三世間法別相也。総即別相故、一衆生即三世一切法也。所以云一衆生成仏時三世間一切皆成仏)(下、2-ウ)

　ここで、六相のうち総相と別相のみをあげたのは、それで説明が充分だからであろう。安然のように草木の発心までは言わないが、衆生が中心になって三種世間が同時に成仏すると主張することは、それまでの華厳宗の文献においてはみられなかった。そのことを考慮すると、『十玄義私記』が安然の華厳批判を受け入れ、衆生が主体となる華厳の草木成仏説を展開したかにも見える。いずれにせよ華厳宗において草木成仏論がより積極的になったことの証であろう。後に検討するように1019年に著された『華厳種性義抄』においては、衆生の成仏によって草木が成仏し説法すると明言している[46]。

(3) 初発心位成仏

　もう一つ注目すべきなのは、初発心位成仏論である。これに関する『十玄義私記』の教判的な分類をみると次のようである。

三乗始教 ---初発心住の成仏はない。不退をまだ得ていないから。
三乗終教--- 初発心住に八相成仏を顕ずる。不退を得るから。これは仮の成仏である。

一乗別教——位による成仏はない。しかし、もし終教の不退位に寄るならば、三賢と十地との位において六相が相互に円融するので、初発心住の一利那の位において、後後の位を該摂して成道する。これは実の成仏である。（下、30-31丁）

　以上の教判的な分類によれば、三乗の始教の初発心住においては不退を得ず成仏そのものが成り立たないが、終教のその位においては不退を得るから成仏するといい、成仏が不退の位によることが分かる。しかし、一乗においてはそもそも位による成仏は認められず、もし終教の行位論を借りて言えば、六相の円融にしたがって、終教の不退の位である初発心位の一念において後の位を完全におさめて成仏することが分かる。
　そうなると、初発心位における成仏と妙覚位における成仏とは同なのか異なのかという問いが提起される。これに対しては、『一乗十玄門』の文「［初発心位の］一利那における成仏は［妙覚位の］仏と同じ位である（一念成仏者、与仏同位）」（T45、518b）を引いて同と答える。しかし引き続き、『十玄門』においては、初発心位における成仏は浅く、妙覚位における成仏は深いではないかと問われる。『十玄門』においては妙覚位という用語は使われないが、これは「［初発心位の］一利那における成仏は［妙覚位の］仏と同じ位である（一念成仏者、与仏同位）」に続く文「［初発心位の一利那における成仏は］まだ完全でないから、［初発心位における成仏と妙覚位における成仏との間には］浅深の差がある（未見究竟。故復有浅深之殊）」（T45、518b）の中の「深い」の方を指している。
　これに対し『十玄義私記』は、それぞれを成仏の因と果とみ、相由義（不離而参）によっては因と果とが即であり、不相由義（参而不離）によっては因と果との間に浅深があると答える[47]。またそれぞれを、普門（参）と別門（不参）にも当てている（下、7-ウ）。こうした説明から判断するかぎり、因と果の区別とは相即関係の中での区別に過ぎないのであって、本質的には相即関係にあるといえる。
　さらに『十玄義私記』は、こうした原理的な説明にとどまらず、『探玄記』から「一乗の観点から衆生を見る時、一切の衆生は悉く旧来発心して終わり、修行も終わり、成仏も終わっていて、新しく成仏するものは

ない。もともと理と事を具足している」と述べた上で、『旨帰』を引用し、このように仏と衆生との同一性を説くことこそが無極の大悲と結論づけている[48]。よって、初発心位成仏と妙覚位成仏は同一であり、さらには旧来発心、あるいは旧来成仏とが同一性を保つと見ているのが分かる。

　成仏論において検討したように、草木成仏に関して衆生の主体性を認める。さらに衆生は本来から成仏しており新たに成仏するのではない、と『探玄記』の表現を用いるが、それによって『十玄義私記』は如来蔵思想を推し進め、新羅華厳宗の旧来成仏のような説をもっていたと言える。

　『五教章』の諸法相即自在門においては華厳宗の成仏論が説かれている。それは、初発心時便成正覚であり、他の表現を用いれば十信終心作仏、あるいは信満成仏である。『十玄義私記』においては、この諸法相即自在門を註釈する際に初心成仏、已成仏、未来仏、草木成仏などの概念が使われており、法蔵より概念を広げたことが分かる。

　中国仏教を正統として認識しつつ、義相学派などの新羅華厳を導入し、さらに新しい成仏概念を唱導し深めたことは、この『十玄義私記』に初めて現れる日本華厳の主体的な展開の結果であると理解される。

六　『華厳種性義抄』における成仏論

(1)　六位重条成仏

　親円は初発心時便成正覚を円教の成仏とみている。　初発心する位に全ての位を成就するということだが、すると因果の雑乱する失が生じるとの疑いがある。これに対して親円は、円教成仏を①次第行布門と②円融相摂門とに分け、この二門により六位重条成仏が成り立つと主張する。六位重条成仏とは六相方便門によって六位が重なり合い、三大僧祇にわたる修行が初発心位において円満に、分段身のままで成就することである。これは事成仏と理成仏が合わさった理事円融成仏とも呼ばれる。よって初発心時便成正覚を異なる角度により六位重条成仏あるいは理事円融成仏ともいうことが分かる。

ところで、六位重条成仏とは次のような華厳の名称に関する『探玄記』(T35、121a)の説明に端を発する造語であろうと考えられる。

　日照三蔵説云。西国別有一供養具。名為驃訶。其状六重、下闊、上狭、飾以華宝。一一重内、皆安仏像。良以此経、六位重畳、位位成仏

　華厳の名称を説明するに当たってこれを引用するのが増春の『華厳一乗義私記』(T72, 14c)であるが、それより以前のものと思われる『大意略抄』(T72)においては一念間における六位重作成仏が論じられている[49]。これも『探玄記』例の文による造語としてみるべきである。よって平安時代の華厳宗においては、『探玄記』例の文を華厳宗の成仏論の用語として活用したことがわかる。それは『私記』の作者達が共有した認識とも言える。

　先に検討した『大意略抄』においては一念間における六位重作成仏が論じられている。『大意略抄』によれば、六位とは法相宗において説かれる資糧位、加行位、見道位、修道位、等覚位、妙覚位の六位を意味しており[50]、中国華厳宗の教理において説かれる六位、すなわち十信、十住、十行、十廻向、十地、仏地の六位とは異なっていた。ところで、『種性義抄』においても六位は法相宗のそれを指している。『大意略抄』は、『五教章』における別教一乗について、『探玄記』の文を引用して六位を述べる際に、その六位を法相宗において説かれる六位と見なしているので、法相宗を融和する意味があったと理解されるが、『種性義抄』は『五教章』の文「菩薩の種性は甚深広大にして法界虚空と等しい乃至[51]即ち、五位の中、位位の内の六決定義等を種性と名づける」(T72, 60b)について、その五位を「資糧、加行、見道、修道、究竟道」あるいは六位の中の「資糧、加行、見道、修道、等覚」と見なしている。華厳宗の行位を法相宗の行位に割り当てるのは通常のことではない。これは『種性義抄』が『大意略抄』の影響を受けているとしか見られない。

　なお、『大意略抄』の成仏論は、六相の方便により十玄の円融道理を顕し一念の初心に成仏するという理論である。よって『種性義抄』の六

位重条成仏は、こうした『大意略抄』の影響を受けたと見るべきである。頓教は成仏不成仏を論じないという明言や、円機凡夫という用語も『種性義抄』と『大意略抄』とに共通する。

(2) 即身成仏

　日本仏教において即身成仏は真言宗や天台宗の専有と考えられている。むろん法蔵の『五教章』に「一念即無量劫」「一念即得作仏」とあるように、中国華厳宗の教理に即身成仏に似たような発想がないわけではない。また、新羅の義相学派の華厳宗においては、別教一乗の教理として「即吾身心名正覚」(T45、726a) とあり、義相の言葉として「即我凡夫五尺身、称於三際而不動者、是無住也」(T45、721c) とあるなと、我々の具体的な身体に即して最高の境地を表現することが一般的であって、即身成仏に近い発想が見られた。しかし、日本の初期華厳宗を含め、華厳宗の文献において即身成仏を明言している文献はない。

　即身成仏説は日本の最澄や空海の新仏教において一気に開花する[52]。その中、空海の即身成仏は、原理としての六大、象徴としての四曼、実践としての三密によって顕されるのに対して、最澄の場合は、必ず現世でもなく、成仏して到達したところは初住である。その象徴的な例が竜女である。ところで、この初住とは分真として不完全な悟りである。それによって後位に進む必然性を見せ修行性を残したとはいえ、実践面における弱さが指摘されている[53]。

　以上から空海と最澄の即身成仏論を垣間見たが、それによると、華厳宗の即身成仏論は天台宗に近いと予想される。ところで、華厳宗において即身成仏論は何時から説かれていたのか。

　天台宗の光定 (779-858) の『伝述一心戒文』[54]は華厳宗においても即身成仏が説かれるというが、天台宗との相違については言及していない。なお、実恵(786-847)、真然(804-891)などの空海の直弟子が空海の説を聞いてまとめたとされる『真言宗即身成仏義問答　異本一』[55]は華厳・天台と真言との即身成仏の内容を取り上げて、「理成の側面においては同じ

であるが、智成の側面においては異なる」(T77、385c)といい、真言宗の成仏論が他の説より勝れていると明言する。要するに他の二宗は実践論を欠いているという意味である[56]。このように平安初期の天台宗と真言宗との文献から、華厳宗における即身成仏論の存在が認められるので、後に真言密教との関連が深くなる華厳宗において実際に即身成仏論が存在してもおかしくないが、しかし、『種性義抄』の以前の例として確認されるのは真言宗寛朝の『五教章一乗義私記』[57]が小乗の四果を得ていく過程において「即身」による得果を論じることのみである。

『種性義抄』の即身成仏論を検討する[58]。親円の即身成仏論は、理事円融成仏に対する反論に答える過程において説かれている。彼は理事円融成仏を初発心成仏と同様とみているが、反論に対して、方便の説として真実了義の説を疑うのは如何なものであるかと聞き返す。そして円教においては、心王は法身、心数は報・化如来であると主張し、円人がみる世界は悉く浄土であると記述しながら、二つの経証を提示する。そしてその経文によって即身成仏の道理を建立する[59]。

その経証文は次の如く二点である。

① 若人欲了知三世一切仏応当如是観。心造諸如来云云又云。（T9、466a）
② 毘盧遮那体清浄。三界五趣悉皆同。由妄念故沈生死。由実智故証菩提云云。

①は『華厳経』の唯心偈であり、②は『蓮花三昧経』[60]の経文であるが、根本的真実の知恵（実智）により仏と衆生、そして世界の同一性が獲得されることを表している。これは衆生の本覚による即身成仏の道理といえるし、親円にとってみれば円教の心そのものにより実現される。その円教の心とは、初発心成仏にほかならない。また、他の言い方としては初心成仏である。初心成仏とは円機凡夫が分段身のまま究竟位を証得することであり、その意味において円教の成仏は速疾である[61]。

以上が親円の即身成仏論である。こうした論からみると、天台宗に即身成仏論の近いことが判る。天台宗においては最澄以来即身成仏論が発展して円仁門下の安然、燐昭とに至って一つの頂点に達したといわれる[62]。そこでの即身成仏論の基本といえば、「分段の身を捨てず、変易の身

を受けず、法性の身を証し、良く生身の相を現ず」ということであろう[63]。それに凡夫性の重視と、成仏の結果、初住にいたることである。

親円の即身成仏論には、凡夫性を重視する天台宗の即身成仏の影響がみえる[64]。速疾に即身成仏するというのは、天台宗とも似ているが、しかし三身が速疾に即身成仏するというのは、天台宗とは異なる[65]。また、『種性義抄』には即身成仏の例として、天台宗の中に取り上げられる竜女の他に、善財童子と兜率天子とが挙げられるのも異なる。『五教章』「十玄縁起義」の第三諸法相即自在門によると、この三人は凡夫として一念に作仏する部類である。華厳宗の観点から言うと、『種性義抄』における即身成仏とは智儼の現身成仏に法蔵の信満成仏論がまざった形として理解でき、その面から見ると、『華厳経問答』の現身成仏に対する趣旨と同様であることが言える。それに天台宗における即身成仏論が加味されているとことである。そして、その基調には信満成仏論が貫いており、一念間に成就する六位重作成仏の連続線上に、本覚の即身成仏ともいえる側面からは旧来成仏とも関連していることがわかる。

(3) 草木成仏

『十玄義私記』においても草木成仏論が説かれていたことはすでに検討したが、『種性義抄』は『十玄義私記』より草木成仏論をさらに展開している。すなわち、『十玄義私記』の草木成仏論は華厳宗において一般に説かれるような、仏による非情衆生の成仏ではなく、衆生が主体となる成仏であったが、『種性義抄』における草木成仏論は非情が説法することを認めるところまで進展している。

『五教章』は縁起無碍の事態を五義によって表すが、その五番目が円教の無碍としての性備衆徳門である。親円はこの道理により、華厳宗の教理において、草木成仏、他の表現では非情成仏の道理が唱えられるという[66]。親円の草木成仏は依正無碍の論理にしたがい、法身の成仏により依報としての非情も成仏するという一見華厳宗の一般的な説となる。さらに親円は、非情は無心なので修行もなく、成仏ができないとの反論に

対して、識所変と真如随縁説によってそれを退け、仏が説法する時、依報としての国土・草木等が皆説法するという。要するに風の音、波の音が説法となるのである。そのように成仏した草木などの非情は、十身の中では国土身仏となり、十仏の中では法界仏という。

　修行の問題が取り沙汰されていることから見て、草木の発心修行成仏という具体性を問題にする日本の天台宗の草木成仏論[67]を念頭においていることが窺えるが、『種性義抄』においては修行・発心の問題に対して答えていない。それは因位としての八識が転じて成仏する際に、それに伴って非情が成仏するという、非情の受身的な成仏論が説かれているからである。

　これと関連して新羅の初期華厳の文献である『道身（申）章』では次のように木石の説法を説く。

　　　問う。若し非情も能く説くならば、それを聞くものにまた非情もありますか。
　　　答える。『道申章』に云う。'木石等は三業を具するので、菩提樹が能く説法すれば、能く聞く大衆の中にどうして樹等を列ねなく但し有情の衆のみ列ねますか。良円師が答える。しばらく、相に依るので、衆中に列ねないが、実を言えば、樹等もすなわち仏の行徳になるので、樹も説法することとなる。已上
　　　（問。若非情能説者、能聞之中亦有非情耶。答。道申章云。木石等具三業故、菩提樹能説法者、能聞衆中何不列樹等、但列有情衆耶。良円師答。且依相故、衆中不列。実言樹等即是仏之行徳故、樹説法）（韓仏全 4、116）

　この文献は義相の講義録と言われている。どこまで義相の言っているところなのか知りえないが、少なくとも新羅の初期華厳において非情の説法が主張された証拠となる。但し、こうした『道申章』が日本に入った痕跡はないため、『種性義抄』における国土・草木等の説法説が、新羅文献の影響とは言えない。

　以上、三つの成仏論を提示するが、その中、六位重条成仏と即身成仏

とは、『五教章』の信満成仏にベースをおいて、初発心の一刹那において成仏することを唱える。そして草木成仏においては、天台宗のように草木の修行発心までは論じないものの、草木などの非情の説法を唱える。これは非情の仏性を認めたものの、多分に理仏性の成仏を論じていた既存の華厳宗の教理とは一線を画すほどの意味合いを持っていると評価できる。しかし、それ以後そうした天台寄りの成仏論は日本の華厳宗において唱えられることはなく、否定されている[68]。

七 まとめ

　以上、平安期の華厳宗を中心に成仏論について検討した。それぞれの成仏論は法蔵の信満成仏論を基調にしていることが解った。また、見登の『華厳一乗成仏論』より確認されるように、法蔵の信満成仏論は、初発心位の成仏でありながら、三成仏に関する理解よりわかるように、裏に旧来成仏が据えていることがいえる。

　しかし、法蔵が強調した'信'については後退する現象がみられた。それは法蔵が否定していた「位」の成仏論を展開しているからである。法蔵の信満成仏とは三乗に合わせた名称ではあるが、内容からはまったく異なる[69]とは言っても、そもそも法蔵の信満成仏論があいまいだったことに原因がある。則ち、華厳一乗において信を六位の中の一つとしながら、成仏の際には、信の行によって成就されるとする法蔵の考えは、信の解釈上の揺れを招きやすいものではあった。こうしたことが第一の原因と言える。それに次代に信満成仏論が議論の対象になるにつれて、それが事実上住位成仏を認める方向に行くのは予想できる。

　特に日本平安期の華厳宗における成仏論は天台宗や法相宗の影響を受けて六位重条成仏、即身成仏、草木成仏などの多様な成仏論が説かれる。ここで六位重条成仏は信満成仏の異名に他ならない。即身成仏においては智儼の現身成仏と法蔵の信満成仏に天台の即身成仏が受容されている。なお、草木成仏においては、衆生が主体となって成仏したり、非情の説

法まで説いたりするが、天台の草木成仏論において草木の修行・発心のことまで認めたとは言えない。

　このように平安期における華厳宗の私記類における成仏論は、信満成仏という用語も使わず、法蔵の信の強調とも遠ざかるようになって独自の知見を開く。しかし、それにも関わらず、彼等の成仏論が信満成仏論に上に立てられていることは確かである。即ち、信満成仏とは法蔵以降、華厳宗の成仏論の出発点でもある。また、その表裏関係として旧来成仏があることも確認された。

1　木村清孝[1977]『初期中国華厳思想の研究』、春秋社、572-593 頁。
2　智儼・義相・法蔵の成仏論の関係については、次の三つの著書が参考になる。吉津宜英[1985]『華厳禅の思想史的研究』、大東出版社、67-78 頁。：同氏[1991]『華厳一乗思想の研究』（大東出版社、377-380 頁。大竹晋[2007]『唯識を中心とした　初期華厳教学の研究―智儼・義湘から法蔵へ―』、大蔵出版、345-359 頁。
3　慧遠の『大乗義章』「習種性者。従因為名。方便行徳本無今有。従習而生。故名為習。習成行徳能生真果。故名習種」（T44, 651c）
4　慧遠の『大乗義章』「初発心者。一向未証。是故名為因中説果」（T44, 703a）。石井教道[1918]「華厳の成仏論」（『宗教界』14-7)を参照。
5　関口真大[1969]『天台止観の研究』、岩波書店、63 頁。
6　『摩訶止観』「次入初住。破無明見仏性。華厳云。初発心時便成正覚。真実之性不由他悟。即此意也」（T46, 99a）
7　『天台八教大意』「解曰。初発心者。初住名也。便成正覚者。成八相仏也。是分証果。即此教真因。謂成妙覚。謬之甚矣」（T46, 779c）
8　『法蓮華経玄賛』「其初発心即登正覚者。種性発心菩提因故」（T34、786b）
9　『金剛三昧経論』「初発心時便成正覚。故切言即得菩提。謂即発心知法性時。是時即得無上菩提。是義出華厳経発心功徳品也。」（T34、983a）
10　『捜玄記』「又問此中始明十住初発心因。何故乃言是果行也。答此明自体真発心故。契於後際体包無外也」（T35, 35b）
11　同上「又是自体発中果。無戯論行耳。（T35, 35b）」
12　『法界図』「初発心時。便成正覚。亦如地論釈。信地菩薩乃至仏。六相成故。明知有如是義。六相如上。此語欲入法性家要門。開陀羅尼蔵。（中略）唯顕示一乗陀羅尼大縁起法」（T45、715b）
13　同上「初発心時便成正覚者。如一銭即十故。何以故。約行体説故」（T45、715b）
14　吉津宜英[1985]『華厳禅の思想的研究』（大東出版社）、88-120 頁：同[1991]『華厳一乗思想の研究』（大東出版社）、393-394 頁。
15　吉津宜英[1991]『華厳一乗思想の研究』（大東出版社）、394 頁。
16　吉津宜英[1991]前掲書、391 頁。
17　石井教道[1918]「華厳の成仏論」『宗教界』14-7 号、8 頁。この論文には、始覚門

の成仏論と性起門の成仏論とを分けているが、これは＜表１＞⑩を見れば首肯できる。また、性起門の成仏論とは本覚門の成仏論と言えるし、それこそ旧来成仏である。

18 吉津宜英[1991] 前掲書 (377-380 頁) によると、智儼は十地を主体に成仏論を説いており、信満成仏論のみを説くと、三乗の成仏論に過ぎないと評価している。また、大竹晋[2007]『唯識を中心とした　初期華厳教学の研究―智儼・義湘から法蔵へ―』、(大蔵出版、352-355 頁) にも同様の理解を示し、智儼は十地満の一念に成仏しないと、念念成仏は成立しないしとし、また、信満で何もかも終るような楽天的な成仏論は説いてないと評価している。
19 『孔目章』「故華厳中信解行等諸位、以信一言、成其信位」 (T45, 586a)
20 法蔵以降の中国華厳宗における成仏論については、今後の課題にする。
21 崔鈆植[2001]「新羅見登の著述と思想傾向」『韓国史研究』115、12-16 頁。
22 崔鈆植[2001]　前掲論文、36 頁。
23 『成仏妙義』(T45, 776a)
24 『成仏妙義』(T45, 776a-c) 疾得成仏に関連する
25 『五教章』(T45, 490b)
26 吉津宜英[1991]前掲書、389 頁。
27 見登は位成仏と行成仏は体の側面からみると異ならないという。(T45, 777b)
28 しかしながら、法蔵の意図とは裏腹に、澄観、宗密が'初住成仏'という用語を使う。
29 崔鈆植[2003]「珍嵩の『孔目章記』逸文に対する研究」『韓国仏教学 SEMINAR』9、46-72 頁。
30 『成仏妙義』(T45, 779bc)
31 『成仏妙義』(T45, 779a)
32 『成仏妙義』(T45, 779b)
33 『成仏妙義』(T45, 778ab)
34 『成仏妙義』(T45, 778c)
35 『成仏妙義』(T45, 779a)
36 『成仏妙義』(T45, 790b)
37 『叢髄録』「是故、要待今日発心之縁、無側起時、方旧来成耳。縁以前無一法故、不云旧来也。若三乗則有所尊定本故、唯取始覚即同本覚之義論也。一乗不爾、無所尊定本、本末不定故、須皆得一」(T45, 730bc)
38 『略抄』に『五教章』上巻とあるが、法界成仏を直示する文は『探玄記』(T35、114b)からの引用である。
39 『大意略抄』(T72、199b)
40 『大意略抄』「此教有二門。一次第行布門。説六位差別有名無実。一円教相摂門。一位摂一切位速疾成仏。云云」(T72、199c)
41 金天鶴[2008]「平安時代の華厳私記類における成仏論」『印仏研』56-2、653-659 頁。
42 『大意略抄』(T72、199b)
43 末木文美士[1995]『平安初期仏教思想の研究―安然の思想形成を中心として』、「第五章　草木成仏論」。
44 『探玄記』「若円教中仏性及性起皆通依正。如下文弁。是故成仏具三世間。国土身等皆是仏身。是故局唯仏果。通遍非情」(T35、405c)
45 末木文美士[1995]前掲書、390 頁。原文は二部文献研究篇の 708 頁。
46 『華厳種性義抄』「答。建立非情仏道理尤可然。夫以真如随縁義辺。名八識心王心所。是真如無不遍一切有情非情。故正報衆生転同位八識成仏時、依報国土草木等皆成仏。識所変故。真如随縁故。所以経云。仏説。菩薩説。羅刹説。衆生説。三世一

切説云云。意仏説法、国土草木等皆説法、云也」(T72、61c) 経文は「約一乗説」として『探玄記』(T35、157c)にも引用されるが、それにより草木説を説く点に本文献の特徴がある。

47 「答云。成仏因果有二義。一相由義、二不相由義也。相由義故、不離而参。所以初発心位而成仏即妙覚位而成仏。所以経云。一中解無量、々々中解一、云云。不相由義故、参而不離。初発心位因、妙覚位果、浅深異。所以経云。衆多法中無一相、於一法中亦無多云云」(下、6-ウ〜オ)
48 『探玄記』「若円教、即一切衆生、並悉旧来発心亦竟。修行亦竟。成仏亦竟。更無新成。具足理事」(T35、413b)『旨帰』「解云。弁衆生旧来同仏者、是無極大悲也」(T45、596c)『十玄義私記』(下、5-ウ-6-オ)の引用文は省略する。
49 『大意略抄』「然而一念間六位重作成佛也」(T72、199b)
50 『大意略抄』(T72、199b)
51 『華厳経』「十住品」(T9、444c)『五教章』(T45、488a)
52 末木文美士[1995]前掲書、275 頁。
53 同上、277 頁。
54 「南岳天台、陳隋之時。華厳宗、則天皇后時。真言宗、開元大暦時。三宗立即身成仏義」(T74、650b)
55 金岡秀友編[1979]『空海辞典』「即身成仏義」141-142 頁。
56 空海によって智は主体、動、理は客体、静とされる。(松長有慶[1982] 「理と智」『日本名僧論集 / 吉川弘文館』3 空海、217 頁)なお、松長氏は智と理は日本における真言密教独自の述語であると主張するが、藤井淳[2004]「理法身と智法身」『印仏研』52-2、114-116 頁により否定された。
57 聖詮『華厳五教章深意鈔』巻八(T73、54c)
58 『種性義抄』(T72、61a)
59 『種性義抄』(T72、61a)
60 『妙法蓮華三昧秘密三昧耶経』大日本校訂続蔵経一一三に収録。この経についての最新の見解は水上文義[2000]「日本撰述偽託書に見る法華経曼荼羅の構成—蓮華三昧経を中心に—」、『印度学仏教学研究』49-1 号、169-173 頁、註1)に詳しい。それによると、これは偽経として、安然の時期から南北朝頃まで成立されたと見ている。また、同じ註1には'他に硲慈弘「蓮華三昧経に関する研究」『大正大学学報』1、浅井円道『上古日本天台本門思想史』など。この中で硲氏は、円珍撰とされた『講演法華儀』や『阿字秘釈』と本経本文とが極めて類似することから、本経全部の作者を円珍ではないかとするが、賛成できない。'とある (沙門阿寂記『妙印鈔』、T58、166a)。
61 『種性義抄』(T72、61a)
62 末木文美士[1995]前掲書、280−281 頁。
63 末木文美士[1995]前掲書、299 頁。
64 凡夫性の重視は空海には見られなく、円仁、安然によって完成された。末木文美士[1995]前掲書、279 頁。大久保良峻[1998]『天台教学と本覚思想』、法蔵館、105 頁。
65 末木文美士[1995]前掲書、318 頁。円仁の弟子となる憐昭の『天台法華宗即身成仏義』において、法身=即身成仏、報身・応身=歴劫成仏するという。
66 以下、親円の草木成仏論は『種性義抄』(T72、61c)
67 末木文美士[1995]前掲書、364 頁。
68 聖詮『華厳五教章深意鈔』「更非情有覚性、非云発心修行成正覚也。若許此義者。法性転変。非情忽可有変情之失也」(T73、12c)
69 吉津宜英[1991]前掲書、389 頁。

第五節 法華経観

一 はじめに

　『華厳経』と『法華経』のそれぞれの性格に基づいた相互の関係については、中国仏教の教相判釈の中で議論が行われてきた。こうした問題に最初に反応したのは、天台智顗であろう。また、三論宗の吉蔵は『法華玄論』の中で両経典の関係を14項目にわたって論じ、結論的には『法華経』には『華厳経』を包み込み、超える立場を取っている[1]。
　今日の華厳家の中でも『華厳経』と『法華経』との関係は問題となり、こうしたことは中国のみならず、新羅や日本の華厳思想の中でも同様である。
　中国の華厳祖師らが意識した『華厳経』以外の一乗経典は『法華経』である。それは智儼以来、『華厳経』の一乗性を強調するために、『法華経』を用いるのが伝統となったからである。すなわち、智儼が『法華経』を通して、同別二教の教判を説明して以来、法蔵・澄観を経、両者の関係に関する議論が続いた。さらにこれは天台学が主流となっていた宋代に復興を図っていた当時の華厳学が抱えた問題でもあった[2]。韓国華厳では、均如が華厳学の優越性を強調しながらも、華厳と法華の関係をより合理的に理解するため、教判論をはじめ、機根論などからその関係の見直しを図っている。また、義天が宋に渡って華厳と天台の教判の同異について問答を交わしたことからも[3]、それが韓国華厳において重要テーマであったことを物語っている。なお、日本華厳では早くから『法華経』を尊重する伝統が作られた。それは奈良末期に活動したと考えられる寿霊の『指事』などから確認できる。
　このように東アジアの華厳教学の中で『華厳経』と『法華経』との関係は、重要な主題であったと考えられる。ただ、それにもかかわらず、華厳家の中でこの問題を真正面から取り扱った著述は、現在のところ、

湛睿の『花厳法花同異略集』を除いては見られない。本論では中心を日本の華厳思想史において、中国、新羅・高麗、そして日本の順に考察する。

二　唐と新羅・高麗華厳における『法華経』

　智儼が華厳学を形成する上で、教判的観点から『法華経』の教説を導入したことは、華厳教学史の革命と評価されるほど重要とされる[4]。しかし、『華厳経』の勝れていることを表すために『法華経』を用いたことにより、反対に華厳教学の中に『法華経』をどう位置づけるかという問題を残した。

　智儼は二つの観点から『法華経』を用いた。一には、『法華経』を華厳一乗と同等とする観点であり、『孔目章』「融会章」の所説が代表的な例である[5]。これは『法華経』が価値的に『華厳経』と同等であることを意味する[6]。二には、『法華経』を華厳一乗の下に位置づけるものであり、『孔目章』「普賢章」で一乗の普賢と三乗の普賢とを分け、その中で三乗の普賢を『法華経』に当てはめていることなどがこれにあたる[7]。

　法蔵は智儼の説を継承しながらも、第二の理解を重視し、『法華経』を『華厳経』より一段階下の同教一乗とし、さらに智儼にとっては一乗の性格が強かった同教一乗を三乗化することで両経のけじめを付けたと評価されている[8]。しかし、法蔵が『華厳経』の別教一乗性を強く主張しながらも、その根拠として『法華経』の所説を多く参照したため、その主張に矛盾と亀裂が内包されることは避けられなかった[9]。それ故、法蔵以後、華厳学では同教概念と共に法華経理解をめぐって様々な議論が行われることになる。

　なお、新羅の義相から『法華経』観を抜き出すのは容易ではないが、『華厳経問答』に「漸教相中。舍利弗等至法華會方入一乗。所入一乗即是華嚴別教」（T45、611c）とあるので、『華厳経』より低く評価していたことになる。

なお、義相の講義録ともいえる『道身章』では法華同教三乗を権教三乗とし、華厳同教三乗を実教三乗とする[10]。このように義相学派において『法華経』はあくまでも同教であり、その位がそれほど高くない。高麗初期の均如はこうした考え方を継承して、「法華同教」を低く見ているが、代わりに『法華経』について様々な観点から解釈を加え、『法華経』の役割を明確化することに務めた。均如の法華経解釈の特徴は、こうした教判的な規定のもとに、機根論の観点から『法華経』を華厳教学の中に位置づけながら、『法華経』を引教と廻教と命名するが、教判的に三つの教判に属して別教と同等に扱うことすらあるほどである[11]。これは、華厳宗における法華経の位置づけが簡単ではなかったことを表している。

三　日本華厳における『法華経』

(1)　寿霊の法華経観

新羅の義相学派の法華経解釈とは異なり、寿霊の教学において『法華経』が占める位置は大きい。彼の法華経観は、「華厳は別義を多く説き同義を少なく説くから別教であり、法華は同義を多く説き別義を少なく説くから同教である」という表現に端的に現れる[12]。このように寿霊は『華厳経』と『法華経』を同等の一乗として見、摂化の方法が異なるものであると見ている。要するに寿霊において、『法華経』とは一乗教としての同教一乗である。すると、どのような具体的な差異があるのか、それは、次の文章から伺える。

如菩提樹の下で説く華厳処は即ち蓮華蔵の十仏境界となる。法華もまたそうで、これ（華厳）とは漸同なる。よって、これは同教である。しかし、いまだその（法華）の説処では即ち十蓮華蔵および因陀羅のことを未だ説いていない）

（如菩提樹下説華厳処即為蓮華蔵十仏境界。法華亦爾漸同此故。是同教也。然未説彼処、即爲十蓮華蔵及因陀羅）（T72、216a）

このように、『法華経』は同教一乗であり、漸次に華厳の世界と同様となるが、『華厳経』の別教一乗のような十蓮華蔵ないし因陀羅がまだ説かれていないと行っている。

また、寿霊は『法華経』を信じないまま『華厳経』を信ずるのはあり得ないとし、逆に『法華経』を信ずれば必ず『華厳経』を信ずることができると言うほど『華厳経』と『法華経』との親近性を強調している[13]。寿霊が三乗極果廻心論者を激しく批判したのも、彼らが『法華経』を低い経典として見ているからである。こうして華厳と法華を同等に取り扱う寿霊の教学は日本華厳において伝統となる。

(2) 普機の法華経観

普機は宗趣を説く際に、慧苑の『刊定記』の真具分満教の内容の一部をそのまま用いる[14]。真具分満教とは真如と随縁の両方を説く教説である。慧苑によると、全体的な趣旨（通宗）としては『法華経』と『華厳経』とは同等であり、各々の趣旨（別宗）からみると、『法華経』は理事無碍を説く経典、『華厳経』は事事無碍を説く経典として両者を区別する[15]。慧苑の考えでは、理事無碍に属する様々な大乗経典は、根本的に『華厳経』との差別がない。普機はこの慧苑の趣旨（別宗）をそのまま引用している。よって普機も『華厳経』と『法華経』とを同等の経典と見ているのは間違いない。

(3) 増春の法華経観

増春の『法華経』観については、『一乗義私記』「直顕一乗」について述べる際に、論を進めるため、すでに『華厳経』と『法華経』が同等となるという結論を得ている。ここではその結論を補う程度で検討する。

増春は天暦年間に『一乗義私記』を表した。増春が活躍していた時期

はいわば日本仏教において私記の時代であり、華厳宗の中でも『五教章』の各章に対する私記が多く現れ、中国の華厳に対する理解を深めていく時期である。『一乗義私記』は華厳一乗義を宣揚しながら、法相宗と天台宗との相違を明らかにすることを念頭に置いた著述として考えられる。しかし、『法華経』そのものについては、『華厳経』と差別する表現は見られない。ここではその代表的な例を挙げる。

> 問う。法華一乗と華厳一乗とは同じであるか異なるか。
> 答える。同じでもあり、異なることもある。
> 問う。その意味はどういうことか。
> 答える。法華一乗として同教・別教を説くことと、華厳一乗として同教・別教を説くことは同じであり、華厳一乗が別教義を多く説き、法華一乗が同教義を多く説くのは異なる。
> (問。法華一乗、与華厳一乗、為同異乎。答。有同在異。問意何。答。以法華一乗説同教別教、華厳一乗説同教別教同也。以華厳一乗多説別教義、法華一乗多分説同教義異也)(T72、38a)

増春はこの答えに続いて『法華経』と『華厳経』における同教義と別教義の例を挙げ、両経典にそれぞれ同教と別教が説かれていることを証明した。こうして『華厳経』は別教義を多く説き、『法華経』が同教義を多く説くだけで、両経典を同等に見ている。こうしたことから、彼が寿霊の考え方を継承したことが分かる。増春はこうした理解を基盤にして『法華経』を「同教別教一乗」と規定する[16]。そして普機が『開心論』の中で慧苑を継承して大乗経典を一乗にしたのと同様、増春も『法華経』、『涅槃経』、『華厳経』、『勝鬘経』などの経典をすべて一乗経典として理解している[17]。

しかし、増春は既に指摘されたように宗派としての天台宗とは一線を画する態度をとった[18]。それは華厳と法華の四車説の相違をめぐる次の例から窺える。

問う。天台が立てた四車と我々の宗派で立てた四車の同異はどうか。
答える。異なる。我々の宗派では四つの意味により四車を理解するが、天台はただ一つの意味によって四車を立てた。だから異なる。(「問。天台所立四車与今宗所立四車同異何。答。異也。今宗依四義立四車。天台但以一義立四車。所以別」)(T72、37b-c)

以後、四つの意味と一つの意味について説かれるが、ここで注目されるのは、増春が両方の四車意が異なると言い切った表現である。これは、前に華厳一乗と法華一乗との同異を論ずる際に「同じでもあり、異なることもある」という不定の表現を用いたのとは確実に異なる態度である。このことは、増春が学派あるいは宗派を理解する際に、華厳宗と天台宗とのけじめをつけたものと理解される。これは天台学そのものを高く評価し、慧思、智顗、聖徳太子を尊重した寿霊の態度とは異なる。これは、増春の時代には、すでに確立した各学派との優劣が日本華厳において重要な問題となっていた可能性を示唆する。

(4) 凝然の法華経観

凝然が活動していた時期は、宋代の四家の註釈書が多く利用されていた。そうした時代の背景の中でも、彼は寿霊の『指事』を多く引用する。そして智儼の本意を解釈する際には、「寿霊大徳は智儼大師の本意を深く得た」[19]と述べるほど、寿霊の解釈を尊重する。そして『法華経』を低く評価する学派に対して、寿霊の激しい批判をそのまま引用していることから[20]、彼が『法華経』を重視していることが窺える。

さて『五教章』には、『華厳経』が別教一乗であることを証明するために『法華経』が経証としてしばしば用いられる。法蔵の華厳学の中で、一般的に同教の経典として理解される『法華経』が別教一乗を証明するために用いられるのに疑問が生じるのは当然である。これに対して凝然は、『法華経』を同教と別教に通ずる一乗とする[21]。『法華経』に対するこ

うした理解は、『一乗義私記』の中でも確認されたが、凝然には宋代の道亭(1023-1100)の影響が見られる。すなわち、凝然がこうした主張をするために、道亭の『義苑疏』の中で、「法華の一乗は二つの勢(同教と別教)を兼ねている」[22]と言った文章を引用することから分かる。このような凝然の『法華経』に対する態度は、他の著述にも現れるが[23]、彼は『法華経』について、人々を『華厳経』の教へと向かわせるために、なくてはならない経典とみている[24]。

凝然は天台学についても高く評価する。法蔵は『五教章』の中で天台教判について「四名円教。謂法界自在具足一切無尽法門。一即一切一切即一等」(T45、481a)と説いている。凝然はこれを、華厳の一真法界の事事無碍としての十玄に類似すると解釈しながらも、天台宗と華厳宗に関しては区別をつけた。

これは華厳の一真法界事事無碍十玄の中の詞と似ている。その宗はただ一心三観の事理無碍の相即円融を明かしている。理事が既に事に即し、事もこれに即するから、『十不二門』の中にいう、色と心とは二ではない、依と正とは二ではないことなどは、即ち、これは事事無碍の相状である。しかし、理事相即であるので、また、事事法に至ることが出来るが、華厳の十玄と六相の無尽重重のようにこれを本とはしない。

「此似華厳一真法界事事無碍十玄中詞。彼宗唯明一心三観事理無碍相即円融、理事既即事、事亦即是故、十不二門之中、色心不二、依正不二等。即是事事無碍相状。然理事相即故、亦得至事事法。非如華厳十玄六相無尽重重。以此為本」(T72、375c-376a)

このように、凝然は天台や湛然を取り上げて、理事無碍から事事無碍に至ることが可能であることを認めるだけで、華厳学において十玄・六相の重重無尽を根本に据えることとは異なると説明する。

このように、凝然は『法華経』を『華厳経』と同等に取り扱うと同時に、華厳学を天台学よりは高く評価しながらも、天台学そのものが華厳学に類似することを強調する。

以上のように日本華厳宗において、『華厳経』と『法華経』の位置づけは同等であっても、天台宗とは一線を画するというような流れがあったことが分かる。そのような日本華厳における法華経観を総合的にみたのが湛然の『花厳法花同異略集』である。以下、それについて詳しく検討する。

四　湛睿と『花厳法花同異略集』

(1)　『花厳法花同異略集』の撰述時期

『花厳法花同異略集』は金沢文庫に筆写本として現存する[25]。表題にある「上」という巻数から考えると、少なくとも二巻以上であった推定されるが、現存するのは一巻だけである。『花厳法花同異略集』は行草で書かれていて、字が欠けているところもある。一巻の最後は[弘決第五云]のみで引用文が欠けているので、現存する一巻すら完本でない可能性もある。

　この文献の撰述に関する記録は残っていないが、引用文献の相互関係からある程度推定できる。すなわち、『演義鈔纂釈』には『花厳法花同異略集』と同じ引用パターンで文献を引いているところがある。それは下の図26の中で⑦のように、『花厳法花同異略集』には『法花文句』→『法花文句記』→『像法決疑経』の順に引用されるが、『演義鈔纂釈』の中でも同様のパターンで同じ部分を引用する。そこで『花厳法花同異略集』には『像法決疑経』の文が引かれているのに対して、『演義鈔纂釈』の中では「私検像法決疑経　全如所引」（T57、147c）としている。すなわち、湛睿は『花厳法花同異略集』を撰述した当時に『像法決疑経』の文章を確認し引用したので、『演義鈔纂釈』では例のようにまとめたと考えられる。記録によれば『演義鈔纂釈』の初出が44才であるので、『花厳法花同異略集』はそれよりやや早い時期に著したと推定できる。

（2）『花厳法花同異略集』の内容

　まず引用文献を確認すると、天台学に関連する文献としては、天台智顗の『法華文句』、『法華玄義』、湛然の『法華文句記』、『法華玄義釈籤』がある。そして『止観輔行伝弘決』が引用文の欠落したまま書名と巻数のみ引かれている。次に華厳系の文献としては、晋・唐の『華厳経』、法蔵の『探玄記』、澄観の『華厳経疏』、『演義鈔』、伝法蔵の『華厳経問答』が引用される。

　『花厳法花同異略集』は華厳と天台の同異を比較する際、多くを天台の『法華文句』における法華と華厳との同異を論ずる個所と、湛然の釈（『法華文句記』）に依拠する。そして、それに対して論ずるために華厳系の文献を引用する、という著述の方式を採っている。内容は13の小題目が施されている。各小題目ごとの文献の引用の順序を整理すると図26のようになる。

図 26　小題目に引用された文献の引用次第

①	法花文句→文句記
②	華厳経→湛睿の見解
③	法花文句→文句記
④	華厳経→湛睿の見解→華厳経→湛睿の見解→華厳経
⑤	華厳経
⑥	法花文句→文句記
⑦	法花文句→文句記→像法決疑経
⑧	法花文句→文句記
⑨	法花文句→文句記
⑩	華厳経→探玄記
⑪	法花玄義→釈籤→湛睿の見解→華厳経疏→演義抄→湛睿の見解
⑫	演義抄→華厳経→探玄記→華厳経→華厳経疏→花厳問答→華厳経→華厳経疏　→華厳経疏→演義抄→法花玄義→華厳経→華厳経疏→法花玄義→華厳経→演義抄→法花玄義→釈籤→法花玄義→釈籤→湛睿の見解→華厳経→探玄記→華厳経疏
⑬	釈籤→湛睿の見解→弘決

290　第四章　平安期華厳思想の展開

　図26から分かるように、華厳家の人物が『華厳経』と『法華経』を比較しているにも関わらず、八箇所も法華家の構成に基づいたのは、積極的に華厳と法華との関係について比較したいことを示しているのではないか。

　次に湛睿が構成した小題目は目次と本文の両方で確認されるが、本文の小題目はより具体的である。具体的には＜図27＞のようになる。

　字の欠落した個所は□で表した。ただ、一部でも推定が可能である場合は読むことにした。また参考までに『花厳法花同異略集』の構成の基盤となる『法華文句』の十意も提示した。

図 27 　『同異略集』の小題目

	目次の小題目	本文の小題目	法華文句の十意
①	二経"十異"事	花厳法花十□	始見今見
②	本一跡多并花厳説番成道耶事	第四本一跡□□　問花厳経中□□番々成道之文哉	開合不開合
③	文証多少等事	文証之多少事　□□昧二人貴理守文事　法花涅槃所説□□事	竪広横略
④	変土不変土事	第六変土□□□事	本一跡多跡共本独
⑤		□□□□勝劣事	加説不加説
⑥	開権顕遠　諸仏道同事	開近顕遠　諸仏□□事	変土不変土
⑦	遮那舎那釈迦三名事	毘盧遮那盧舎□□□三名事	多処不多処
⑧	二身三身十身等事	問花厳云十身舎那□□厳不共之所説歟	斥奪不斥奪
⑨	常寂光之身土等事	問常寂光之身土□□□無碍重之事　身土如何判勝劣	直顕実開権実
⑩	円経説依正不二等事	円経説依正不□□□時事	利根初熟鈍根後熟
⑪	花厳法花請問同異等事	花厳法花請問□□□	
⑫	法花唯説仏智花厳帯因智事	問花厳法花二経所説仏智義全同也可云事	
⑬	花厳兼一別教事	天台意謂花厳□	

ここで図27について簡単な説明を加える。②は『法華文句』の十意の中で、「本一跡多、跡共本独」に対する湛睿の反論である。智顗と湛然は華厳が「跡」を主とする経典であるので、久遠成仏を現す『法華経』とは質的に異なると主張する。これに対して湛睿は『華厳経』「入法界品」の中で、善財が摩耶婦人に会う場面を引用して、摩耶婦人が大昔から常に菩薩たちの母となるという文と、法の久如を説く文を通じて、『華厳経』も『法華経』と同様に久遠成仏の道理を表すと主張している。

　③は『法華経』と『涅槃経』との比較である。④は『法華文句』の十意の中で、第六の「変土不変土」を註釈した湛然説に対する反論である。湛然は「浄穢不同、常自差別」を不変土の意味とした。これに対して湛睿は『華厳経』「発心品」を引用し、世界の相即相入を主張し、さらに末利においても浄と穢が相即すると反論した。加えて智顗の経文に対する理解は随順するものがあるが、湛然の解釈は智顗に相反するだけではなく、経典にも相違すると批判する。⑥から⑨までは注意を払うべき内容はない。⑩では華厳における依報と正報の「不可思議」について論ずる。

　⑪は三止四請の『法華経』とは異なり、『華厳経』は金剛蔵菩薩への請に過ぎないとし、『華厳経』は仏説ではなく、菩薩説だと貶める智顗と湛然の説を引用する。それに対して湛睿は澄観の『華厳経疏』と『演義鈔』とを用いて、『法華経』は一家三請で、『華厳経』は三家五請であるから、『法華経』が『華厳経』より低い経典であると反論する。また一方で湛睿は『法華経』と『華厳経』は同等の経典であることを忘れず、その同一性を主張する。

　⑫では主に智慧に関する議論を通じで華厳と法華の同一性を強調する。そして、天台系で『華厳経』を貶めることに対しては「十地品」の地影像分を用いながら、湛然の『華厳経』の理解を批判する。⑬では両方の小題目に大きな相異があるものの、内容は同じである。これは『釈籤』の中で『華厳経』の品と会の構成問題を取り扱うので、「天台の立場から華厳の□を言う」のように小題目を詳しく変えたものと考えられる。ここでも湛睿は湛然の『華厳経』の理解を激しく批判する。

　以上、『花厳法花同異略集』の内容を簡略に説明した。湛睿の華厳・法

華の関係に関する認識に関して先に結論を提示すると、湛睿は『華厳経』と『法華経』との同一性を主張する。それは天台学の教理と華厳学の教理の同一性よりは、仏説としての両経典の同一性が基盤となっている。以下、そのことに関して久遠思想と請法をめぐる二つのテーマを中心に把握したい。

(3) 久遠思想に関する解釈

久遠思想とは言うまでもなく、『法華経』の「従地涌出品」と「如来寿量品」に根拠をおくもので、仏が数えられない大昔から成仏して常住することを表す天台教学の概念である。湛睿の議論でこのような久遠思想に関連する弁論は、「②本一跡多并花厳説番々成道耶事」に見ることができる。これは天台の十意の中では第四「本一跡多」に対する弁論である。湛然は『文句記』の中で、『法華経』を「久遠之本」と見るが、『華厳経』に対しては次のように言う。

> 第四に、本一跡多等とは、唯だ花厳はただ一台によって跡中の本となるだけである。本より久遠ではないからである。千葉を使って跡の跡を成す。但し台が千葉を望んでそれを本となす。
> （第四、本一跡多等者、唯花厳但以一台為跡中[26]本。本非久遠故。使千葉成跡中跡。但台望千葉以之為本）（T34、325b）

湛然はこうして『法華経』が根本となることに対して、『華厳経』は跡の中での根本ではあるが、その根本が久遠ではないとし、『華厳経』が枝末の経典であることを示した。さらに、湛然は『法華経』が「遠本」であるに対して、『華厳経』は伽耶で成仏を見せた「近跡」であり質的に相異のある経典であると認識している[27]。

湛睿は、この湛然の説に対して、『華厳経』「入法界品」の中で、善財が摩耶婦人に会う場面を引用する。すなわち、善財童子が摩耶婦人に大聖が得た法門が大昔から久如であるかどうかを聞き、これに対して摩耶婦

人が自ら盧舎那仏の大昔から常に彼の母であり、また過去から現在まで無量の仏の母であると述べ、その法門が根本的に同様であると説いた部分である[28]。続いて湛睿は次のように述べる。

> 此の文の中に摩耶夫人が普く舎那及び諸仏の母となることを広く明かした。その中でいう。盧舎那仏は一切の有において、乃至、我は常に母と為るの意」とは、舎那仏が一切世界において和光同塵にして衆生を教化する。調練して純熟し了った後に八相の成道を見せることと同じである。ゆえに最後の生を受けて則ち摩耶、必ずその母となる。こんなことは一度も二度もなく、世々番々、不可称計のゆえに常に母となる。(中略)次に「盧舎那仏は一切の有において、乃至、我は常に母と為るの意とは、彼の成仏已後の世々番々のことである。
>
> (此文中広明摩耶夫人普為舎那及諸仏之母中云。「盧舎那仏、於一切有、乃至、我常為母之意」者。舎那仏、於一切是世界和光同塵教化衆生。若調練純熟了後為示八相成道。故最後受生則摩耶必為其母。是事非一度非二度、世々番々不可称計故云常為母也。(中略)次云「盧舎那仏於一切有乃至我常為母」者、彼成仏已後、世々番々之事也)

こうして、湛睿は摩耶夫人の経文を用いて、『華厳経』にも久遠成仏の思想があることを証明しようとした。すなわち、『華厳経』も『法華経』のように「常」の経典であり、盧舎那仏が成仏して数えられない歳月が流れているから、「久遠」の経典であると主張する。ただし、これはあくまでも天台側に反論の材料として用いただけで、久遠成仏を『華厳経』の特徴として考えるかどうかは別の問題である。

(4) 請法に対する解釈

これは⑪花厳法花請問同異等事で論じている。湛睿はまず『法華玄義』10巻と『釈籖』の中でこれに対する註釈を引用する。そして引用文の要点を13項目に整理してから、『華厳経疏』「十地品請分疏」とこれに対す

る『演義鈔』の部分とを引用している。こうした配置は、湛睿が『玄義』と『釈籤』の内容により、請法に対する弁論を行うためである。特に請法の中でも、『法華経』を三止四請とし、『華厳経』を一請とする問題と、また『華厳経』を連類とみる智顗や湛然の理解に対する反論が中心となる。

　智顗と湛然は、三止四請の後ようやく経典が説かれる『法華経』に比べて、『華厳経』は解脱月菩薩が金剛蔵菩薩に法を請うことにより説かれることから、『方等経』や『般若経』と同類（連類）とみている。ただし湛然は『華厳経』を三請両止とし、『法華経』に比べて一請一止のみ足らないし、その観点から説かれる法としては同類ではないとする[29]。

　これに対して湛睿は澄観の『華厳経疏』と『演義鈔』を引用して弁論する。澄観は、天台智顗によって『華厳経』が連類と評価されたことに対して、逆に『法華経』は一家三請であり、『華厳経』は三家五請であるとし、『法華経』を『華厳経』より低い経典として評価する。三家請とは、解脱月請、大衆請、如来請を意味する。澄観はこの中で、如来が法を請う第三家の請法は、他の経典では見られないとする。また、『法華経』では仏智を請うにもかかわらず、ただ因のみ説くが、『華厳経』では因を請うにもそれは仏因である。華厳においては因を備え、果に徹底することを証道と教道の比喩を用いて説明する[30]。

　このような澄観説に対する湛睿の受容姿勢は次のような文章から窺える。

　　初句は証行である。諸仏の証をいう。これが因となって菩提を成就するからである。余は皆な助道であるからである。これは最上であり最勝である。次句は阿含法門である。法体と名ける。光明とは一切の余の法門を顕し照らす。よって、『法花論』に言う。諸仏の智慧とは、証道の甚深なることである。その智慧門とは、阿含が甚深なることである。

　　（初句証行。謂諸仏証、此為因成菩提故。余皆助道故。此最上最勝。次句阿含法門者。名為法体。光明者、顕照一切余法門故。法花論(T35、744a11-14)云、諸仏智慧者、証道甚深。其智慧門者、阿含甚深)

この中、「法花論云」の前までが澄観の『疏』からの引用である。ここで澄観の意図は、証行と阿含法門である教道に因が備わり果に徹底することを証明したかったと思われる。しかし、湛睿は澄観の考えにはない『法華論』の文章を用いて、証と教の両方が甚深の道理であることを表すと共に、『華厳経』と『法華経』は同じ説を説いていることを強調し、結局のところ、両経典が同等であることを確認している。

(5) 湛然に対する批判

　湛睿は天台智顗に関しては好意的であるが、湛然に対しては厳しく批判している。湛然は中国天台宗の中興祖と呼ばれ、彼の天台三部に対する註釈は現在までも天台学研究の必読書として知られている。こうした湛然に対する湛睿の批判は、湛然が『華厳経』を厳しく批判したことが発端となる。一方、その批判は湛睿自身の思想的立場である『華厳経』と『法華経』の同一性を積極的に主張するための方法でもあったと思われる。

　④変土不変土事は、天台の十意の中から、「変土、不変土」に関する湛然説に反論する形になっている。この中で、湛然は不変土について「浄穢不同、常自差別」と解釈する。湛睿はこれをもって湛然が両国土における不変の対立項を設定したと理解し、これに対して『華厳経』「発心品」を引用して世界の相即相入を主張し、末利においても浄穢が相即すると説く。さらに湛睿は智顗の理解は経文に随順するが、湛然の解釈は智顗に相違するばかりではなく、経典にも背くものと批判している[31]。

　⑬ 花厳兼一別教事において、湛睿は、湛然が『釈籤』の中において、『華厳経』の七処八会と行位説に関して解釈した個所を引用しながら[32]、次のように厳しく非難している。

徒らに軽しく円経を呼るだけで、どこに答えるところがあるのか。そのため、『演義抄』二十の下に云う。「善く意を須得し、釈経を軽んずることな

かれ」と。

（徒軽哗円経、有何所答哉。故演義抄二十下云、善須得意、莫軽釈経）

　ここで湛睿は『演義鈔』の言葉を借りながら、湛然が『華厳経』を軽く見て経典に随順することができなかったことを厳しく批判している。天台智顗に対しては好意的でありながら、湛然だけを批判するのは、湛然によって『華厳経』と『法華経』との関係が歪曲されたとする、湛睿の思想的認識が反映している。また、湛睿の認識は『華厳演義鈔纂釈』の中でも続いているが[33]、それを見ると、湛睿は澄観の『法華経』ないし天台認識をそのまま受けていることが分かる。よって『法華経』と天台に関して好意的なことは言うまでもない。しかし湛睿は、こうしたよい関係を湛然が無理に破壊しようとしたと認識し、彼を世俗の軽い人間に譬えるほど厳しく批判している。これによって湛睿は『法華経』と天台の本来の思想とが華厳に相通することを表したかったと思われる。こうした湛睿の湛然に対する批判には、両経典が同等であるとする、彼の認識が背景にあるといえる。

五　まとめ

　以上、中国、韓国、日本の華厳教学における『法華経』観を検討した。中国の華厳宗の基礎を確立した智儼は二つの観点から『法華経』を見ている。一つは『華厳経』と同等の経典として理解する。しかし、これは実用的な意味において同等となる。二つは三乗経典としての理解である。この二つの立場は智儼の著述から読み取れる。一方、法蔵は智儼を継承しながらも、『法華経』を三乗の経典とすることが目立つ。しかしそれにもかかわらず、『華厳経』の一乗性を証明するため『法華経』の三車の比喩を多く用いることによって、彼の主張に矛盾と亀裂の可能性を残している。

　法蔵の弟子慧苑が法蔵の教判的枠組みを根本から否定し、新しい教判

体系を建立したことは周知の通りである。彼は法蔵の設定する『華厳経』と『法華経』との関係についても全面的に否定した。すなわち、慧苑の四教判の中で、『法華経』は『華厳経』と共に真具分満教に属する。ここで『法華経』は真如と随縁を共に説く経典として解釈され、この点では根本的に『華厳経』と同等である[34]。続いて澄観は、化儀の立場では漸頓で、化法の立場では漸円として解釈しながら、『法華経』を『華厳経』の解釈体系に導入しようとする。

新羅・高麗では、義相の講義録を通して検討したが、『華厳経』より『法華経』を低く見ていたことが分かった。しかし、均如の『法華経』観を検討すると、澄観の影響により『法華経』に対しては三乗の経典、同教以上の経典、別教の経典という三つの位置で解釈していた。

日本の華厳宗における『法華経』観は、法蔵の弟子慧苑と六宗兼学の南都の学風によって高く評価される。奈良時代に華厳宗の僧侶が天台関係の書物を多く所蔵したことは[35]、こうした南都の学風から理解される。また、宋代の華厳典籍が多く輸入されてからは、澄観や道亭などの宋代四家の影響を受けたと考えられる。

こうして『法華経』を重視する伝統が日本の奈良時代から芽生えたことにより、寿霊は義相学派に似た華厳至上主義を激しく批判したのである。なお、寿霊の考えが後の日本華厳に受け入れられることによって、普機、増春、凝然に至るまで『法華経』を高く評価することになったと考えられる。ただし、天台学そのものに対する態度は、学者によって相異があった。

最後に金沢文庫にある『花厳法花同異略集』を通じて、湛睿の法華経観について、その大略を見た。それは華厳と法華の関係を華厳側で積極的に整理しようとした最初の著述である。検討の結果、寿霊から凝然まで受け継がれている日本華厳における『法華経』、天台学尊重の立場に立っていることが判明した。

湛睿が天台智顗に対して好意的だったことには、澄観の影響が考えられるが、こうした態度は寿霊以降日本華厳の伝統的流れによるものともいえる。しかし、『華厳経』と『法華経』を強調するため湛然を厳しく批

判したのは、彼の師である凝然にも見られない。

---

1 木村清孝[1994]「華厳経と法華経─東アジアにおける研究の伝統を省みて─」『中央学術研究紀要』23、34-38頁。
2 吉田　剛[1996]「趙宋華厳教学の展開─法華経解釈の展開を中心として─」『駒沢大学仏教学部論集』27、215-225頁。
3 韓国精神文化研究院[1989]『国訳大覚国師文集』解題（崔柄憲）
4 吉津宜英 [1997]「華厳系の仏教」『新仏教の興隆─東アジア仏教思想Ⅱ─』、春秋社、85頁。
5 巻四、T 45、585c-586a。
6 木村清孝 [1994]前掲論文、39頁。
7 巻四、T 45、580b。智儼の『法華経』観に関しては、金天鶴[2006]前掲書、133-134頁に詳しい。
8 吉津宜英 [1991] 前掲書、214、244-248頁。
9 法蔵の『法華経』観に関しては、金天鶴[2006]前掲書、133-136頁に詳しい。
10 『教分記円通鈔』巻二（韓仏全4、291a、292a）
11 均如の『法華経』観に関しては、金天鶴[2006]前掲書、133-151頁に詳しい。
12 『指事』「問。若依此文、法華中亦説別教義、華厳経亦有同教義。何以故、法華名同教一、華厳目別教一。答。約多分義目同別耳。謂法華中多説同義、少説別義故目同教。又三乗一乗和合説故。華厳経中、別教義多、同教義少、故名別教」(T72、211b)
13 「案云、以不信法華人、不信華厳故、反此明知、信法華人、即信華厳」(T72、211c-212a)
14 『開心論』（T72、14a）
15 「第三真具分満教中、初通宗者、為此宗中雖説理事無碍宗、莫不皆顕有為無為非一非異。是故通名為無為非一異宗也。二別宗者、為於前通宗之内分成両宗。一理事無碍宗。此即楞伽密厳維摩法華涅槃勝鬘仁王等経。二事事無碍宗。謂即此経及如来不思議境界経等」『続華厳略疏刊定記』巻一（新纂3、583bc）
16 「問。露地大白牛車者、喩約法何物乎。答。喩同教別教一乗也」(T72、37b)
17 「今華厳師、此三時外別立第四教、摂法華涅槃華厳勝鬘等一乗経也」(T72 、46a)
18 高原淳尚[1989] 前掲論文
19 『通路記』「寿霊大徳、深得至相大師本意」(T72、348b)
20 『通路記』巻六(T72、332a-b)の中では、
21 「答意、法花之一、通同別義、今取別教義辺、為証」(T72、308b)
22 巻三、T72、308b。
23 高峯了州[1942；1963]前掲書、416頁。
24 木村清孝[1994]前掲論文、38-39頁。
25 この写本を取り扱えるように許可してくださった、称名寺・金沢文庫の関係者にここに感謝の意を表したい。
26 下線の3字は『花厳法花同異略集』では欠字になっている。
27 『文句記』巻九（T34、326a）
28 『華厳経』(T9、764c12-27)
29 『玄義』(T33、800c-801a)『釈籖』(T33、949c-951a)
30 『華厳経疏』(T35、744a-b)『演義鈔』(T36、429b)

31 「法界円融義門中云。知穢世界即是浄世界等。既由如是発心 所厳浄花蔵世界故知所有本刹末刹、於末…刹中所有浄穢皆悉相即故 天台云 不変土 尤順経文。妙楽□□ 浄穢不同 常自差別 非但違本師所徳□□ 背円経明文者也」
32 『釈籤』(T33、956c-957a)
33 『華厳演義鈔纂釈』巻二十一「私案云。前文云。若約法被縁、名漸円教。今亦云。今法花是頓故。清涼依此等明文。判法花云。漸円漸頓。即結釈云。大師本意、判教如此也。然妙楽妄加私語、強会明文。自作穿鑿而返詰云。人不見之等。頗似世俗之無理者。僻瞰」(T57、214c)
34 『続華厳略疏刊定記』巻一 (新纂3、583b-c)
35 仲尾俊博[1971]前掲論文。

第五章　結論

本論文の課題は二つに大別できる。まず、平安時代に著された華厳私記類に対して正確な思想的位置付けを与えること。次に、それを推し進め、日本華厳思想の特徴を見出すことである。これらの課題に対し、やはり二つの側面からアプローチした。第一には、奈良時代・平安時代の華厳思想を検討することにより、日本華厳思想の連続性と断絶性を探る。第二に、平安時代の華厳思想において、教理的に重要と思われるテーマを選び取り、東アジアにおけるその意義を検討することによって、平安時代の華厳思想をより明らかにすることであった。この作業により、充分な結果が得られたとは言い難いが、一定の成果を挙げることができたと思う。ここでは、その結果について、反省を込めてまとめておきたい。

本論文では平安時代の華厳思想を起点として考察した。これまでの一般的な評価では、平安時代の華厳宗は他宗に比べ、やや衰退したとされている。この評価は、一部分において肯首できる。例えば、南都の勢力をはかる際に用いられる「維摩会」の講師の名や所属宗派をみると、平安初期までの華厳宗の人数は法相宗、三論宗に次いで三位であったが、平安中期になると、天台宗が勢力を伸暢して三位の座を占め、華厳宗はそれよりもやや少なくなる。もっとも、思想的著述の数について言えば決して少なくはなく、例えば、凝然の『華厳宗経論章疏目録』には25編の私記の名目がみえる。ただし、本論文で主に取り扱った私記類についてみると、他宗の私記が複数の著述に対する私記を著している対し、華厳宗はほとんど法蔵の『五教章』のみに絞って私記が作成されている。なお、それらは鎌倉時代の華厳文献に多く利用されている。

さて、そうした私記類が著されるに先立って、奈良後期から平安初期の間に活動した人物に寿霊と智憬がいる。寿霊は審祥を重んじる東大寺学派であり、智憬も同様に審祥との関わりが深く、両人は共に法蔵の『五教章』を註釈している。寿霊の『指事』は現存するが、智憬のものは他の著作に引用されていることで部分的に知られるのみである。彼らは共に東大寺創建期前後の華厳思想家であるが、新羅の仏教に親しい雰囲気を

持つことは否めない。こうした思想形態は、法相宗において基と円測を等しく重視するという流れから、間接的に影響を受けた可能性が高い。

　奈良時代の法相宗の起点を摂論学派の思想が入った頃とすれば、そこには新羅仏教の影響が色濃く反映している。神叡のように新羅に留学した法相宗の人もいれば、智鳳のように新羅から来てまた唐に向かう人もいた。このころ、日本が目を向けた先は中国、当時の唐であったが、日本の仏教にとって新羅の唯識学は無視できない存在であった。慈訓は親新羅派で審祥との関わりが深く、後の伝承では新羅人とされており、審祥と共に唐に留学したことになっている。また、善珠は新羅の思想を重視したとまでは言い難いが、思想上で基と共に新羅の円測を無視しておらず、正倉院文書の記録によると新羅の華厳文献などを閲覧していたようである。こうした法相宗の人々の姿勢は、基と円測とを同等に重んじていた大賢の思想的な立場からの影響ではないかとも言われる。それほど、日本の仏教としては唐と共に新羅を重んじる傾向があった。こうした法相宗の思想的な姿勢の基礎の上に日本の華厳宗は始まるので、法相宗における基と円測とを同等に評価する姿勢が、華厳宗において、法蔵と元暁を融合しようとする動きを生み出したとみてもおかしくない。こうした思想形成上の特色は、中国仏教が新羅を経て日本に至り、中国や新羅とは一味違う日本華厳宗を生んでいくのに充分な原因を提供したと考えられる。

　とはいえ、唐仏教と新羅仏教を全く同等に取り扱ったり、また融合したとは言えない。日本の華厳思想において法蔵の思想に傾倒する傾向は強まる一方であった。寿霊や智憬においてもすでにその傾向が生じている。日本の華厳宗において元暁の思想は、もはや法蔵の教学を補足するために活用されるに過ぎないものとなり、明らかに審祥における元暁重視の立場から変化を見せていく。いわゆる「元暁・法蔵融合形態」の後退ともいうべきであろう。

　しかし、華厳宗が始まって以来変わらない部分もある。審祥が『華厳経』の他に『起信論』と『法華経』を重視した姿勢は、日本の華厳宗の特徴として継承されている。智憬は『起信論』を重視して『起信唯識同異

章』を著し、『起信論』の中心思想をもって唯識と中観を融会し、両者を『起信論』の思想によって包み込む。寿霊も『指事』で一乗義を宣揚する際、『起信論』と『法華経』を重んじる。これは日本的な華厳一乗義の始まりであると言ってよい。なお、寿霊においては法蔵を柱としながらも、智儼と慧苑とを共に重視する。

その後に著された私記の中で、確実に東大寺学派に属するものといえるのは、増春の『一乗義私記』であるが、それより早いものとして『華厳立宗五教義略私記』と『華厳十玄義私記』がある。この二つの成立時期は、おおまかに平安時代初期から中期に推定されるが、後者より前者が早いと考えられる。『立教義私記』は『五教章』古今立教義の十家の説に対し、法蔵の意図に沿って問答体により各教判家やその教判について取り扱う比較的短い「私記」であるが、法蔵を忠実に理解しようとしながらも、法蔵と慧苑とを共に重視し、さらに天台思想を導入する。また、一音教の解釈では元暁の『起信論疏』を1回引いている。これらを見る限り、日本華厳宗の特色を守っているように思われる。『立教義私記』では寿霊の名は挙げられていないが、所々に寿霊との関連性が醸し出されている。慧苑を重視することはいうまでもない。諸家の教判を取り扱う枠組みは、慧苑の『刊定記』をそのまま引用しているからである。しかし、必ずしも慧苑の立場には立っていない。例えば、慧苑の光統教判に対する批判には同意せず、光統を弁護することによって間接的に慧苑を批判している。寿霊に対しても同様の方法で間接的に批判している。

次に『十玄義私記』は、十玄義をを取り扱う文献であるという性格上、『起信論』は2回しか引用されず、『法華経』の引用も3回に留まり、天台系の著作を引くこともなく、基の『法花疏』からの引用が4回ほど確認されるに過ぎない。法蔵と慧苑を重視する立場は伝えるが、智儼の『十玄門』が70回あまり引用される。この文献は新羅の義相学派の文献が初めて引かれている文献であり、その点だけでも注目に値する。

平安初期まで新羅の華厳宗について元暁を代表として認識しており、義相学派と考えられる思想はことごとく批判されている。それにも関わらず、その系譜のものが日本華厳思想に受け入れたということは、日本

華厳思想に必要な内容があったからに他ならない。実際に『十玄義私記』には、智儼の『孔目章』の注釈書である義相の『新羅記』が引かれ、『香象問答』が肯定的に引かれている。『香象問答』は法蔵のものとして引用されている。

新羅義相学派の文献の引用に関連して、『大意略抄』にみられる華厳祖師の系譜に義相学派を汲む見登が入っていることも念頭に入れて考えるべきである。すなわち、見登が活動する時期は、日本の華厳思想が多様化していく時期であり、『十玄義私記』はそうした流れを汲んでいるとみてよい。

なお、華厳の文献の中で、非情成仏が論じられているが、草木成仏の四文字は見当たらない。それを初めて打ち出しているのが、この『十玄義私記』である。これは日本天台で論じられた成仏論の影響を受けている。ちなみに、こうした草木成仏論では衆生の主体性が認められている。そして『探玄記』を用いて、衆生は本来成仏していることを強調している。その根源とするのは、『十玄義私記』の造語の「一法界真如理」である。『十玄義私記』の華厳思想はここから出発しているとみても過言ではない。

増春の『一乗義私記』でも「一法界真如理」は尊重される。平安時代、各宗が競って一乗義を宣揚している中で、増春の『一乗義私記』は、真言の影響は見られないが、そもそも真言宗の寛朝の『五教章一乗義私記』を抄したもののようである。『一乗義私記』にも『十玄義私記』で好意的に取り扱われていた新羅文献がそのまま利用されている。義相学派のものであるにもかかわらず法蔵の著作のように扱われている『香象問答』が引かれていることは注目に値する。『一乗義私記』で初めて確認される同書の真偽問題については、正確に結論づけることなく現代に至っていたが、『香象問答』を法蔵のものとして暗黙裏に認めてきたことで、法蔵の華厳教理とは異なる思想が、中国のものとして理解される結果を招いた。要するに『香象問答』は日本の華厳思想が多様化する上で非常に重要な役割を果たしていたといえる。

また、『一乗義私記』に引かれている「新羅珍崇記」とは『十玄義私記』

に引かれていた「新羅記」と同一文献であるが、これは、そのまま受け入れられたわけではないにせよ、取り上げて批判されたわけでもない。増春の課題は、華厳宗独自の一乗義を確立することであった。『一乗義私記』の中で10回以上繰り返される法相宗との諍論は、一乗義の確立の必要性に迫られ敢えて起こした諍論であったように看取される。同書では二乗廻心（特に定性二乗廻心）、三乗廻心、そして宗派意識に基づく法華経観など、日本華厳宗において重要な問題が取り扱われている。他の私記と比較して明らかに論諍的であるのは、そうした一乗義の確立を計ったためであろう。ちなみに、それは言うまでもなく終教以上の一乗義である。

なお、私記類が著されるのに先立ち、勅撰の六本宗書の一つとなる普機の『開心論』6巻が著されている。同書は830年代の勅撰で、東大寺に潅頂道場が設置される823年ごろ、すなわち空海の影響を受けた後の著作である。『開心論』の現存箇所からは私記類との明確な思想的関連性は認められず、また、私記類で広く認められた「終教以上の一乗義」という概念も用いられていない。しかし、全6巻のうち1巻が現存しているのみの現状では、確かなことは言えない。現存箇所を仔細に検討すると、私記類と同様の発想基盤に立っていると見られるものも確認される。すなわち、『開心論』は慧苑の教判をそのまま受け入れており、五教判でいう「終教以上」を一つの宗として認識していたはずである。これは私記類にも概ね共通する教判概念である。

本論で取り扱っている六種類の私記の中で、『大意略抄』のみが「終教以上」という表現を用いていないが、本書もまた「終教以上の一乗義」に等しい考え方を持っていたとみるべきである。それを教判の仕組みからみると、同書の教判は、始教から円教までが連鎖関係にある。すなわち、円教を二つにわけ、一方では終教を包み込み、一方では円教独自の存在認識を設定する。終教も同様に一方で始教を包み込みながら、もう一方は始教とは次元の異なる終教独自の存在認識を設定する。そしてその終教の世界は円教の世界とつながる。しかも、円教の立場から必ずしも始教を低く見る姿勢もなく、法相の教理が深められると終教および円

教をも包含するという表現まで用いる。とりわけ円融説については、一般的に終教の分斉であるはずの理事円融が円教の分斉に入っている。

なお、『大意略抄』の影響を受ける『種性義抄』は、草木成仏論はもちろん、天台密教の成仏論に影響を受けて華厳文献として初めて「即身成仏」説を打ち出すなど成仏論を多様化する著作であるが、ここでも「終教以上」の語を使っている。

以上、『大意略抄』、『種性義抄』、『開心論』の三つの文献について検討した結果、これらは一つの華厳流派の流れを汲んでいると考えられる。それは、海印寺の華厳の流れであると推定できる。また、①華厳と法華とを基本的には同等に位置づける立場と、②元暁・法蔵を共に強調する立場から、後になると、①を継承し、②を捨て法蔵に偏るようになっていったことがわかった。

密教との関連の深い鎌倉時代の景雅と高弁については、本論文では詳しく取り上げていないが、景雅については彼の無碍説に見受けられる如く、『大意略抄』に初めて登場する「理理円融」について、「釈」なるものを用い、更に詳しく説明を加えている。しかし、景雅はそれに教判的な格差を付加する点が異なる。しかしながら、実は華厳円宗の立場からみた円融なので、『大意略抄』の理解とさほど変わるものではない。明恵に関しては、いささか特殊であるから、こうした枠からは外して考えることにした。

東大寺学派と華厳・真言が兼学される海印寺の流れを想定したが、これに薬師寺学派を入れなければならない。特に種子義をめぐっては相互に非難をしている。このことは寿霊から端を発している。寿霊の時期から薬師寺派の華厳思想に対する対立意識があったことは、南都華厳宗の中で学派意識が早い時期から存在したことを示すものとして重要である。東大寺学派の自覚は、おそらく寿霊の時から始まり、観理の活動時代までそうした対立意識を確認することができる。観理は薬師寺の華厳思想が法蔵の『五教章』の趣旨とは異なると非難している。

一方、薬師寺からも同様の立場で東大寺学派を非難している。こうした薬師寺系華厳による東大寺学派への対抗意識は、独自の『五教章』解

釈を施す長朗から始まり、多くの『五教章』の註釈書を著した義聖に受け継がれる。つまり、長朗の活動期から如来蔵系の東大寺華厳宗と思想的に緊張関係が形成されたことになる。薬師寺系華厳思想には、新羅の義相学派の解釈が反映していたようである。種子義の中、「俱有」の議論において見たように、寿霊によって批判される「縁俱有」という説は、新羅義相学派の正統説であった。このことから、寿霊の批判対象が新羅の義相学派と深い関連をもっていることが浮彫になった。推定していえば、東大寺における薬師寺への批判の裏には、新羅の義相学派の思想があったということになるのである。

　以上、日本の華厳宗に三学派を想定して論じたが、「私記の時代」における華厳思想の共通点を考えると、まず、「終教以上の一乗」という共通の教判認識に基盤をおいていることが挙げられる。また、『五教章』の教理を早く覚えようとする目的で作られたと見られる「略頌」を用いることも、『私記』の時代に端を発していることを付言しておきたい。次に、『法華経』や天台思想を華厳教判の枠組みの中に入れ、『華厳経』と同居させる点が挙げられる。このことは審祥においてすでに見受けられるが、寿霊は明らかに『法華経』を『華厳経』と同等に扱っており、ここにおいて実際上、日本的華厳思想が始まったことになる。『一乗義私記』にあったように、華厳宗の立場から『法華経』および天台思想を如何に位置づけるかという細かな問題を論じながら、日本華厳宗における『法華経』重視の態度は崩されることなく維持されてきた。そして、平安時代の華厳思想の最大公約数的特徴は、法蔵を頂点とする華厳宗の教理に傾倒していくという点が指摘できるのである。

　それでは、こうした平安時代の思想と東アジアの仏教思想、唐・新羅・日本の華厳思想との関係は如何に把捉するべきであろうか。日本の華厳思想は、奈良時代から思想的に法蔵中心へと傾倒していくにも関わらず、新羅の華厳思想とは切っても切れない関係となっている。『開心論』においても、新羅人による著作とも言われる『釈摩訶衍論』が思想上重要な役割を担っており、その意味で同書も新羅仏教の影響を反映しているとみることができる。実際に如何なる関連性を有しているかについて考察

する手段として、無碍説、定性二乗廻心説、三乗廻心説、法華経観という四つのテーマを選んだが、いずれも当時において中心的問題であったと考えられる。

　まず、「無碍説」については、事事無碍的な発想を基本としながらも、これに制限されず自由な発想ができた。義相においては理理相即、澄観においては理理無違、日本では理理円融説がそれである。理理円融説は『大意略抄』に円宗の円融説としてはじめて紹介され、その後、景雅の『華厳論草』において、それに関連する解釈が紹介される。その原形は中国で作られたようだが、確実でない。景雅の説明によると、理理円融とは「法界は一味でただ理のみ妄はない」を現すものであるので、日本華厳宗における「理」と「理」とを相即させる発想は、結局、事の内部の原理としての理一つに焦点をおくことによって、現実性を理想化し、またその理想化した世界を無限に広げる発想となる。本論では詳しく取り扱わなかったが、理理円融とか理理無碍といった発想は、もやは華厳教理の専有ではなくなり、真言、天台、法相でも理理を説くようになる。華厳宗の中では、理理無碍が論義の論題にも挙がった。その論義の文によると、理理無碍とは智儼から始まっているといいながら、義相の『法界図』における「一乗においては、理事無碍も成立し、理理無碍も成立し、事事無碍も成立する」という文を引いている。当時、『一乗法界図』が智儼のものとされていたことが分かる。このように、東アジア仏教において理理円融思想は複雑な様相を呈する。この思想は中国で作られたものではあるが、その詳細は不明であり、中国の智儼からはじまったとされつつも、新羅のものをその起源と見る。そして、日本に入ってからは各宗において共通のパラダイムとなっていく。

　次の「定性二乗廻心説」の場合、新羅との関係は浮かび上がらない。この問題は中国で端を発した仏性論が、日本では最澄と徳一の論争により、広く認識されるようになったものである。これにより、定性二乗(法相宗の教理で言えば、無余涅槃に入ったままで成仏できない機根)を認めるべきかどうかの問題に発展し、論争が行われた。この問題を日本の華厳宗の立場から初めて取り扱ったのが『一乗義私記』である。その内

容は実際には水掛け論となっており、しかも、すでに充分議論し尽されている問題であるから、それほど珍しいものではないが、華厳宗の立場から興味を引くのは、定性二乗が廻心した後、どの境位に入るかということである。一般的には、二乗は廻心して大乗に入ってから円教に入ると解釈される。これに対して増春は、無余涅槃に入った二乗が廻心して別教一乗に入ると述べる。その理由は難解であるが、おそらく、『一乗義私記』は初め真言宗の寛朝が著したものを増春が抄したものであるため、中国や新羅の華厳思想とは異なる発想ができたのではないかと推測される。また、廻心する時に自力の「知」が強調されることも注目すべきであろう。ちなみに、『種性義抄』を著した親円は、互いの主張を外道と見なしながら論を進めるが、二乗廻心説に対する議論はそれほど詰めていない。これは『五教章』の種性義が無性に中心をおいたからでもある。また、『種性義抄』は種性論を通じて結局のところ成仏論を完成する目的があったからである。

　次に「三乗廻心説」についてであるが、華厳宗の教理によると三乗の権教菩薩がどの段階で一乗に入るかを問題とする。これを初めて取り上げたのは寿霊の『指事』である。しかも、自説に背くものを「有迷者」と称して、激しい批判を浴びせている。寿霊の考えは三乗の修行者が不退の位につくと、誰でも三界から脱して成仏できるとするものである。これに対して有迷者は、三乗の権教菩薩が三乗の教にしたがい仏果を得てから、また一乗に入ると説く。また、「或る説」は三乗教において一乗の機が熟したのを究竟とするが、それも批判対象とされる。「有迷者」の説も「或る説」も、義相学派や『華厳経問答』に見られる発想と類似する。なお、寿霊のこの発想には、『法華経』を重んじることや、教判的に同教一乗を別教一乗と価値的に同等に扱うという思想的背景がある。特に『法華経』を聞いていながら、なおもその後に一乗に入るとする点は、彼にとって許し難い説であったに違いない。そして、その非難の的は寿霊と同じ東大寺の唐院に住する天台寄りの華厳宗の人々であった可能性も指摘した。

　『一乗義私記』では『香象問答』の真偽問題を多く取り上げているが、

第五章　結論

　これが問題とされる理由は、そこに仏果廻心説が出てくるためである。結局、これが法蔵の著作とされるため、これを否定したくてもしきれずに終わってしまうが、それによって日本華厳思想の中には三乗仏果廻心を認める動きが出てくることになる。およそ湛睿の時代を境にして仏果廻心説が認められるようになったが、それは『華厳経問答』の他に澄観の『華厳経疏』における教道の論理が一役買っている。このように日本華厳における三乗廻心説にこの二つの書物が与えた影響は大きい。この三乗廻心に関わる問題も東大寺で繰り広げられた論議において重要な論題の一つであった。三乗仏果廻心説が日本華厳思想史において重要な問題であったことを意味する。

　次に、「成仏論」についてであるが、東アジア華厳学における成仏論は法蔵の信満成仏論と義相の旧来成仏論が表裏の関係を維持しながら、展開する。特に日本の華厳宗における成仏論は信満成仏論の多様な展開が注目に値する。信満成仏論は初発心が正覚と定義する『華厳経』「梵行品」経文と関連する。華厳以外の慧遠、天台、基は、この経文に対してそれぞれ解釈しているが、その共通点は、それが完全な悟りを意味していないとみていることである。しかし、華厳師は元暁のように完全な悟りとみたり、智儼・義相のように、初発心が完全な悟りと解釈されている。法蔵においても同様である。特に法蔵はこれをもって信満成仏論を展開する。その主張を『五教章』と『探玄記』を通じて検討してみて、'信'を強調していることがわかる。

　この信満成仏論は、見登の『華厳一乗成仏論』より確認されるように、初発心位の成仏と理解できる。このように'位'の名が出されると、その裏に旧来成仏が据えているとはいっても、法蔵が強調した'信'については後退する現象がみられる。法蔵が否定していた'位'の成仏論を展開しているからである。『探玄記』の三種の成仏論に'約位'の成仏論が説かれるが、それが信満成仏論に住概念が入る原因となる。実際に李通玄、澄観に初住成仏の用語がみえるのはその証拠である。後に日本華厳宗においても事実上住位成仏を認める方向に行く。

　特に日本平安期の華厳宗における成仏論は天台宗や法相宗の影響を受

けて六位重条成仏、已成仏、即身成仏、草木成仏などの多様な成仏論が説かれる。ここで『大位略抄』と『種性義抄』にみえる六位重条成仏は信満成仏の異名に他ならない。 なお、『十玄義私記』では旧来成仏と、これと同様の内実をもつ已成仏が使われるが、それは信満成仏の裏に該当する。

なお、『十玄義私記』と『種性義抄』には即身成仏という語が使われ、これは現身成仏と法蔵の信満成仏に天台の即身成仏が受容されていると見られる。また、両私記は草木成仏も主張されるが、衆生が主体となって成仏したり、非情の説法まで説いたりする。しかし、天台の草木成仏論において草木の修行・発心のことまで認めたとは言えない。

このように平安期における華厳宗の私記類における成仏論は、信満成仏という用語も使わず、法蔵の信の強調とも遠ざかるようになって独自の知見を開く。しかし、それにも関わらず、彼等の成仏論が信満成仏論を基に立てられていることは確かである。 即ち、信満成仏とは法蔵以降、華厳宗の成仏論の出発点でもある。また、その表裏関係として旧来成仏がある。

次に、「法華経観」についてであるが、華厳宗の教理において、別教一乗を証明するため、『法華経』が多く取り入れられるのは、『五教章』「建立一乗」を見ても分かる。その分、華厳の教判では、『法華経』は三乗とも同教一乗とも位置付けられるが、別教一乗との同一性までは問わないのが中国華厳宗に共通する立場である。なお、新羅では元暁や法相宗の僧が『法華経』の註釈書を残しているが、義相学派には無かったようである。ただし、『法華経』への評価は高くない。その一方、日本の華厳宗では、『法華経』を華厳の教判に組み入れようとする方向性が読み取れる。寿霊が三乗廻心説を強く批判したのは、寿霊は『華厳経』と『法華経』が同様の価値をもっていたと考えていたからである。『一乗義私記』においては『法華経』と天台宗を分けて考える姿勢が感じ取れる。こうした立場は湛睿の『花厳法花同異略集』に継承されるが、それは澄観が『法華経』を漸円として高く評価しているからである。しかし、湛睿は『華厳経』と『法華経』の同一性を強調するため、湛然を厳しく批判している。

これは彼の師の凝然には見られない立場である。湛睿の活動時代には、各宗派において論義が活発に行われた。湛睿が華厳と法華との同異問題を積極的に表したのは、天台の論義との関連も想定できよう。

　以上、簡単に結論を述べた。これによって平安時代の華厳思想の全容が明らかになったわけではないが、日本における華厳の教理は、各宗派、そして広く東アジアの仏教と連動しながら、独自の解釈が生み出されていったことは論じ得たのではないだろうか。奈良時代の東大寺創建期から、東アジア全体の仏教の波がさまざまな学派に押し寄せた。それによって日本華厳宗の教理は、中国や新羅に比べると異質であることは当然であるとも言えるが、『起信論』と『法華経』を重視する伝統は明確に残っている。三乗廻心の批判からも読み取れるが、華厳宗の教理は『華厳経』に限定して構築されたものではない。また、『開心論』は慧苑の影響によって終教までを一乗に組み入れ、これと同様に「終教以上の一乗宗」という概念が私記類に共通する認識となっている。それは寿霊に端を発する発想であった。こうした日本的な仏教が形成される背景には、日本仏教内の相互関係、および東アジアにおける仏教のダイナミックな流れへの対応や適応が存していたのである。

略号及び参考文献

＜略号＞

『印度学仏教学研究』	『印仏研』
『韓国仏教全書』	『韓仏全』
「華厳宗布施法定文案」	「文案」
『華厳一乗義私記』	『一乗義私記』
『華厳一乗成仏妙義』	『成仏妙義』
『華厳五教章指事』	『指事』
『華厳宗一乗開心論』	『開心論』
『華厳宗種性義抄』	『種性義抄』
『華厳宗章疏并因明録』	『円超録』
『華厳宗所立五教十宗大意略抄』	『大意略抄』
『五教章通路記』	『通路記』
『新纂卍続蔵経』	『新纂』
『大乗起信論義記』	『義記』
『大乗起信論同異略集』	『同異略集』
『大正新脩大蔵経』	『大正蔵』
『大日本続蔵経』（影印）	『卍続』
『大日本仏教全書』	『日仏全』
『日本大蔵経』	『日蔵』

＜テキスト＞

大賢　『成唯識論学記』韓仏全 3

均如　『釈華厳教分記圓通鈔』韓仏全 4

編者未詳　『法界図記叢髄録』韓仏全 6

智儼　『華厳経内章門等雑孔目章』　大正蔵 45

参考文献

智儼　　『華厳五十要問答』大正蔵 45
法蔵　　『探玄記』大正蔵 35
法蔵　　『大乗起信論義記』大正蔵 44
法蔵　　『華厳一乗分斉義』大正蔵 45
作者未詳　『華厳経問答』大正蔵 45
見登　　『華厳一乗成仏妙義』大正蔵 45
澄観　　『華厳経疏』大正蔵 35
澄観　　『華厳経随疏演義鈔』大正蔵 35
寿霊　　『五教章指事』大正蔵 72
増春　　『華厳一乗義私記』大正蔵 72
円珍　　『授決集』　大正蔵 74
良忠　　『選択伝弘決疑鈔』大正蔵 83
審乗　　『五教章問答抄』　大正蔵 72
凝然　　『五教章通路記』大正蔵 72
凝然　　『律宗綱要』大正蔵 74
凝然　　『三国仏法伝通縁起』日仏全 101
文雄撰・徹定増『蓮門類聚経籍録』　　日仏全 1
永超　　『東域伝灯目録』日仏全 1
円超　　『華厳宗章疏并因明録』日仏全 2
湛睿　　『五教章纂釈上巻』　日仏全 11
湛睿　　『華厳演義鈔纂釈』大正蔵 57
見登　　『大乗起信論同異略集』　日蔵 1-71-4
慧苑　　『続華厳略疏刊定記』　新纂 3
希迪　　『華厳一乗教義分斉章集成記』卍続 95
最澄　　「天台法華宗付法縁起」『天台大師全集』巻 5
最澄　　「長講法華経後分略願文」『天台大師全集』巻 4
順高　　『五教章類集記』（東大寺所蔵写本）
園城寺編『智証大師全集』中巻（大津：園城寺事務所）
日本古典文学全集『日本書紀』③（小学館、2003 年四刷り）
『三国遺事』大正蔵 49

『宋高僧伝』大正蔵50
筒井英俊校正[1977 二刷]『東大寺要録』国書刊行会
『韓国仏教解題辞典』[1982] 国書刊行会
『日本思想史辞典』[2001] ペリカン社
『岩波　仏教辞典』第二版[2002] 岩波書店
『仏書解説大辞典』

＜研究論著＞
浅田正博[1986]「新資料：法宝撰『一乗仏性究竟論』巻四・巻五の両巻について」『仏教文化研究所紀要』25号、112-146頁。
浅田正博[1986]「新出資料：石山寺所蔵『一乗仏性究竟論』巻第一・巻第二の検出について」、『龍谷大学論集』429号、75-99頁。
愛宕邦康[1994]「『遊心安楽道』の撰述者に関する一考察—東大寺華厳僧智憬との思想的関連に着目して」『南都仏教』70号、16-30頁。
愛宕邦康[2006]『『遊心安楽道』と日本仏教』、法蔵館。
石井教道[1954]「寿霊の生存年代とその華厳教学」『仏教大学学報』29号、12-20頁。
石井公成[1987]「奈良朝華厳学の研究(1) —寿霊『五教章指事』を中心として—」『華厳学研究』1号、65-103頁。
石井公成[1989]「理理相即説の形成」『PHILOSOPHIA』76号、85-99項。
石井公成[1994]「新羅華厳教学の基礎的研究—義相『一乗法界図』の成立事情—」『青丘学術論集』4号、85-136項。
石井公成[1996]『華厳思想の研究』、春秋社。
石井公成[1996]「「事事無碍」を説いたのは誰か」『印仏研』44-2号、89-94項。
石井公成[2003]「華厳宗の観行文献に見える禅宗批判」『松ヶ岡文庫研究年報』17号、47-62頁。
石田茂作[1930]『写経より見たる奈良朝仏教の研究』、東洋文庫。
井筒俊彦[1985]「事事無碍法界・理理無碍法界(上)」『思想』733号、1-31頁。
井筒俊彦[1985]「事事無碍法界・理理無碍法界(下)」『思想』735号、17-37頁。

井上光貞[1975]『日本浄土教成立史の研究』、山川出版社。
今津洪嶽[1933]「五教章指事」『仏書解説大辞典』
上田晃圓[1985]『日本上代における唯識の研究』、永田文昌堂。
大久保良峻[1998]『天台教学と本覚思想』、法蔵館。
太田久紀[2001]『観心覚夢鈔』、大蔵出版社。
大竹 晋[1999]「「理理相即」と「理理円融」―『花厳止観』論攷―」『哲学・思想論叢』17号（筑波大学哲学・思想学会）、23-34頁。
大竹 普[2000]「因の哲学―初期華厳教学の理論構造―」『南都仏教』79号、44-66頁。
大竹 普[2007]『唯識を中心とした初期華厳教学の研究―智儼・義湘から法蔵へ―』、大蔵出版。
岡本一平[1998]「『華厳宗所立五教十宗大意略抄』の成立背景」『駒沢大学大学院仏教学研究年報』31号、65-73頁。
岡本一平[2000]「新羅唯識派の芬皇寺『玄隆師章』の逸文研究」『韓国仏教学SEMINAR』8号、360-401頁。
金岡秀友編[1979]『空海辞典』「即身成仏義」、141-142頁。
鎌田茂雄[1965]『中国華厳思想の研究』、東京大学出版会。
鎌田茂雄[1981]「釈華厳教分記円通鈔の注釈的研究」『東洋文化研究所紀要』84号、1-243頁。
鎌田茂雄[1983]『華厳学研究資料集成』、東京大学東洋文化研究所。
亀谷聖馨[1925]『華厳聖典研究』、宝文館蔵版。
河村孝照[2004]『倶舎概説』、山喜房仏書林。
木内尭央訳[1990]「入唐求法巡礼記」『大乗仏典 中国・日本篇 最澄・円仁』第十七巻、中央公論社。
北畠典生[1994]「日本における華厳研究の歴史と課題」『仏教学研究』50号、1-30頁。
橘川智昭[2002]「日本飛鳥・奈良時代における法相宗の特質について」『仏教学研究』5号（韓国：仏教学研究会）、181-220頁。
鬼頭清明[1993]「南都六宗の再検討」『日本律令制論集』上巻、吉川弘文館。
木村清孝[1974]「像法決疑経の思想的性格」、『南都仏教』33号、1-15頁。
木村清孝[1982]「韓国仏教における理理相即論の展開」『南都仏教』49号、1-

12 項。

木村清孝［1984］「十仏説の展開－智儼と義湘・法蔵の間－」『印仏研』65 号、84-89 頁。

木村清孝［1992］『中国華厳思想史』、平楽寺書店。

木村清孝［1994］「華厳経と法華経―東アジアにおける研究の伝統を省みて―」『中央学術研究紀要』23 号、34-38 頁。

木村清孝［2001］『東アジア仏教思想の基礎構造』、春秋社。

木本好信編［1989］『奈良朝典籍所載仏書解説索引』、国書刊行会。

金京南［2005］「中国華厳における「入法界品」の声聞衆理解」『韓国仏教学 SEMINAR』10 号、236-247 項。

高山寺典籍文書綜合調査団編［1973］『高山寺経蔵典籍文書目録』第一、高野山聖教類第三部、東京大学出版会。

高山寺典籍文書綜合調査団編［1988］『高山寺善本図録』、東京大学出版会。

小林芳規［2004］「奈良時代の角筆訓点から観た華厳経の講説」『論集　東大寺創建前後』2 号、56-73 頁。

斎藤 明［1990］「事と理、覚え書き―仏教のダルマ（法）理論―」『論集』6 号、三重大学哲学思想学系、91-110 頁。

崔鈆植［2001a］「『大乗起信論同異略集』の著者について」『駒沢短期大学仏教論文集』7 号、77-93 頁。

崔鈆植［2001b］「新羅見登の著述と思想傾向」『韓国史研究』115 号、1-37 頁。

崔鈆植［2002］「「新羅見登」の活動について」『印仏研』50-2 号、225-228 頁。

崔鈆植［2003］「珍嵩の『孔目章記』逸文に対する研究」『韓国仏教学 SEMINAR』9、46-72 頁。

佐伯有清［1989］『智証大師伝の研究』、吉川弘文館。

坂本幸男［1954a］「同体縁起思想の成立過程について」『印度学仏教学論集』（宮元正尊教授還暦記念論文集）、三省堂、405-417 頁。

坂本幸男［1954b］「同体縁起の構造とその意義」『印仏研』3-1 号、1-10 頁。

坂本幸男［1956］「法界縁起の歴史的形成」『仏教の根本真理―仏教における根本真理の歴史的諸形態』、三省堂、891-932 頁。

坂本幸男［1956］『華厳教学の研究』、平楽寺書店。

坂本幸男［1980］『国訳一切経』経疏部 6（改訂版）。

佐久間竜[1983]『日本古代僧伝の研究』、吉川弘文館。
佐藤　厚[2000]「義湘系華厳学派の基本思想と『大乗起信論』批判―義湘と元暁の対論記事の背後にあるもの―」『東洋学研究』37号、51-82頁。
佐藤　厚[2001]「義相学派華厳学派の思想と新羅仏教における位置づけ」『普照思想』16号、(韓国：普照思想研究院)、ページ数。
佐藤　厚[2004]「高麗均如の教判論―朝鮮華厳教学および東アジア華厳教学における位置付けを視野に入れて―」『東アジア仏教研究』2号、17-34頁。
島地大等[1914]「東大寺寿霊の華厳教学に就て」『哲学雑誌』432号、121-125頁。
島地大等[1924]「東大寺法進の教学について」『哲学雑誌』443号、261-287頁。
島地大等[1931]『教理と史論』、明治書院。
下田正弘[1989]「『大乗涅槃経』の思想構造――闡提の問題を中心として―」『仏教学』27号、69-95頁。
下田正弘[1997]『涅槃経の研究―大乗経典の研究方法論―』、春秋社。
新川登亀男[1999]『日本外交の対外交渉と仏教―アジアの中の政治文化―』、吉川弘文館。
末木剛博[1970]『東洋の合理思想』、講談社。
末木文美士[1993]『日本仏教思想史論考』、大蔵出版。
末木文美士[1995]「アジアの中の日本仏教」『日本の仏教』②アジアの中の日本仏教、2-24頁。
末木文美士[1995]『平安初期仏教思想の研究―安然の思想形成を中心として』、春秋社。
鈴木大拙[1955]『華厳の研究』、法蔵館。
徐輔鐵[1983]「法華宗要の訳注」『学術論文集』第12集、東京：朝鮮奨学会、25-39頁。
徐輔鐵[1985]「法華宗要における元暁の和諍思想」、『駒沢大学仏教学部論集』16号、351-366頁。
高崎直道・木村清孝編[1995]『東アジア仏教とは何か』、春秋社。
高原淳尚[1988]「寿霊『五教章指事』の教学的性格について」『南都仏教』60号、1-21頁。

高原淳尚[1989]「増春『華厳一乗義私記』について」『駒沢大学仏教学部論集』20号、298-309頁。

高原淳尚[1990]「増春『華厳一乗義私記』の華厳学について」『印仏研』38-2号、37-39頁。

高峯了州[1942；1963]『華厳思想史』、百華苑。

武　覚超[1971]「五教章寿霊疏の成立に関する一考察」『天台学報』13号、65-70頁。

武田幸男編[2005]『古代を考える：日本と朝鮮』、吉川弘文館。

武邑尚邦[1986]『因明学』、法蔵館。

谷　省悟[1957]「円融要義集の逸文」『南都仏教』3号、57-62頁。

田村円澄[1970]「攝論宗の日本伝来について」『南都仏教』25号、1-16頁。

田村円澄[1977]「攝論宗の日本伝来について（補説）」『南都仏教』32号、54-72頁。

田村円澄[1999]『古代日本の国家と仏教―東大寺創建の研究―』、吉川弘文館。

田村晃祐[1980]「最澄『法華秀句』中巻について」『東洋学論叢』5号、26-69頁。

寺井良宣[1989]「無余界における回心をめぐる一乗・三乗の論争」『天台真盛宗宗学研究所紀要』4号、16-100頁。

寺井良宣[1992]「法宝の唯識思想批判の考察―変易生死と二乗作仏の問題を中心に―」、『仏教学研究』48、1-25頁。

土井光祐[1995]「東大寺図書館蔵五教章類集記の資料的性格―義林房喜海の講説とその聞書類として―」『築島裕博士古稀記念国語学論集』、汲古書院、874-894頁。

常盤大定[1944]『仏性の研究』（修正版）、明治書院。

仲尾俊博[1971]「論宗と経宗」『南都仏教』26号、36-53頁。

中条道昭[1981]「高麗均如の教判について」『印仏研』29-2号、269-271頁。

西　芳純[1997]「唯識説の種子義における恒随転と利那滅」『渡辺隆生教授還暦記念論文集：仏教思想文化史論叢』、493-508頁。

日本思想史大系新装版[1995]『鎌倉旧仏教―続・日本仏教の思想 3―』、岩波書店。

日本仏教研究会編[2000]『日本仏教の研究法―歴史と展望―』、法蔵館。
納富常天[1997]「『華厳演義鈔纂釈』について」『鶴見大学紀要』第4部人文・社会・自然科学篇34号、59-12頁。
納富常天[1998]「『華厳演義鈔纂釈』について(2)」『鶴見大学紀要』第4部人文・社会・自然科学篇35号、43-67頁。
納富常天[1988]「湛睿の『心要纂釈』について」『駒沢大学仏教学部論集』19号、275-298頁。
納富常天[1977]「湛睿の華厳教学」『南都仏教』39号、35-51頁。
納富常天[1970]「湛睿の基礎的研究―典籍資料を中心として―」『金沢文庫研究』16-1号、1-9頁。
納富常天[1985]「湛睿の事績」『駒沢大学仏教学部論集』16号、193-244頁。
納富常天[1989]「湛睿の『華厳還源観纂釈』について」『駒沢大学仏教学部論集』20号、183-196頁。
納富常天[1990]「湛睿の『華厳還源観纂釈』について(2)」『駒沢大学仏教学部論集』21号、278-304頁。
納富常天[1999]「『華厳演義鈔纂釈』について(3)」『鶴見大学紀要』第4部人文・社会・自然科学篇36号、35-43頁。
納富常天[2000]「『華厳演義鈔纂釈』について(4)」『鶴見大学紀要』第4部人文・社会・自然科学篇37号、1-35頁。
日本古写経善本叢刊第五輯[2013]『書陵部蔵玄一撰『無量寿経記』；身延文庫蔵義寂撰『無量寿経述記』、国際仏教学大学院大学日本古写経研究所文科省戦略プロジェクト実行委員会編。
平井俊栄[1979]「平安初期における三論・法相角逐をめぐる諸問題」『駒沢大学仏教学部研究紀要』37号、72-91頁。
平岡定海[1972]「新羅審祥の教学について」『印仏研』20-2号、83-91頁。
平岡定海[1981]『日本寺院史の研究』、吉川弘文館。
平川彰編[1990]『如来蔵と大乗起信論』、春秋社
深浦正文[1951]『唯識学研究上』四版、永田文昌堂。
深浦正文[1954]『唯識学研究下』五版、永田文昌堂。
富貴原章信[1944]『日本唯識思想史』、大雅堂。

富貴原章信[1974]「五教章の種性義について」『南都仏教』32号、1-12頁。
福士慈稔[2004]『新羅元暁研究』、大東出版社。
福山敏男[1972]『日本建築史研究』続編、墨水書房。
藤井　淳[2004]「理法身と智法身」『印仏研』52-2号、114-116頁。
藤井　淳[2008]　『空海の思想的展開の研究』東京：トランスビュー。
藤井由紀子[1999]『聖徳太子の伝承─イメージ再生と信仰─』、吉川弘文館。
堀池春峰[1973]「華厳経講説よりみた良弁と審祥」『南都仏教』31号、386-431頁。
堀池春峰[1955]「金鐘寺私考」『南都仏教』2号、149-182頁。
堀池春峰[1980]「弘法大師空海と東大寺」『南都仏教史の研究：上』、法蔵館、432-457頁。
堀池春峰[1982]「奈良時代仏教の密教的性格」『日本名僧全集』3 空海、吉川弘文館、22-39頁。
松長有慶[1982]「理と智」『日本名僧論集』3　空海、吉川弘文館、214-225頁。
松本信道[1985]　「『大仏頂経』の真偽論争と南都六宗の動向」『駒沢史学』33号、13-51頁。
蓑輪顕量[1994]「平安時代初期の三車四車の諍論」『大倉山論集』35号、111-131頁。
蓑輪顕量[1999]『中世初期南都戒律復興の研究』、法蔵館。
蓑輪顕量[2003]「日本における華厳思想の受容─理理相即・理理円融・理理無碍を中心に」『論集 東大寺の歴史と教学』1号、38-46頁。
宮崎健司[1999]「奈良時代の華厳経講説─関連仏典の受容をめぐって─」『日本仏教の史的展開』、塙書房。
望月信亨[1922]『大乗起信論之研究』、金尾文淵堂。
師　茂樹[1999]「慈薀『法相髄脳』の復原と解釈」『東洋大学大学院紀要：文学研究科(哲学・仏教学・中国哲学)』35号、163-178頁。
梁銀容[1998]「新羅審祥と日本の華厳学」水谷幸正先生古稀記念会編『仏教福祉研究』、思文閣出版、411-443頁。
山下有美[2002]「東大寺の花厳衆と六宗─古代寺院社会試論」『正倉院文書研究』8、1-62頁。
結城令聞[1975]「日本の唯識研究史上における私記時代の設定について」『印仏

研』23-2 号、1-5 頁。

結城令聞[1999] 結城令聞著作選集　第二巻『華厳思想』、春秋社。

由木義文『日本大蔵経解題』

湯次了栄[1915]『華厳大系』、法林館。

湯次了榮[1927、1985 年復刊版]『華厳五教章講義』、百華苑。

吉田　剛[1996] 「趙宋華厳教学の展開―法華経解釈の展開を中心として―」『駒沢大学仏教学部論集』27 号、215-225 頁。

吉田　剛[1997] 「笑菴観復の著作について」『駒沢大学大学院仏教学研究会年報』30 号、22-36 頁。

吉田　剛[1997] 「中国華厳の祖統説について」鎌田茂雄博士古希記念会編『華厳学論集』、大蔵出版、485-504 頁。

吉津宜英[1981] 「華厳教判論の展開―均如の主張する頓円一乗をめぐって」『駒沢大学仏教学部紀要』39 号、195-225 頁。

吉津宜英[1985]『華厳禅の思想史的研究』、大東出版社。

吉津宜英[1986] 「新羅の華厳教学への一視点：元暁・法蔵融合形態をめぐって」『韓国仏教学 SEMINAR』2 号、37-49 頁。

吉津宜英[1988] 「釈華厳教分記圓通鈔の注釈的研究」『華厳学研究所』創刊号、5-63 頁。

吉津宜英[1991]『華厳一乗思想の研究』、大東出版社。

吉津宜英[1997] 「全一のイデア―南都における「華厳宗」成立の思想史的意義―」『華厳学論集』、781-801 頁。

吉津宜英[1997] 「華厳系の仏教」『新仏教の興隆―東アジア仏教思想Ⅱ―』、春秋社、68-104 頁。

吉津宜英[2003] 「法蔵教学の形成と展開」『論集　東大寺の歴史と教学』1 号、38-46 項。

吉村　誠[2001] 「唯識学派における「一乗」の解釈について」『アジアの文化と思想』10 号、1-46 頁。

吉村　誠[2004a] 「中国唯識諸学派の称号について」『東アジア仏教研究』2 号、35-4 頁。

吉村　誠[2004b] 「唯識学派の五姓各別説について」『駒沢大学仏教学部研究紀要』

62 号、223-258 頁。

吉村誠［2013］『中国唯識思想史研究-玄奘と唯識学派』、大蔵出版。

● 韓国語論著

金相鉉［1991］『新羅華厳思想史研究』、民族社。

金相鉉［1996］「錐洞記とその異本華厳経問答」、『韓国学報』84 号、28-45 頁。

金福順［1994］「表訓」『伽山学法』3 号、53-70 頁。

高翌普［1989］『韓国古代仏教思想史』、東国大学校出版部。

崔柄憲［1989］『国訳大覚国師文集』解題、韓国精神文化研究院。

崔鈆植［1999］「均如の別教一乗絶対論と所目・所流義」『韓国思想史学』3 号、39-82 頁。

崔鈆植［2001］「新羅見登の著述と思想の傾向」『韓国史研究』115 号、1-37 頁。

崔鈆植［2003］「日本古代華厳と新羅仏教—奈良・平安時代華厳学文献に反映された新羅仏教学—」『韓国思想史学』21 号、1-42 頁。

佐藤厚［1999］「『一乗法界図』のテキストについて」『仏教春秋』15 号、135-149 頁。

辛種遠［1998］『新羅最初の高僧達』、民族社。

鄭炳三［1998］『義相華厳思想研究』、ソウル大学校出版部。

南東信［1995］「元暁の大衆教化と思想体系」（ソウル大学校博士学位論文）

李　万［2000］『韓国唯識思想』、蔵経閣。

その他

Antonio Forte［2001］　*A JEWEL IN INDRA'S NET*、KYOTO。

拙稿

金天鶴［1998］「均如の華厳学における二乗廻心」『韓国仏教学 SEMINAR』7 号、（東京：韓国留学生印度学仏教学会）。

金天鶴［1999］「『華厳経文義要決問答』の基礎的研究」（朝鮮半島に流入した諸文化要素の研究）『学習院大学東洋文化研究所調査報告』44。

金天鶴［2002］「義相と東アジアの仏教思想」『義相萬海思想研究』1 号（韓国語）。

金天鶴［2006］『均如華厳思想研究―機根論を中心として―』、海潮音（韓国語）。
金天鶴［2010a］「『華厳十玄義私記』に引用された新羅文献の思想史的意味」『仏教学レビュー』7号、（韓国語）。
金天鶴［2010b］「法蔵の『華厳教分記』種性論に対する均如の理解」『仏教学研究』25号、（韓国語）。
金天鶴［2012a］「古代韓国仏教と南都六宗の展開」『東方学』23輯（韓国語）。
金天鶴［2012b］「金沢文庫所蔵、円弘の『妙法蓮華経論子注』について」『印度学仏教学研究』60-2号。
金天鶴［2014］「平安時代の華厳宗における新羅仏教思想の役割」『東大寺論集』11号。
金天鶴［2015］「義相の『法界図』に受容された中国仏教とその展開」『韓国思想史学』49輯　（韓国語）

また、本論文の中において、以下のような筆者の既発表論文を、引用形式を取らず修正・拡大、あるいは編集上の移動、削除などを通して活用した。

①「寿霊の三乗極果廻心説の批判について」『仏教学研究』3号、2001年（韓国語）。
②「湛睿の華厳法華同異観―『花厳法花同異略集』を中心として―」『天台学研究』4号、2003年（韓国語）。
③「『華厳十玄義私記』ついて」『印仏研』52-2号、2004年。
④「『華厳十玄義私記』の基礎的研究」『東アジア仏教研究』2号、2004年。
⑤「『華厳種性義抄』における法相意批判」『印仏研』52-3号、2004年。
⑥「東大寺の創建期における華厳思想と新羅仏教」『東大寺論集』2号、2004年。
⑦「平安時代の私記『華厳宗立教義』の研究」『東方』109号、2005年。
⑧「増春『一乗義私記』の一乗義の意味について」『仏教文化』15号、九州龍谷短期大学仏教文化研究所、2005年。
⑨「東アジアの華厳思想における無碍説」『インド哲学仏教学研究』12号、2005年。

⑩ 「平安時代における東大寺・薬師寺の華厳学の相違―東大寺所蔵の未紹介写本『五教章中巻種子義私記』を通じて―」『南都仏教』第 86 号、2005 年。
⑪ 「薬師寺長朗の華厳思想について」『印仏研』55-2 号、2007 年。
⑫ 「『華厳宗一乗開心論』の思想的特質」『仏教学研究』17 号、2007 年。
⑬ 「平安時代の華厳私記類における成仏論」『印仏研』56-2、2008 年。
⑭ 「東アジア華厳学における成仏論」『韓国思想史学』32 輯、2009 年（韓国語）。
⑮ 「『華厳宗所立五教十宗大意略抄』の基礎的研究」『身延山大学東洋文化研究所所報』17 号、2013 年。
⑯　金天鶴「東アジアの華厳世界」桂紹隆・斎藤明・下田正弘・末木文美士編[2013]『シリーズ大乗仏教 4　知恵/世界/言葉』、春秋社、2013 年。

索 引

あ 行

阿頼耶識　27, 115, 131, 132, 133, 141, 142, 154, 175, 176

安然　4, 85, 107, 267, 269, 274, 279, 280, 318, 320

石井教道　33, 34, 52, 278, 317

石井公成　9, 32, 35, 48, 49, 50, 52, 53, 85, 100, 102, 119, 122, 123, 135, 155, 211, 226, 227, 235, 241, 242, 244, 254, 255, 317

石田茂作　9, 52, 255, 317

已成仏　263, 265, 266, 271, 313

一乗円教　106, 114, 263

『一乗義私記』　58, 59, 60, 61, 62, 63, 64, 65, 67, 68, 69, 70, 72, 73, 76, 78, 79, 80, 84, 85, 86, 87, 93, 100, 105, 113, 123, 158, 159, 160, 169, 184, 198, 199, 200, 201, 203, 204, 230, 231, 248, 249, 251, 252, 255, 284, 285, 287, 305, 306, 309, 310, 311, 313, 315, 326

『一乗十玄門』　34, 52, 266, 270

一乗菩薩　75, 76, 86

『一乗法界図』　169, 310, 317, 325

『一乗法界図記』　68

『一乗要決』　65

一音教　83, 89, 90, 94, 95, 101, 305

一法界真如　66, 165, 166, 167, 168, 169, 200, 204, 306

井上光貞　12, 49, 50, 51, 318

今津洪嶽　33, 52, 186, 187, 197, 318

『優婆塞戒経』　71, 231, 234

叡尊　16

永超　21, 254, 316

栄範　36

恵雲　108

慧苑　14, 35, 36, 44, 89, 90, 91, 93, 94, 95, 96, 97, 98, 99, 114, 118, 119, 155, 160, 161, 189, 190, 194, 196, 219, 220, 221, 223, 225, 238, 247, 284, 285, 296, 297, 305, 307, 314

慧遠　12, 44, 90, 98, 161, 257, 278, 312

慧覚　104

慧基　20

慧光　104

依言真如　25
慧沼　25, 65, 66, 69, 84, 90, 92, 161, 172, 173, 234
慧浄　36
慧蔵　104
円光　11, 12, 49
円測　12, 13, 43, 44, 49, 54, 92, 143, 144, 156, 304
円証　17, 18, 50
円澄　120
円超　21, 51, 86, 316
『円超録』　67, 315
円珍　107, 108, 110, 119, 280, 316
円別教判　106, 107, 108, 110, 111
円融要義集　9, 14, 49, 321
『往生要集』　21
『往生要集義記』　21
大竹晋　103, 107, 109, 117, 120, 122, 155, 185, 226, 227, 278, 279, 318
岡本一平　29, 52, 103, 105, 106, 117, 122, 123, 197, 318

か　行

海印寺　103, 120, 201, 203, 308
『開心論』　57, 103, 119, 155, 186, 187, 188, 189, 190, 191, 192, 194, 195, 196, 197, 202, 221, 222, 285, 298, 307, 308, 309, 314, 315
『海東記』　33, 137
覚賢　14, 104, 117, 118
『学記』　23
観行　19, 20, 50, 245, 317
元暁　1, 5, 9, 11, 12, 13, 18, 19, 22, 23, 24, 28, 29, 30, 31, 35, 36, 42, 43, 44, 45, 47, 48, 49, 51, 54, 67, 89, 117, 118, 119, 136, 161, 162, 163, 170, 173, 174, 180, 185, 204, 214, 215, 220, 221, 225, 226, 227, 232, 234, 253, 254, 258, 259, 304, 305, 308, 312, 313, 320, 323, 324, 325
元興寺　14, 17, 48, 50, 156
灌頂　36, 44
『刊定記』　17, 90, 93, 94, 95, 96, 98, 99, 101, 114, 115, 119, 155, 160, 189, 194, 196, 220, 221, 238, 255, 284, 305
鑑真　33, 108, 245
寛朝　59, 60, 61, 62, 63, 64, 84, 85, 274, 306, 311
観理　57, 124, 125, 126, 127, 130, 131, 132, 134, 139, 140, 141, 143, 154, 155, 308
基　5, 12, 23, 25, 29, 35, 36, 37, 43, 44, 53, 64, 66, 71, 72, 84,

89, 90, 92, 112, 113, 123, 155, 161, 170, 173, 185, 255, 258, 304, 305, 312, 313

希迪　316

義一　36

義淵　12, 18, 49

喜海　15, 50, 321

「寄海東華厳大徳書」32, 52

喜覚　104

義寂　12, 18, 35, 36, 41, 42, 49, 54, 237

義相　11, 12, 18, 32, 67, 68, 83, 86, 94, 125, 135, 136, 137, 152, 153, 154, 155, 161, 162, 163, 168, 169, 173, 174, 184, 204, 208, 210, 211, 212, 213, 214, 215, 216, 218, 222, 224, 225, 226, 227, 230, 232, 235, 237, 241, 242, 243, 244, 246, 253, 257, 258, 259, 260, 261, 263, 266, 271, 273, 276, 278, 297, 305, 306, 309, 310, 311, 312, 313, 317, 320, 325

義聖　35, 57, 100, 124, 125, 126, 127, 128, 130, 131, 132, 133, 134, 136, 138, 141, 142, 143, 144, 145, 146, 147, 148, 149, 151, 152, 154, 155, 156, 157, 158, 159, 160, 201, 222, 226, 309

『起信唯識同異章』　17, 21, 22, 305

『起信論義記教理抄』　59, 61

『起信論疏』　23, 49, 50, 51, 54, 305

『起信論抄出』　89, 100, 106, 122

『起信論聴集記』　61

『起信論内義略探記』　28

『起信論本疏聴集記』　59

義誓　88, 100

吉蔵　36, 43, 89, 90, 92, 98, 99, 101, 281

希迪　33

旧来成仏　4, 257, 260, 263, 271, 275, 277, 278, 279, 312, 313

行基　12, 20, 202

慶俊　14, 241, 242, 244, 255

『教章記』　33

凝然　11, 14, 15, 16, 21, 22, 32, 33, 44, 50, 51, 57, 59, 85, 89, 92, 98, 100, 105, 113, 118, 120, 124, 125, 126, 137, 142, 143, 145, 148, 155, 156, 165, 187, 188, 247, 252, 253, 286, 287, 297, 298, 303, 314, 316

『教分記』　23

金鐘山　22

金鐘寺　10, 22, 51, 108, 323

均如　50, 52, 87, 135, 136, 153, 184, 216, 217, 218, 232, 281, 283, 297, 315, 320, 321, 324,

325, 326
空海　34, 57, 120, 189, 190, 193, 196, 197, 202, 204, 225, 273, 280, 307, 318, 323
空不空門　99
空門　73, 92, 93, 101, 199
屈曲教　97, 101
『孔目章』　162, 208, 209, 210, 211, 229, 263, 279, 282, 306, 315
『孔目章記』　68, 86, 123, 162, 169, 279, 319
『群家諍論』　104, 122
景雅　202, 222, 224, 225, 308, 310
憬興　12, 42, 49
華厳一乗　3, 4, 14, 37, 38, 47, 51, 58, 70, 78, 79, 80, 85, 86, 107, 137, 187, 207, 208, 209, 213, 233, 261, 262, 272, 277, 278, 282, 285, 286, 305, 312, 315, 316, 321, 324
『華厳一乗義私記』　57, 58, 85, 86, 272, 315, 316, 321
『華厳一乗成仏妙義』　67, 261, 315, 316
『華厳起信観行法門』　19
『華厳経』　2, 3, 4, 9, 10, 14, 16, 19, 27, 28, 38, 40, 41, 53, 58, 70, 78, 79, 80, 81, 83, 94, 96, 97, 111, 121, 161, 188, 191, 192, 193, 194, 196, 203, 204, 208, 210, 219, 221, 222, 229, 233, 235, 240, 241, 245, 248, 259, 264, 274, 280, 281, 282, 283, 284, 285, 286, 287, 289, 290, 291, 292, 293, 294, 295, 296, 297, 298, 304, 309, 312, 314
『華厳経疏』　44, 208, 214, 226, 247, 253, 255, 289, 291, 293, 294, 298, 312, 316
『華厳経問答』　67, 68, 69, 84, 85, 86, 226, 230, 232, 242, 243, 246, 247, 252, 253, 261, 266, 275, 289, 311, 312, 316, 325
『華厳孔目章抄』　59
『華厳五教章纂釈』　59
『華厳五教章指事』　3, 315
『華厳五教章深意抄』　59
『華厳五教章問答抄』　59, 252
『華厳五十要問答』　316
『華厳宗一乗開心論』　1, 14, 186, 315
『華厳十玄義私記』　57, 123, 157, 223, 227, 265, 305, 326
『華厳宗香薫抄』　59
『華厳宗種性義抄』　315
『華厳宗章疏并因明録』　21, 315, 316
『華厳宗所立五教十宗大意略抄』　57

『華厳種性義抄』 57, 269, 271, 279, 326
「華厳宗布施法定文案」 24, 315
『華厳宗未決文義』 18
『華厳宗立教義』 84, 88
『華厳宗立教義略私記』 57, 88, 100
華厳別教 28
『華厳法界義鏡』 120
『花厳法花同異略集』 297
『華厳要決問答』 119
『華厳立宗五教義略私記』 305
『華厳論草』 310
『解深密経』 70, 72, 73, 83, 85, 92, 93, 99, 177, 184, 199
灰身滅智 71, 86, 230, 231
『決疑鈔直牒』 109
玄一 35, 36, 42, 43, 49, 54
玄叡 24, 91
『元亨釈書』 20, 61, 85, 109, 120, 122, 187
兼宗 27, 28
玄奘 11, 29, 50, 73, 89, 90, 100, 198, 229
源信 21, 65
見登 3, 9, 21, 51, 67, 68, 117, 118, 119, 123, 156, 162, 184, 246, 261, 262, 266, 277, 279, 306, 312, 316, 319, 325
源仁 120
玄範 36

玄隆 29, 52, 318
光統 90, 95, 96, 98, 99, 305
『香象問答』 67, 68, 159, 161, 162, 204, 248, 249, 250, 306, 311
興福寺 17, 21, 32, 33, 52, 193, 244
高弁 202, 308
皇竜寺 11
『五蘊論』 105
『五教章一乗義私記』 59, 61, 62, 63, 84, 85, 274, 306
『五教章纂釈』 59, 62, 63, 127, 137, 140, 141, 253
『五教章指事』 33, 48, 52, 53, 255, 316, 317, 320
『五教章中巻種子義私記』 156, 227, 327
『五教章中巻種子義私記』 35, 57, 124
『五教章聴抄』 124, 131, 134, 142, 144
『五教章通路記』 21, 315, 316
『五教章問答抄』 151, 235, 316
『五教章類集記』 15, 16, 50, 171, 316
五重唯識 23
護法 25, 26, 52, 161
護命 12, 20
権教菩薩 4, 76, 248, 251, 255,

311

『金剛般若経』 17, 18

『金光明経疏』 90

厳智 14, 17, 156

さ 行

最澄 4, 34, 35, 51, 57, 91, 108, 110, 119, 122, 197, 230, 233, 273, 274, 310, 316, 318, 321

『三国遺事』 11, 48, 51, 316

『三国仏法伝通縁起』 11, 48, 120, 123, 126, 156, 316

三時教判 92

三車 43, 66, 90, 98, 100, 246, 247, 296, 323

三乗廻心 1, 4, 41, 66, 207, 235, 237, 238, 240, 241, 247, 248, 250, 252, 254, 256, 307, 310, 311, 312, 313, 314

三乗仏果廻心 235, 238, 241, 242, 249, 250, 252, 253, 254, 312

三乗菩薩 42, 53, 74, 75, 76, 86, 235, 237, 238, 239, 248, 249, 250, 254, 255

慈恩 12, 13, 66, 69, 81, 84, 89, 90, 98, 198, 204

『慈恩章』 89, 90

慈訓 12, 14, 15, 17, 18, 32, 35, 37, 41, 52, 119, 124, 126, 154, 155, 237, 244, 304

『指事私記』 33

事事無碍 126, 155, 207, 208, 219, 221, 222, 226, 284, 287, 298, 310, 317

四車 66, 69, 78, 82, 84, 90, 98, 100, 108, 285, 286, 323

慈勝 109, 120

慈蔵 11, 51

実忠 117, 119, 120

『四分律行事鈔』 21

島地大等 32, 33, 52, 53, 122, 197, 255, 320

『釈華厳教分記圓通鈔』 315

『釈摩訶衍論』 190, 193, 194, 195, 196, 244, 309

舎利弗 71, 72, 74, 75, 76, 77, 78, 84

『十玄義私記』 157, 158, 159, 160, 161, 162, 163, 164, 165, 166, 167, 168, 169, 184, 200, 201, 203, 223, 226, 227, 265, 266, 267, 268, 269, 270, 271, 275, 280, 305, 306, 307, 313

『種子義私記』 57, 124, 125, 126, 127, 132, 139, 141, 148, 153, 154, 201, 222, 226, 246

『十地経論疏』 98

「十地品」 27, 191, 291

『十住断結経』 71, 86
十重唯識 28, 66, 68, 173
『集成記』 33
十仏 44, 54, 158, 166, 168, 169, 216, 221, 223, 276, 319
『十門和諍論』 23
『授決集』 109, 316
『種性義抄』 115, 116, 123, 172, 173, 174, 175, 176, 178, 181, 182, 183, 184, 185, 197, 200, 202, 203, 204, 231, 232, 234, 265, 272, 274, 275, 276, 280, 308, 311, 313, 315
寿霊 3, 9, 10, 28, 32, 33, 34, 35, 36, 37, 38, 39, 40, 41, 42, 43, 44, 45, 47, 48, 50, 52, 53, 67, 70, 72, 73, 74, 79, 84, 85, 89, 90, 94, 97, 98, 99, 100, 108, 110, 111, 119, 121, 122, 124, 125, 127, 130, 134, 135, 136, 137, 138, 139, 143, 144, 145, 146, 147, 148, 151, 152, 153, 154, 156, 160, 161, 163, 172, 184, 203, 214, 220, 221, 230, 231, 232, 235, 237, 238, 239, 240, 241, 242, 244, 246, 247, 248, 250, 251, 252, 253, 261, 268, 281, 283, 284, 285, 286, 297, 298, 303, 304, 305, 308, 309, 311, 313, 314, 316,
317, 320, 321, 326
順高 15, 50, 59, 61, 171, 316
順本 20
四用一体 29
正義 99, 113, 123, 126, 129, 130, 131, 137, 139, 140, 152, 153, 155, 162
「性起品」 27, 248, 260
聖冏 109
聖憲 124, 131, 134, 155
鐘山 22
正宗 27, 28, 91, 92, 101
小乗教 27, 79, 91, 92, 100, 104, 105
定性二乗廻心 4, 229, 230, 232, 307, 310
聖詮 59, 60, 64, 77, 171, 280
勝荘 12, 49
性泰 17, 18
『摂大乗論』 11, 41, 42, 72, 133, 140, 143, 144, 175
掌珍比量 25
『掌珍論』 25
聖徳太子 36, 245, 255, 286, 323
浄土思想 18
成仏不成仏門 73, 93, 99, 101, 199
『成仏妙義』 68, 156, 162, 246, 261, 262, 263, 266, 279, 315
清弁 25, 26, 52
『勝鬘経疏』 23

聖武天皇　2, 9, 15, 16, 25
『成唯識論』　23, 25, 109, 113, 133, 140, 144, 150, 161, 174, 176
『成唯識論学記』　23, 51, 315
『成唯識論述記』　25
摂論宗　48
『続日本紀』　15
『諸家教相同異略集』　107, 108
『初章観文』　19
初発心時便成正覚　40, 114, 204, 257, 264, 265, 271, 278
『新羅記』　68, 162, 261, 266, 306
新羅華厳　4, 9, 12, 18, 21, 216, 242, 243, 263, 266, 271, 317, 325
新羅仏教　11, 28, 35, 42, 43, 47, 48, 51, 100, 123, 170, 184, 304, 309, 320, 325, 326
神叡　14, 18, 49, 304
親円　57, 171, 173, 176, 177, 178, 179, 180, 181, 182, 183, 184, 185, 202, 223, 231, 271, 274, 275, 280, 311
真興, 64, 113
『真言宗教時義』, 107
審祥　3, 9, 10, 14, 15, 16, 17, 18, 19, 24, 32, 37, 47, 48, 49, 50, 51, 111, 119, 121, 203, 222, 244, 303, 304, 309, 322, 323

審乗　59, 151, 235, 247, 252, 253, 316
信初成仏　40
掌珍比量　25, 52
信満成仏　4, 39, 40, 42, 53, 111, 121, 257, 259, 260, 261, 262, 263, 265, 271, 275, 277, 278, 279, 312, 313
『深密経』　73, 74, 93
末木文美士　4, 5, 48, 49, 85, 100, 104, 122, 267, 269, 279, 280, 318, 320, 327
『青丘記』　68, 162, 261, 262
『選択伝弘決疑鈔』　109, 110, 316
善珠　12, 21, 43, 92, 304
先徳　33, 44, 54, 63, 66, 67, 68, 69, 129, 130, 144, 145, 171
『増一阿含経』　84
『宋高僧伝』　317
増春　57, 58, 59, 61, 62, 63, 64, 65, 69, 70, 72, 74, 75, 76, 77, 78, 79, 80, 82, 84, 85, 86, 100, 158, 159, 160, 169, 200, 230, 233, 247, 248, 249, 250, 251, 252, 253, 272, 284, 285, 286, 297, 305, 306, 307, 311, 316, 321, 326
宗性　59
総道　117, 120
僧範　104

337

草木成仏　4, 168, 201, 204, 223,
　　267, 268, 269, 271, 275, 276,
　　277, 279, 280, 306, 308, 313
即身成仏　204, 224, 273, 274, 275,
　　277, 280, 308, 313, 318
尊玄　59, 169
尊弁　89, 100, 106

た　行

『大意略抄』　67, 103, 104, 105,
　　106, 107, 108, 110, 111, 112,
　　113, 114, 115, 116, 117, 118,
　　119, 120, 121, 122, 123, 197,
　　200, 201, 203, 222, 224, 226,
　　245, 252, 255, 264, 265, 272,
　　279, 280, 306, 307, 308, 310,
　　315
大衍　12, 49, 90
大賢　12, 13, 23, 28, 42, 49, 54,
　　117, 119, 173, 179, 304, 315
大乗戒　18
『大乗観行門』　19
『大乗起信論』　41, 118, 166, 170,
　　192, 237, 320
『大乗起信論義記』　23, 315, 316
『大乗三論大義鈔』　24, 91
『大乗法苑義林章』　23
『大乗法相研神章』　20

『大智度論』　71
大白牛車　70, 78, 80, 81, 82, 83,
　　108, 298
『大仏頂経』　25, 51, 323
『大仏頂首楞厳経』　25
高原淳尚　9, 43, 48, 53, 54, 58,
　　59, 85, 86, 197, 298, 320, 321
武覚超　33, 52
田村円澄　14, 48, 49, 50, 321
湛睿　59, 61, 62, 63, 126, 127,
　　130, 137, 139, 144, 145, 187,
　　196, 247, 253, 282, 288, 289,
　　290, 291, 292, 293, 294, 295,
　　296, 297, 312, 313, 316, 322,
　　326
『探玄記』　23, 27, 28, 31, 42, 44,
　　67, 70, 73, 74, 77, 84, 90, 91,
　　93, 99, 110, 132, 160, 163, 164,
　　165, 178, 189, 194, 196, 199,
　　210, 212, 213, 219, 221, 229,
　　232, 235, 236, 241, 242, 246,
　　248, 249, 250, 251, 252, 253,
　　254, 255, 258, 259, 260, 261,
　　270, 271, 272, 279, 280, 289,
　　306, 312, 316
『探玄記私記』　68
崔鈆植　5, 9, 21, 22, 23, 43, 48,
　　51, 53, 54, 86, 169, 184, 197,
　　279, 319, 325
智顗　36, 37, 41, 44, 90, 99, 258,

281, 286, 289, 291, 294, 295, 296, 297
智憬　3, 9, 10, 12, 17, 18, 21, 22, 23, 24, 25, 26, 27, 28, 29, 30, 31, 33, 38, 39, 44, 45, 47, 51, 52, 111, 119, 121, 203, 220, 221, 222, 303, 304, 317
智炬　104
智儼　14, 35, 36, 39, 44, 47, 53, 66, 67, 69, 104, 118, 160, 161, 162, 169, 173, 187, 189, 207, 208, 209, 210, 211, 214, 215, 217, 218, 225, 226, 229, 232, 257, 258, 259, 261, 275, 277, 278, 279, 281, 282, 286, 296, 305, 306, 310, 312, 315, 316, 318, 319
智周　36, 66, 69, 84, 161, 188, 189
智達　11, 48
智通　11, 32, 48
智鳳　12, 49, 304
知雄　12
『中論』　38
澄観　34, 114, 118, 225, 246, 247, 252, 253, 261, 279, 281, 289, 291, 294, 295, 296, 297, 310, 312, 313, 316
「長講法華経後分略願文」　316
長朗　35, 124, 125, 126, 127, 132, 133, 134, 135, 137, 138, 142, 143, 144, 145, 147, 148, 149, 150, 151, 152, 153, 154, 155, 156, 309, 327
智鷺　12
珍海　65
珍嵩　66, 67, 68, 84, 86, 161, 162, 169, 279, 319
『珍嵩記』　67, 68, 69, 84
『通路記』　33, 44, 50, 51, 52, 54, 59, 89, 100, 101, 113, 118, 123, 137, 142, 143, 155, 156, 165, 169, 252, 298, 315
『東域伝灯目録』　21, 50, 51, 67, 316
『同異略集』　5, 9, 21, 22, 23, 24, 25, 26, 27, 28, 29, 31, 45, 51, 52, 110, 220, 282, 288, 290, 291, 298, 313, 315, 319, 326
道英　104
道栄　36
同教一乗　38, 39, 43, 53, 66, 79, 282, 283, 311, 313
道慈　14, 49, 109, 122, 203, 244
等定　120, 123
道昌　120
道璿　32, 244
道詮　104, 122
『東大寺要録』　120
同別二教　106, 108, 110, 111, 281

道雄　67, 103, 109, 110, 113, 117, 120, 121, 123, 187, 197, 201, 202
徳一　4, 34, 35, 230, 233, 310
頓教　28, 38, 96, 101, 102, 105, 172, 173, 174, 183, 200, 216, 224, 227, 273

な 行

『奈良朝現在一切経疏目録』　34
『二障義』　22, 23, 31, 54, 233, 234
日昭　117, 118
如実空　25, 52
如実不空　25, 52, 196
「如来出現品」　96
如来清浄蔵　26, 27
如来身　27
如来蔵　12, 23, 24, 26, 27, 28, 31, 49, 52, 114, 115, 154, 185, 271, 309, 322
『如来蔵経』　27
如来智　27
『涅槃経』　42, 74, 97, 161, 173, 179, 185, 245, 265, 266, 268, 285, 291

は 行

『般若経』　70, 72, 73, 74, 83, 85, 177, 200, 265, 266, 294
表員　34, 54, 117, 119, 161, 162, 214, 215
標瓊　17, 18, 50, 244
平道教　97, 101
平岡定海　9, 19, 48, 50, 322
毘盧遮那仏　195, 209
敏法師　90, 97, 98, 99
深浦正文　29, 48, 49, 52, 123, 234, 322
普機　1, 14, 186, 187, 188, 189, 190, 192, 193, 194, 195, 196, 197, 221, 222, 284, 285, 297, 307
不空門　92, 101, 199
普賢菩薩　117, 208, 209
仏性論争　4, 35, 229, 231
文雄　316
別円二教　110
別教一乗　9, 28, 38, 39, 53, 75, 76, 78, 79, 83, 86, 107, 208, 211, 248, 249, 250, 252, 255, 263, 264, 272, 273, 282, 284, 285, 286, 298, 311, 313, 325
法雲　90, 98
傍義　91, 92, 99, 101
『宝鏡鈔』　61, 85

法業　104

『宝性論』　27, 179

法進　108, 122, 244, 245, 320

法敏　104

『法華経義記』　90

『法華経釈』　19

『法華経疏』　42, 49

『法華疏慧光記』　59

『法華論』　43, 75, 77, 238, 239, 240, 242, 243, 295

『菩薩戒綱要抄』　15, 16

『菩薩戒本』　11

『法界義鏡』　15, 187, 188

『法界図記叢髄録』　315

『法界無差別論疏』　23

法華一乗　38, 69, 70, 74, 75, 78, 79, 81, 82, 285, 286

『法華玄賛』　65, 71, 112

『法華玄論』　90, 101, 281

『法華四車義』　108

『法華宗要』　43, 230, 254

『法花疏』　305

法性　28, 97, 101, 114, 115, 123, 155, 167, 178, 210, 213, 217, 219, 220, 223, 224, 227, 258, 267, 275, 278, 280

堀池春峰　9, 14, 19, 48, 49, 50, 51, 197, 202, 204, 323

本覚智　27

『本業経』　71

『本朝高僧伝』　18, 34, 53

『梵網経』　18, 42, 97

ま　行

摩醯首羅智処　75, 76, 86, 250, 251

松本信道　25, 51, 323

『密厳経』　26, 27

明恵　15, 33, 308

明哲　124, 126, 137, 152, 155

未来仏　265, 266, 271

『無垢称経疏』　90

『無差別論』　27

『無性摂論』　34, 71

『無量寿経記』　42

『無量寿経宗要指事』　17

『無量寿経宗要指事』　33

馬鳴　49, 52, 103, 117, 118, 119

『文義要決問答』　34

文武天皇　120

や　行

薬師寺　1, 35, 124, 125, 126, 127, 131, 133, 134, 137, 139, 142, 143, 145, 147, 148, 150, 152, 153, 154, 155, 156, 157, 193, 201, 203, 204, 223, 246, 308,

327
梁銀容　14, 19, 49, 50, 323
宥快　61
結城令聞　4, 53, 57, 323, 324
『遊心法界記』　19
有迷者　40, 53, 189, 190, 191, 192, 193, 239, 240, 241, 242, 311
吉津宜英　5, 9, 23, 43, 48, 49, 51, 52, 53, 117, 278, 279, 280, 298, 324

　　　　り　行

理事円融　271, 274, 308
理事無碍　126, 219, 221, 222, 226, 227, 284, 287, 298, 310
「離世間品」　44
『立教義私記』　88, 89, 91, 92, 93, 94, 95, 96, 97, 98, 99, 100, 101, 105, 198, 199, 200, 201, 203, 204, 305
『立宗義私記』　92, 184
『律宗綱要』　51, 316

龍樹　118
隆尊　17
『楞伽経』　38, 44, 81, 94, 97, 131, 132, 155
『了義灯』　25
良忠　21, 110, 316
理理円融　4, 222, 224, 225, 226, 227, 228, 308, 310, 318, 323
理理相即　211, 212, 216, 217, 218, 224, 225, 226, 228, 310, 317, 318, 323
理理無違　310
理理無碍　226, 228, 310, 317, 323
盧舎那仏　9, 195, 259, 261, 293
霊弁　12
霊裕　104
『蓮門類聚経籍録』　50, 316
良弁　2, 9, 12, 14, 15, 17, 18, 21, 22, 32, 48, 52, 117, 119, 120, 123, 323
六宗　9, 47, 49, 51, 119, 156, 186, 187, 297, 318, 323, 326
六相　44, 77, 163, 207, 221, 258, 259, 260, 264, 265, 269, 270, 271, 272, 278, 287

後　記

　本書は2007年7月に東京大学大学院印度哲学仏教学研究室において審査を受けた学位請求論文を、章立ての見直しや内容の再検討などを経て、大幅に修正したものである。

　2000年4月、筆者は東京大学の博士課程に入学した。当初は、木村清孝先生のもとで中国華厳の創始者ともいえる智儼を研究しようとした。しかし、その計画は進展のないまま時が過ぎ、木村清孝先生が退官なさったことにより、末木文美士先生のご指導を受けることとなった。ちょうどその頃、日本学術振興財団の外国人研究員として来日していた崔鈆植氏（現東国大学校教授）は、奈良から平安時代の日本華厳文献に対する研究に従事しておられた。そんな氏から、筆者も日本華厳学に転向してはとの助言を受けたのである。日本に留学し、日本仏教研究の碩学である末木先生にご指導いただいているという自分の状況に照らしても、それは全く渡りに船であった。そこで研究テーマを中国から日本、特に先行研究があまり多くなかった平安時代の華厳学へと移すことにした。以上のような経緯により、本書のテーマに出会うこととなったのである。

　学位請求論文の執筆および修正にあたっては、序論から奈良時代までの内容については吉田剛氏（現花園大学教授）、そして論文の核となった平安時代の内容は大竹晋氏（現花園大学講師）に、多くの時間を割いていただきながらお手を煩わせた。特に、法相唯識と深く関わりのある華厳の種子論、種性論に関しては、筆者の理解が十分でなかったこともあり、大竹氏から大幅に直していただいたことで多大な恩恵を被った。ま

た、華厳学の諸問題については、佐藤厚氏（現専修大学教授）から数多くの有益な指摘を得た。振り返れば、提出にこぎつけることができたのも、三氏の協力があってこそである。この場を借りて、深謝の意を表したい。

　論文の査読には、末木先生の他、斉藤明先生、下田正弘先生、木村清孝先生、石井公成先生に加わっていただいた。論文の完成度については忸怩たる思いがあるが、5名の先生方のご厚情により学位をお認めいただいたことで、韓国に帰国後すぐに職を得て、今日まで研究ができる環境を授かったことは誠に幸いであった。ここに改めて、先生方の学恩に感謝の意を捧げたい。

　母国に戻り、論文を補いつつ刊行を目指していたが、8年の歳月が瞬く間に過ぎ去ってしまった。未だ不十分な論稿であることは自省の念に駆られるところであるが、今度こそこの仕事に一区切りをつけたいという思いで、本書を世に送り出す次第である。

　筆者は予てより廻心と成仏の問題に関心を寄せていた。韓国で1999年8月に哲学博士号を取得した論文は均如の華厳思想に関するものであったが、その副題は機根論であった。本書にも廻心論と成仏論を盛り込んだのは、このような筆者の長年の関心に基づくものである。平生、身をもって修行することはほとんどないが、筆者にとって研究とはいわば心の修行であったのだろう。本書の刊行を契機として、地論、天台、浄土などの東アジアの仏教諸思想を視野に入れて研究を継続し、最終的には仏教における廻心、成仏の真の意味を追求できればと願っている。

　なお、本書で取り扱った写本に関しては翻刻が終わっているが、これらは所蔵機関から正式に許可を得た上で校註を施し、私記類の逸文と共に改めて刊行する計画であることも、ここに申し述べておきたい。

出版原稿の執筆にあたっては、元金剛大学校仏教文化研究所教授の林香奈氏、東京大学大学院博士課程の岡田文弘氏、現在筆者が所属する東国大学校韓国仏教融合学科修士課程の小河広和氏にお世話になった。

　また、出版にあたっては指導教授の末木文美士先生に山喜房仏書林をご紹介いただいた。重ねて厚く御礼を申し上げたい。ご満足いただける内容とならなかったことは不徳の致すところであるが、この点は今後の精進をもって償ってゆく所存である。そして、日本国外にいる筆者に代わり、出版社との交渉を献身的に続けてくれた東京大学大学院博士課程の朴賢珍にも感謝の意を表したい。最後に、当初の予定よりも入稿が大幅に遅れたのにもかかわらず、快く刊行してくださった山喜房仏書林の浅池康平社長に深く御礼を申し上げたい。

2015年　4月　25日

金　天鶴（キム　チョンハク）

1962年、大韓民国ソウル生まれ。
大韓民国韓国外国語大学校東洋語大学タイ語学科卒業。大韓民国韓国精神文化研究院韓国学大学院韓国学科哲学・宗教専攻博士課程修了。東京大学大学院人文社会系研究科アジア文化研究専攻インド文学・インド哲学・仏教学専門分野博士課程修了。
哲学博士（韓国学大学院、1999年）、博士（文学）（東京大学大学院、2007年）。
姫路獨協大学外国語学部韓国語学科準教授、大韓民国金剛大学校仏教文化研究所所長を経て、現在、東国大学仏教文化研究院専攻 HK 教授兼韓国仏教融合学科副教授。
専門：東アジアを中心とした華厳学
単著に『均如の華厳思想研究』（韓国語）
共著に『地論思想の形成と変容』、『蔵外地論宗文献集成続集』、『華厳経問答をめぐる諸問題』（韓国語）
論文に「東大寺写本、理理円融について」、「金沢文庫所蔵、円弘の『妙法蓮華経論子注』について」、「法上撰『十地論義疏』についての一考察」、「法上『十地論義疏』「加分」釈の三種尽について」、「円弘は新羅僧であるのか―『妙法蓮華経論子注』を中心として―」（韓国語）、「宗密の『大乗起信論疏』と元暁」（韓国語）、「宗密の『大乗起信論疏』に及ぼした元暁の影響」（韓国語）他多数

平安期華厳思想の研究
―東アジア華厳思想の視座より―

平成27年8月24日　印刷
平成27年8月30日　発行

著　者　　金　　　天　　鶴
発行者　　浅　地　康　平
印刷者　　小　林　裕　生

発行所　株式会社　山喜房佛書林
〒113-0033　東京都文京区本郷5-28-5
電話(03)3811-5361　振替00100-0-1900

ISBN978-4-7963-0257-9　C3015